小野《おのの》篁《たかむら》

その生涯と伝説

繁田信一 著

教育評論社

装幀＝中村友和（ロバリス）

序章　歴史研究としての小野篁の伝記の試み

実在の人物としての小野篁

小野篁《おののたかむら》は、実在の人物である。彼は、桓武《かんむ》天皇・平城《へいぜい》天皇・嵯峨《さが》天皇・淳和《じゅんな》天皇・仁明《にんみょう》天皇・文徳《もんとく》天皇の六代の天皇たちの治世を生き、平安時代の初期から前期にかけての時代に間違いなく実在した人物である。

とはいえ、しばしば語られる幾つかの逸話において、小野篁という人物は、あまりにも人間離れしてしまっている。

冥界の裁判

その最も顕著な例は、やはり、冥界の裁判をめぐる逸話であろう。

それは、昼の間、官人として朝廷に出仕して天皇のために働く小野篁が、夜になると、冥界に赴いて閻魔王《えんまおう》のもとで亡者たちを裁く裁判官を務める、という話である。そして、そうした話によれば、篁が冥界の裁判官を務めたことは、幾人かの貴族たちにとって、大きな幸いであった。

藤原良相《ふじわらのよしみ》というのは、この国の歴史において初めて臣下の身で摂政を務めて藤原摂関家の基礎を築いた藤原良房《よしふさ》の兄弟の一人であり、右大臣《うだいじん》にまで昇って世に「西三条右大臣《にしさんじょううだいじん》」と呼ばれた人物である。また、彼は、篁のよき理解者でもあり、篁のよき庇護者でもあったらしい。

そんな良相が、あるとき、病を得て、数日間の病臥《びょうが》の後、あえなく亡くなってしまう。そして、裁きを受けるために冥界の閻魔王宮《えんまおうきゅう》に引き立てられた良相は、そこで篁の姿を目にするのであった。篁は、閻魔王の臣下たちの列に加わっていたというのである。

さて、やがて良相の裁判がはじまると、先ほどの篁が、「この日本国の大臣（良相）は、心が正直で、他の人々によい影響を与える者です。ですから、今回の罪は、この私に免じて、お許しいただけないでしょうか」と、閻魔王に進言する。すると、閻魔王は、「これは、たいへん難しいことだが、そなたが懇願するのであれば、許してやろう」と言って、良相の裁判を取りやめた。しかも、篁は、さらに、良相を拘束していた部下たちに向かって、「すみやかに大臣（良相）をもとのところに返すがよい」と命じて、良相を生き返らせる。そして、良相は、閻魔王宮での出来事が、あたかも夢でもあったかのように、ただちに蘇生したのであった。

その後、すっかり快復した良相は、自分の身に起きたことを皆に話し、かくして、篁が冥界の閻魔王の臣下であるということが、広く世に知れ渡ったのである。

なお、この話を取り上げた以上、珍皇寺《ちんのうじ》の井戸に触れないわけにはいかないだろう。今も京都市東《ひがし》山区《やま》にある六道珍皇寺《ろくどうちんのうじ》の本堂の裏手には、小野篁が冥界との行き来に用いていたと伝えられる二つの井戸がある。一つは、現世から冥界へと向かう際に使われたもので、世に「冥土通《めいどがよ》いの井戸《いど》」と呼ばれ、もう一つは、冥界から現世へと戻る折に用いられたもので、世に「黄泉《よみ》がえりの井戸《いど》」と呼ばれる。往路と帰路とで異なる通路を使っていたなどと語られると、篁が現世と冥界とを行き来していたという話に、少しばかり現実味が増さないだろうか。

閻魔王宮の次席

小野篁が閻魔王の配下にあったことで救われたとされる人間は、右の藤原良相ばかりではない。良相には甥にあたる藤原高藤《たかふじ》も、一度、にわかに死して閻魔王のもとに赴くも、篁の計らいによって蘇生を果たしている。この高藤の場合、篁のおかげで生き返ったのは、篁に無礼を働いた直後のことであったという。

すなわち、高藤は、ある日、出仕する途中、大内裏《だいだいり》の陽明門《ようめいもん》の前で、やはり出仕途上の篁に出遭うと、篁に恥をかかせようと、従者たちに命じて、篁の乗る牛車《ぎっしゃ》の一部を壊すという狼藉《ろうぜき》を働かせたのであったが、高藤が頓死《とんし》したのは、それから間もなくのことだったのである。さらに言うならば、狼藉を受けた篁が、高藤の祖父である冬嗣《ふゆつぐ》のもとに向かい、高藤の横暴を訴えたところ、たちまち高藤が死んでしまったのであった。とすると、高藤が頓死したのは、彼が篁に無礼を働いたがゆえのことであったかもしれない。

また、篁のおかげで生き返ることのできた高藤は、生き返るや、ただちに庭に下りて、篁を拝んだという。そして、高藤が言うには、そうして篁を拝んだのは、死んで冥界に赴いたとき、他ならぬ篁が、閻魔王宮において、閻魔王に次ぐ第二の裁判官の席についていたからであった。

どうやら、伝承の中の小野篁は、冥界の裁判官は冥界の裁判官でも、冥界において二番目に偉い裁判官であったらしい。そして、篁の人間離れぶりも、ここに極まるのではないだろうか。

天皇を誹謗する怪文書

ただ、小野篁の人間離れぶりを示す逸話は、冥界の裁判をめぐるものばかりではない。幾つかの逸話において、小野篁という人物は、この世においても、かなり人間離れしたところを見せていたのである。そして、そうした逸話を代表するのは、やはり、「無悪善」と書かれた謎の高札《こうさつ》もしくは落書《らくしょ》をめぐるものであろう。

高札というのは、文面の書かれた板を杭の先に付けるなどして高く掲げたものである。これは、公的なものであれ、私的なものであれ、多くの人々に何かを告知する目的で、古代より近代に至るまで、頻繁に使われたものである。

また、落書とは、「落とし文」とも呼ばれたように、何らかの言葉や文章を書いた紙を、敢えて人目に付くように落としておくというもので、われわれ現代人が暇潰しの悪戯としてする「落書き」とは異なる。落書には、普通、政権や政権の要人を批判するメッセージが書かれていたり、逆に、政権や政権の要人に対する陰謀を密告するメッセージが書かれていたりするものであった（われわれの「落書き」にも、こうした意味合いのものがないことはない）。

そして、嵯峨天皇の時代のこと、ある日、内裏において「無悪善」と書かれた高札もしくは落書が発見されて、天皇をはじめとする宮中の人々を騒がせることとなる。

というのも、その高札なり落書なりに書かれていた「無悪善」という文字列については、ここにどんなメッセージが籠められているのかが、さっぱりわからなかったからである。それは、まさしく怪文書であった。この「無悪善」の三文字は、どう読まれるべきなのか、嵯峨天皇の宮廷のほとんどの人々には、そもそも、そこからして全く理解できなかったのだという。

しかし、そんな極め付けの怪文書を、嵯峨天皇に呼び出されて登場した小野篁は、事もなげに読み解いて見せる。それが、「嵯峨天皇など、いない方がよい」ということを意味することも含めて。

「無悪善」

「悪」という漢字は、「わる（い）」「あく」などと読まれる他に、「さが」とも読まれる。また、「さが」という言葉は、「悪」と書かれる他、「性」「相」などとも書かれるが、その意味するところの一つは、「人間の生まれつきの欠点や短所」である。「欲望には勝てないのが、人間の性」などと言ったときの「さが」に他ならない。

そこで、篁は、「無悪善」の「悪」を「さが」と読んだうえで、「無悪善」の全体を、「悪（さが）無（な）

くて善（よ）からん」と読み解いた。彼は、「無悪善」の全体を、短い漢文と見做したのである。ただ、「無悪善」を「悪（さが）無（な）くて善（よ）からん」と読んだとしても、普通の人なら、これを、「人間の生まれつきの欠点や短所など、なければよい」とでも解釈するところであろう。こう解釈する限りにおいては、「悪（さが）無（な）くて善（よ）からん」というのは、全く良識的な言葉である。「人間の生まれつきの欠点や短所」など、ない方がいいに決まっていよう。

ところが、篁は、「無悪善」を機転を利かせて「悪（さが）無（な）くて善（よ）からん」と読んだうえに、「悪（さが）無（な）くて善（よ）からん」を解釈するにあたっても、もう一捻りを加えた。すなわち、彼は、「悪（さが）」が嵯峨天皇を意味すると見たのである。

それにしても、嵯峨天皇を前に、落書の「無悪善」という三文字を、「嵯峨天皇など、いない方がよい」と解釈してみせるとは、何とも恐れ入った話ではないか。

嵯峨天皇といえば、その父親は、あの桓武天皇である。

桓武天皇は、平安京を造るとともに、「蝦夷征討《えみしせいとう》」と称して東北地方に大軍を送ったことに示されるように、絶大な権力を握って親政を行った天皇であった。また、桓武天皇には、権力掌握のために、皇太弟であった同母弟を謀反の嫌疑をかけることによって死に追いやるという冷酷な一面も見られた。

そして、嵯峨天皇自身もまた、冷徹な人物であるとともに、ゆるぎなく朝廷を支配する絶対的な君主であった。この天皇が、世に「平城太上天皇の変《へいぜいだいじょうてんのうのへん》」とも「薬子の変《くすこのへん》」とも呼ばれる政変を通じて、同母兄の平城上皇から政治的な影響力を剥ぎ取ったことは、広く知られていよう。

そんな天皇を相手に、あくまでも怪文書を解釈してのことに過ぎないとはいえ、「嵯峨天皇など、いない方がよい」と発言するなど、普通の人間には、なかなかできないことなのではないだろうか。

改変された白楽天の漢詩

また、小野篁は、唐《とう》の白楽天《はくらくてん》との関係においても、とても常人とは思えないところを見せたとされる。世に「白楽天」と呼ばれるのは、中国唐王朝の高名な詩人の白居易《はくきょい》であるが、小野篁が生きた時代の日本では、白居易の詩は、まだまだ広くは知られておらず、篁もまた、白居易の詩に親しんではいないはずであった。

だが、やはり、嵯峨天皇のもとには、既に唐から白居易の詩集がもたらされており、それは、嵯峨天皇の密かな楽しみとなっていた。そして、そんな嵯峨天皇は、ある日、小野篁に、そうとは告げずに、白居易の漢詩の一つを、あくまで作者不明のものとして、紹介する。また、その一首は、嵯峨天皇によって、一文字だけ、改変がなされており、白居易の漢詩そのものではなかった。

すると、篁は、その見知らぬ漢詩を見るうち、ある一つの文字について、他の文字に置き換えた方が、詩の全体がよりよいものになることを主張する。優れた詩人である篁は、他の人の作った漢詩を添削することもできたのである。

そして、ここで篁が修正するべきことを主張した一文字というのは、嵯峨天皇が改変した一文字であった。しかも、篁が置き換えることを考えた文字というのは、まさに白楽天の詩にもとからあった文字であった。とすれば、篁は、漢詩に関して、白居易と同じ感性を持っていたことになろうか。

白楽天の待ち惚け

そんな小野篁の詩人としての名声は、遠く海の彼方の中国にも轟いており、他ならぬ白居易（白楽天）が、篁を高く評価していた。それゆえ、篁が遣唐使《けんとうし》に選ばれたのを知ったとき、白居易は、篁の到着を待ちかねて、遣唐使の来航を見張るための楼閣《ろうかく》を造りさえしたのであった。その楼閣は、「望海楼《ぼうかいろう》」と名付けられたという。

ところが、当の篁は、白居易の思いを知ってか知らずしてか、遣唐使の任を拒否して、ついに唐に渡ることはなかった。そして、白居易はといえば、望海楼に登って、ただただ待ち惚けするばかりであったとか。

なお、その後、日本には、白居易の全集とも言うべき『白氏文集《はくしもんじゅう》』が伝わるが、そこに納められた白居易の漢詩の中には、篁が作った漢詩に見られる句と同じ句を含むものが、三つもあったとされる。篁は、やはり、漢詩を作ることをめぐって、白居易と同じ感性を持ち、かつ、白居易と同じほどの力量を持っていたのであった。

百鬼夜行

とはいえ、小野篁の人間離れぶりを示す逸話としては、やはり、彼の学識の高さや詩情の豊かさをめぐるものよりも、われわれ現代人が「オカルト」と呼ぶ事象をめぐるものの方が、よりふさわしく、また、より刺激的であるかもしれない。

そして、そうした話としては、最初に紹介した冥界に関するものの他に、百鬼夜行《ひゃっきやぎょう》に関するものがある。藤原北家《ふじわらほっけ》の傍流に生まれながらも醍醐《だいご》天皇の時代に内大臣《ないだいじん》にまで昇った藤原高藤は、まだ中納言《ちゅうなごん》であった頃、大内裏の正門である朱雀門《すざくもん》の前で、百鬼夜行に遭遇したことがあったという。この百鬼夜行というのは、たくさんの鬼たちが列を成して夜の都を闊歩《かっぽ》するというものであり、これに出遭った人間は、普通、生きては帰れないはずであった。

だが、高藤はというと、当初は牛車に乗っていたものを、百鬼夜行に出くわすと、わざわざ、牛車を降りて、その身を鬼どもの前に晒したにもかかわらず、少しも害されることがなかった。というのも、これは、高藤自身も知らなかったことながら、彼を溺愛する彼の乳母《めのと》が、彼の着る衣装に密かに尊勝《そんしょう》陀羅尼《だらに》を仕込んでいたためであった。鬼たちは、高藤の姿を見ても、口々に「尊勝陀羅尼」「尊勝陀羅尼」「尊勝陀羅尼」と言うばかりで、襲いかかることはなかったのである。

こうして、高藤は、百鬼夜行との遭遇から生還したのであったが、そもそも、この遭遇は、小野篁が意図したものであったという。語られるところでは、篁は、あくまでも高藤のことを思って、高藤と百鬼夜行とを出遭わせたのであった。

とはいえ、そのとき、篁が何を考えていたのかは、よくわからない。あるいは、恵まれた境遇にあった高藤に、生命の危機というものを経験させたかったのだろうか。いずれにせよ、思いのままに誰かを百鬼夜行と遭遇させることができた小野篁は、まさに人間離れした存在であろう。

伝記を持たない小野篁

さて、このように、しばしば並々ならず人間離れした存在として語られてきたのが、小野篁という人物である。

が、そんな篁も、あくまでも、実在の人物であった。冒頭に触れたように、彼は、平安時代の初期から前期にかけて、確かに、この日本に生きていたのである。小野篁という人物が歴史上に実在したことは、間違いない。

では、なぜ、その篁が、それにもかかわらず、とんでもなく人間離れした人物として語られることになったのだろうか。彼の周辺には、とても事実とは思えない話が、あまりにも多く、どうかすると、彼の存在そのものが、虚構と思われかねないほどである。

この小野篁ほどに虚実の疑わしい逸話の数々に取り巻かれた人物は、平安時代の人物としては、最《さい》澄《ちょう》と空海《くうかい》とを除けば、陰陽師《おんみょうじ》の安倍晴明《あべのはるあき(せいめい)》くらいのものであろう。

周知の如く、晴明については、その誕生からして、父も母もなしに生まれたと語られることもあれば、狐を母親として生まれたと語られることもある。また、これも広く知られているように、幼少期の晴明については、何ら修行をすることもなしに鬼を見ることができたとも語られ、動物たちの言葉を理解することができたとも語られる。

しかし、そんな安倍晴明でさえ、現在、歴史研究の対象として扱われている。また、その結果として、晴明の伝記は、信頼に値する水準のものが、既に、一つならず公刊されている。そして、そうした中で、晴明が人間離れした人物として語られるようになった事情も、幾分かは解明されてきた。

これに対して、今のところ、小野篁には、まとまった信頼性の高い伝記が存在しない。ここに言う「まとまった信頼性の高い伝記」とは、その人物の人生を、可能な限り、広く深く掘り下げたものであって、かつ、その人物の人生を、史実と伝承とを明確に区別したうえで、合理的に再構成したものでなければならない。そして、篁をめぐっては、そうした伝記が見当たらないのである。

この事実は、何よりも、小野篁という人物が、目下、歴史研究の対象になっていないことを意味する。さらに、このような状況下では、篁をひどく人間離れした存在として語る逸話が幾つも生まれた経緯を理解することは、まず無理であろう。

再び実在の人物としての小野篁

こうした事情からすれば、本書の目的は、広い視野と深い調査とを前提に、史実と伝承とを明確に区別しつつ、小野篁という人物の人生を、合理的に再構成することでなければなるまい。すなわち、小野篁の「まとまった信頼性の高い伝記」の最初の一冊となることこそが、この本の目指すべきところなのである。

もちろん、それは、そう簡単なことではない。

小野篁の「まとまった信頼性の高い伝記」を書くということは、すなわち、小野篁を歴史研究の対象として取り扱うことを意味するわけだから、まずは、虚実の疑わしい逸話の類を脇に置いて、間違いなく史実を語っていると見られる史料だけを集めて、篁の真実の人生や真実の人物像を再現しなければならない。が、今から千二百年も昔の人物に関して、信頼に値する史料が、果たして、どれほど残されているだろうか。

また、篁の内面にも踏み込むためには、彼が残した漢詩や和歌などの文学作品にも眼を向けなければなるまい。これは、しばしば歴史学者がやりたがらないことではあるが、真の歴史研究には、文学作品もまた、必見の歴史史料である。

さらに、仮に、歴史研究の手法によって歴史的事実としての小野篁の人生および人物像を再構成することができたとして、この篁ほどに多くの逸話に彩られた人物に関しては、どうしても、それらの逸話が生まれた事情をも明らかにする必要があるだろう。おかしな言い方かもしれないが、小野篁の場合、ただただ彼に関する歴史的事実を明らかにするだけではなく、その歴史的事実を足がかりとして、例えば冥界の裁判のような彼に関する非現実的な逸話の発生過程をも明らかにしなければ、満足な伝記にはならないのである。

そこで、以下、本書においては、信頼性の高い歴史史料をもとに、さまざまな文学作品をも手がかりとしつつ、小野篁の人生および人間像を再構築して、さらには、そうした歴史的事実としての篁の人生なり人間像なりから、さまざまな人間離れした篁の逸話が誕生した経緯をも再現していきたい。

第一章　朝廷が記録した小野篁の人生

『日本文徳天皇実録』仁寿二年十二月二十二日条

日本の古代史の研究において最も信頼される史料は、「六国史《りっこくし》」と総称される六つの官撰《かんせん》の歴史書である。「官撰の」とは、「朝廷が編纂した」ということだが、日本において朝廷が編纂した歴史書は、『日本書紀《にほんしょき》』『続日本紀《しょくにほんぎ》』『日本後紀《にほんこうき》』『続日本後紀《しょくにほんこうき》』『日本文徳天皇実録《にほんもんとくてんのうじつろく》』『日本三代実録《にほんさんだいじつろく》』の六つであり、これらが、まとめて「六国史」と呼ばれている。

【六国史】

書名	記録時期
『日本書紀』	持統天皇十一年（六九七）までを記録する。
『続日本紀』	持統天皇十一年（六九七）から延暦十年（七九一）までを記録する。

『日本後紀』	延暦十一年（七九二）から天長十年（八三三）までを記録する。
『続日本後紀』	天長十年（八三三）から嘉祥三年（八五〇）までを記録する。
『日本文徳天皇実録』	嘉祥三年（八五〇）から天安二年（八五八）までを記録する。
『日本三代実録』	天安二年（八五八）から仁和三年（八八七）までを記録する。

このうち、小野篁が生きた時代を記録するのは、『日本後紀』『続日本後紀』『日本文徳天皇実録』の三つである。篁は、延暦《えんりゃく》二十一年（八〇二）に生まれて仁寿《にんじゅ》二年（八五二）に没しているので、彼の人生は、右の三つの歴史書に含まれることになる。

ただ、残念ながら、『日本後紀』は、全四十巻のうちの十巻しか現存しておらず、しかも、残存する『日本後紀』は、小野篁について、何も語ってくれない。また、その全てが現存する『続日本後紀』を紐解いても、篁の名が見えるのは、二回だけである。そして、これまた全巻が今に伝わる『日本文徳天皇実録』（以下、『文徳実録』の略称を用いる）でも、篁が登場するのは、わずか四回に過ぎない。

とはいえ、このことは、歴史的事実としての小野篁の人生を復元する試みに、肝心の六国史がほとんど寄与しないことを、ただちに意味するわけではない。というのも、『文徳実録』仁寿二年十二月二十二日条に、長文の篁の薨伝《こうでん》が見られるからである。

ここに言う「薨伝」とは、三位《さんみ》以上の位階を持つ人物が亡くなった場合に書かれる簡単な伝記のことであって、六国史に記録されている時代を生きた人々についての重要な情報源の一つとなっている。ちなみに、亡くなったのが四位《しい》あるいは五位《ごい》の位階を持つ人物である場合に書かれる簡単な伝記は、「卒《そつ》伝《でん》」と呼ばれるが、もちろん、こちらも、六国史が記録する時代の人々に関する重要な情報源の一つとなっている。

それはともかく、篁の薨伝が『文徳実録』の仁寿二年十二月二十二日の条に載っているのは、篁が他界したのが仁寿二年十二月二十二日であったからに他ならない。彼は、この仁寿二年十二月二十二日に、数え年の五十一歳にして世を去ったのであった。

そして、この薨伝は、小野篁の伝記を書こうとするうえで、重要な意味を持つことになる。というのは、実のところ、これこそが、小野篁という人物についての、最も信頼性が高く、最も情報量の多い史料だからである。また、本書では、必要に応じて、篁の薨伝のみならず、それ以外の幾人かの人々の薨伝あるいは卒伝をも、参照することになるだろう。

小野篁の薨伝　その1

では、早速、その『文徳実録』仁寿二年（八五二）十二月二十二日条の小野篁の薨伝を読んでみよう。とはいえ、この薨伝は、なかなかの長文であるため、まずは、その最初の五分の一ほどである。また、六国史は、いずれも、その全文が漢文表記であるが、ここでは、現代語訳を示すことにする。

参議《さんぎ》にして左大弁《さだいべん》を兼ねて従三位《じゅさんみ》の位階を持つ小野篁が世を去った。この篁は、参議で正四位下《しょうしいげ》の位階を持っていた岑守《みねもり》の長男である。篁は、父親の岑守が弘仁《こうにん》年間（八一〇－八二四）の初めに陸奥守《むつのかみ》に任命されると、父親に付き従って陸奥国《むつのくに》に下った。そのため、篁は、馬に乗ることに夢中になって、都に帰ってからも、学業に身を入れようとはしなかった。嵯峨《さが》天皇は、このことを耳にすると、嘆くとともに、こう言った。

「篁は、間違いなく学問に優れた岑守の子である。どうして、その篁が間違って武士になったりしていいものだろうか。いや、いいわけがあるまい」

篁は、嵯峨天皇の嘆きを知ると、恥じ入るとともに悔い改めた。そこで、篁は、初めて学問に取り組んだ。篁は、弘仁十三年（八二二）の春、大学寮《だいがくりょう》で歴史や文学を学ぶ文章生《もんじょうしょう》になるための試験である文章生試《もんじょうしょうし》を受験して合格した。

その後、篁は、天長《てんちょう》元年（八二四）に巡察弾正《じゅんさつだんじょう》に任命され、同二年（八二五）に弾正少忠《だんじょうしょうちゅう》に任命され、同五年（八二八）に大内記《だいないき》に移動し、同七年（八三〇）に式部少丞《しきぶしょうじょう》に任命され、同九年（八三二）に従五位下《じゅごいげ》の位階を授けられた。そして、篁は、天長九年に大宰少弐《だざいしょうに》に任命されたものの、勅命があって、都を離れて大宰府《だざいふ》に赴任することを許されなかった。このときの天皇は、嵯峨天皇の異母弟の淳和《じゅんな》天皇である。

ときに、同じ天長九年の夏、篁は、父親を亡くした。そして、篁は、父親の死を悼《いた》むにあたって、節度を越える振る舞いに及んだという。

しかし、天長十年（八三三）、嵯峨天皇の息子の仁明《にんみょう》天皇の時代になると、篁は、その仁明天皇によって東宮学士《とうぐうがくし》に任命されて、新しい皇太子の家庭教師を務めることになる。また、同年、篁は、弾正少弼《だんじょうしょうひつ》にも任命されている。

そして、承和《じょうわ》元年（八三四）、篁は、仁明天皇によって、遣唐使《けんとうし》の一団の副代表にあたる遣唐副使《けんとうふくし》に任命される。その翌年の春、従五位上《じゅごいじょう》の位階を授けられた篁は、備前権守《びぜんごんのかみ》を兼任することになる。また、その頃、数ヶ月の間、刑部大輔《ぎょうぶたいふ》をも兼任する。同三年（八三六）、篁は、正五位下《しょうごいげ》の位階を授かる。

延暦二十一年（八〇二）生まれの篁は、数え年の二十一歳にして文章生になって以来、数え年の三十五歳となる承和三年（八三六）までに、実に多くの官職を歴任して、ついには、遣唐使の一団の副団長である遣唐副使に抜擢されるに至っている。彼は、ここまで順調に出世する、上り坂の人生を送っていたのであった。

なお、この間、篁は、父親を喪うという不幸に見舞われてもいるが、その服喪のあり方に行き過ぎがあったというところに、彼の人柄を見ることができよう。

小野篁の薨伝　その2

右に見たように順風の人生を送っていた小野篁であるが、そんな彼の人生も、三十歳代の後半に入ると、にわかに強烈な逆風に晒されることになる。彼は、数え年の三十七歳のとき、その一生における最大の試練に直面するのである。次に読むのは、彼の薨伝の中で最も波乱に富んだ部分であろう。

承和五年（八三八）の春、遣唐使たちの四艘《よんそう》の船を、順々に海に浮かべた。しかし、遣唐使の一団の代表である遣唐大使にして参議で従四位上《じゅしいじょう》の位階を持つ藤原常嗣《ふじわらのつねつぐ》が座乗する第一船は、浸水があるほどに壊れていた。そこで、仁明天皇の勅命があって、遣唐副使の座乗する第二船を、遣唐大使の乗るべき第一船として扱うことになった（当然、これと同時に、第一船が第二船として扱われることになった）。

これに抗議して、篁は、こう上申した。

「朝廷の決定は、あやふやで信用できません。誰がどの船に乗るかを、何度も決め直すのですから。そもそも、最初に誰がどの船に乗るかを決めた日に、最も出来のよい船を選び出して第一船に決めたはずです。それを、船を実際に海に浮かべてみた後、あっという間に決定が覆されて、私に疵物《きずもの》の危険な船が割り当てられることになりました。遣唐大使殿は、自分が利益を得る代わりに他人に損害を負わせておいて、これを『人の情け』だと言い張るのです。これは、道理に合わない行いであって、私は、全く立場がありません。どうして、あのような遣唐大使殿の指揮のもとに海を渡ることができましょうか。それに、この篁は、家が貧しいうえに老いた親を養わなければならず、かつ、自身もまた病気がちなのです。こうなったうえは、この篁は、自ら水を汲んで薪を集めて、庶民がするのと同じような親孝行をするばかりです（朝廷の官職を返上します）」

篁は、右のように言うばかりであり、頑《がん》として二度と船に乗ろうとはしなかった。
この頃の篁のことをよく知る者として、大宰府の鴻臚館《こうろかん》（迎賓館）に沈道古《ちんどうこ》という唐国人《からくにびと》がいた。この道古は、篁が漢学の才に恵まれている旨を聞き付けて、篁と幾度も漢詩を贈り合ったのであったが、道古によれば、篁の賦《ふ》す詩は、常にすばらしいものであったという。
そうこうするうち、承和六年（八三九）の正月、篁は、ついに、仁明天皇の判断により、勅命に逆らったという罪で、官職も位階も取り上げられて、庶民にされてしまう。また、彼は、そのうえで、隠岐国《おきのくに》に流されることになるのであった。

小野篁は、三十八歳のとき、一度は完全に失脚してしまう。しかも、このときの彼の失脚は、権力を失うとか権限を失うとかいった程度のことではなく、官職も官位も失って、つまり、貴族の身分を失って、ただの庶民になってしまうという、徹底したものであった。また、そうして庶民の身に落とされた篁は、その庶民の身で、隠岐国への流罪に処されたのである。これが彼にとって人生最大の危機であったことは、言うまでもあるまい。

小野篁の薨伝　その3

しかし、小野篁の人生は、ここから持ち直す。そして、その決め手となったのは、主として彼の文才であった。次に読むのは、篁の薨伝の真ん中の五分の一ほどである。

篁は、隠岐国へと護送される途中、七言十韻《しちごんじゅういん》の「謫行吟《たっこうぎん》」という漢詩を賦したが、それは、たいへんすばらしい詩であった。そのため、当時、漢詩の心得のある人々の誰もが、篁の「謫行吟」を口にしたという。

ここに見られるように、概ね、その頃において、篁は、漢詩に関して、天下に並ぶ者のない第一人者であった。さらに、篁は、書をも得意としており、古代中国の王羲之《おうぎし》や王献之《おうけんし》に匹敵するほどであった。それゆえ、篁より若い人々で書を学ぶ者は、皆、篁の書こそを手本とした。

承和七年（八四〇）の四月のこと、隠岐国に流されていた篁であったが、仁明天皇の特別の計らいによって、都に召還された。そして、その翌年となる承和八年（八四一）の閏九月、篁は、失脚する前に有していた正五位下の位階を再び授けられ、ようやく貴族の身分に復帰する。また、同年十月には、刑部大輔に任命された篁は、ついに官界への復帰も果たしたのであった。

さらに、篁は、承和九年（八四二）の六月には陸奥守に任命されるが、これは、遙任国司《ようにんこくし》であったろう。というのも、篁は、同年の八月に皇太子の家庭教師である東宮学士に任命されてもいるからに他ならない。このときの皇太子は、仁明天皇の皇子で、やがて文徳《もんとく》天皇となる道康親王《みちやすしんのう》である。

また、同じ承和九年、篁は、式部少輔《しきぶしょう》の兼任を命じられている。そして、再び順調に官歴を重ねるようになった篁は、承和十二年（八四五）の正月、従四位下《じゅしいげ》の位階を授けられることになる。

そんな折、法隆寺《ほうりゅうじ》の僧侶である善愷《ぜんがい》が、同寺の有力な檀家で少納言《しょうなごん》の官職を帯びる登美直名《とみのただな》という貴族の不正行為を、書状によって太政官《だじょうかん》へと訴え出た。そして、太政官は、善愷の訴えを容れて、直名を断罪したのであった。

ところが、その後、むしろ、僧侶である善愷が訴えを起こしたことと、その訴えを太政官が受理したこととが、問題とされることになる。当時の法では、世を棄てた存在である僧侶には、訴えを起こすことは認められていなかったためである。そして、今度は、善愷の訴えに沿って直名を断罪した太政官の官人たちが罪を問われることとなり、その過程において、法の解釈をめぐる混乱が生じ、法律の専門家である明法博士《みょうぼうはかせ》の讃岐永直《さぬきのながなお》が介入することになる。また、篁も、承和十三年（八四六）の五月に権左中弁《ごんのさちゅうべん》に任命されて太政官の官人となると、この問題に積極的に介入していくのである。

篁は、失脚してから三年足らずで朝廷の官人として復帰したが、その後の彼の昇進は、まさに順調そのものであった。そして、復帰後の篁は、ついには太政官の官人となって、当時の朝廷を混乱させていた面倒な法律論争にも介入したように、その能力を遺憾なく発揮するのであった。

小野篁の薨伝　その4

右に見た小野篁の薨伝の中ほど五分の一に続く五分の一は、善愷の訴えに端を発する厄介な法律論争に、その紙面のほとんどを割く。というのも、この問題を解決したのが、篁その人だったからである。が、その記述のほとんどが煩瑣《はんさ》な法律の議論であるため、ここでは、その部分を読むことは後回しにして、薨伝の最後の五分の一を読んでいきたい。

承和十三年（八四六）の九月、それまで権左中弁であった小野篁は、左中弁《さちゅうべん》へと昇任する。そして、太政官の官人として例の法律論争に終止符を打つといった活躍を見せた篁は、承和十四年（八四七）の正月、参議に任命されて、とうとう公卿《くぎょう》の一員となる。

そうして左中弁を兼ねる参議となった篁は、同じ承和十四年の四月には、弾正大弼《だんじょうだいひつ》をも兼ねることになるが、翌年の承和十五年（八四八）の正月には、左大弁《さだいべん》を兼ねる参議へと昇任したうえに、信濃守《しなののかみ》をも兼ねることになる。また、同年の四月には、篁の兼ねる官職に勘解由長官《かげゆのかみ》が加わるのであった。

しかし、これだけ多くの官職を兼ねて活躍していた篁も、嘉祥《かしょう》二年（八四九）の正月に従四位上《じゅしいじょう》の位階を授けられると、その五月、病気を理由として、全ての官職を辞して隠居しようとする。しかし、朝廷は、有能な篁には、官人を引退することを許さない。このとき、篁が辞め得たのは、多くの兼官のうち、左大弁のみであった。むしろ、篁は、即位したばかりの文徳天皇によって、嘉祥三年（八五〇）の四月、正四位下《しょうしいげ》の位階を授けられ、また、仁寿元年（八五一）の正月、遙任を前提とした近江守《おうみのかみ》に任命される。

そうするうち、仁寿二年（八五二）の春には、篁の病気が治癒する。そして、快復した篁は、再び左大弁を兼ねる。

しかし、その後、篁の病気は、同じ仁寿二年のうちに再発する。そして、篁は、ついに朝廷に出仕することが困難な身となってしまうのであった。すると、文徳天皇は、深い憐れみの情を懐き、篁の病床を見舞う使者を幾度も送り出すが、篁の病状が思わしくないことを知ると、篁に銭貨や米穀を下賜する。

その後、同じ年の十二月、篁は、在宅のまま従三位の位階を授かるという栄誉に浴するものの、それからほどなく、ついに薨《こう》じるのであった。

篁は、世を去る直前、その子たちに向かって、こう遺言した。

「私が息を引き取ったなら、ただちに葬るように。また、私が死んだことは、わざわざ人々に知らせるには及ばない」

薨じたときの篁は、満年齢の五十歳であった。篁の身長は、六尺二寸（約一九〇センチメートル）に及んだ。生前の彼は、質素な暮らしを送りながら、母親への孝行に務めた。また、篁は、その俸給の全てを、親族たちや友人たちのために使ったという。

身の丈が六尺二寸にも達した篁は、平安時代においては、飛び抜けた巨漢であったろう。そして、従三位の参議にまで昇った篁は、身長においてのみならず、官人としての出世においても、当時の小野氏の中では、明らかに飛び抜けた存在であった。

第二章　若き日の小野篁

小野篁が生まれ育った時代

小野篁が生まれたのは、延暦《えんりゃく》二十一年（八〇二）、桓武《かんむ》天皇の時代である。といっても、桓武天皇は、延暦二十五年（八〇六）の三月に崩じてしまうから、篁の生まれは、桓武朝の末年であったことになり、おそらく、篁には、桓武天皇の治世の記憶はほとんどあるまい。

また、桓武天皇から玉座を引き継いだ平城《へいぜい》天皇も、大同《だいどう》四年（八〇九）の四月には退位しており、平城朝のこともまた、篁は、ぼんやりとしか覚えていなかったかもしれない。とすれば、大同五年（八一〇）の九月、平城上皇が唐突に旧都の平城京《へいじょうきょう》への遷都を宣言したことを端緒として勃発した、「薬子《くすこ》の変《へん》」とも「平城太上天皇《へいぜいだいじょうてんのう》の変《へん》」とも呼ばれる政変についても、その当時には数え年でも九歳にしかなっていなかった篁は、世の中のざわつきを感じることがあったとしても、その政治的な意味などは理解していなかったことだろう。

そして、そんな篁にとっては、天皇といえば、まず誰よりも、大同四年(八〇九)から弘仁《こうにん》十四年(八二三)

にかけて在位した嵯峨《さが》天皇であったに違いない。
　ちなみに、やがて初の人臣の摂政となって藤原摂関家の祖と見做されることになる藤原良房《ふじわらのよしふさ》は、延暦二十三年（八〇四）の生まれで、篁と同じ世代に属する。この二人は、嵯峨天皇の治世に、ある程度は同じ空気を感じながら育ったことだろう。また、彼らと同じく嵯峨朝に育った有名人としては、所謂「応天門《おうてんもん》の変《へん》」で失脚する伴善男《とものよしお》を挙げることができる。弘仁二年（八一一）に生まれた善男は、篁・良房とはやや年が離れているが、長じた後には、篁との共闘を足がかりに出世することになり、かつ、良房との対立が致命傷となって決定的に失脚することになる。

【嵯峨天皇周辺系図】

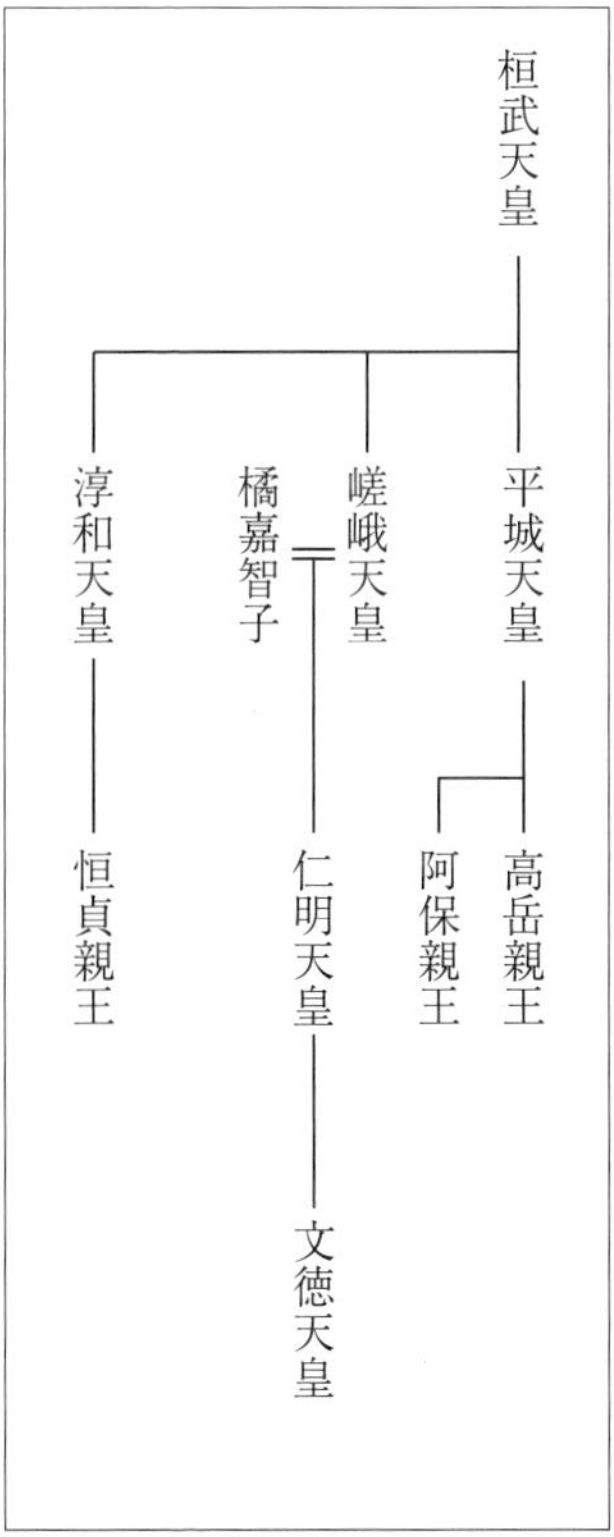

【小野篁（八〇二〜）と同じ世代の人々】

人物	生年	略歴
仁明天皇（正良親王）	弘仁元年（八一〇）	嵯峨天皇の皇子にして、嵯峨天皇の次の次の天皇となる。
真如（高岳親王）	延暦十八年（七九九）	平城天皇の皇子で、一度は嵯峨天皇の皇太子に立てられるも、所謂「薬子の変」の後に廃太子され、やがて出家する。晩年に、唐を経て天竺に向かい、消息不明となる。
藤原良房	延暦二十三年（八〇四）	初めて臣下の身で摂政となる。普通、藤原摂関家の祖として位置付けられる。
伴善男	弘仁二年（八一一）	大納言に昇るも、所謂「応天門の変」で断罪される身となり、配流先の伊豆で没する。
円仁	延暦十三年（七九四）	最澄の高弟の一人で、第三代天台座主となる。諡号は「慈覚大師」。
真済	延暦十九年（八〇〇）	空海の高弟の一人で、真言宗の僧侶として初めて僧正に任命される。
遍照（良岑宗貞）	弘仁七年（八一六）	「花山僧正」とも呼ばれる僧侶にして、六歌仙の一人に数えられる歌人。

陸奥国の小野篁

さて、嵯峨天皇こそを主君と仰いで育ったであろう小野篁であるが、とはいえ、彼は、人格形成に重要な時期を、「薬子の変」あるいは「平城太上天皇の変」と呼ばれる政変を通じて嵯峨天皇が改めて都に定めた平安京においてではなく、そこからはるか彼方の陸奥国《むつのくに》において過ごしたのであった。これは、前章に見た篁の薨伝《こうでん》にもあった如く、彼の父親の岑守《みねもり》が嵯峨天皇によって陸奥守《むつのかみ》に任命されたためである。

六国史《りっこくし》の一つである『日本後紀《にほんこうき》』は、弘仁六年（八一五）正月十日のこととして、従五位上《じゅごいじょう》の位階を持つ小野岑守が陸奥守に任命されたことを記録する。そして、弘仁六年正月というと、篁は、数え年の十四歳になったところである。平安時代には、貴族層の男性の多くが、十五歳ほどで元服を迎えるものであったから、篁は、元服する直前の、当時における少年期の終わりに、父親に付き従って、陸奥国へと下向したことになる。

ちなみに、本来、国司《こくし》は、任国に赴くにあたって、その息子を同伴させてはならないはずであった。これは、朝廷の基本法とも言うべき律令《りつりょう》において規定されていることなのである。だが、平安時代ともなると、さまざまな面で律令の運用が曖昧になっており、国司が息子を連れて任地に下向するという違反行為も、当たり前のものになっていたらしい。

それはともかく、十四歳で陸奥国に下向した篁は、当然、陸奥の地において元服に臨んだはずである。そして、陸奥国で青年期を迎えた篁は、やはり、都に暮らす青年たちのそれとは異なる教養を身につけることになった。すなわち、都の貴族家の青年であれば、何よりもまず漢学の研鑽に励んでいたであろうところを、篁はといえば、その甍伝に言う如く、馬を乗り回すことに夢中になっていたのである。

平安時代の初期から前期にかけての都の貴族たちにとって、陸奥国といえば、蝦夷《えみし》の闊歩《かっぽ》する危険な辺境であると同時に、名馬の産地であった。その点からすれば、若い篁が馬に夢中になったのも、仕方のないことであったかもしれない。当時において、「駿馬《しゅんめ》」と呼ばれるような名馬は、現代における高性能なスポーツカーのような存在であった。そして、陸奥国における篁は、陸奥守という現地の最高権力者の御曹司だったのである。彼が置かれていた環境は、現代においてなら、さまざまなスポーツカーを選り取り見取りで次々に乗り回すことができるというようなものであったろう。

しかも、篁の場合、ただ単に乗馬にのめり込んだというのではなく、おそらくは、馬上で弓矢を扱うことをも含めて、馬を乗り回すことに熱中したものと思われる。というのも、例の『文徳実録《もんとくじつろく》』の甍伝によれば、篁が陸奥国から都へと戻って間もない頃、嵯峨天皇が「篁が間違って武士になったりしていいものだろうか」と嘆いているからである。

なお、右に現代語訳で紹介した嵯峨天皇の嘆きの言葉は、『文徳実録』の漢文の原文を読み下し文にして紹介するならば、「何《なん》ぞ還《かえ》りて弓馬《きゅうば》の士《し》に為《な》らん乎《や》」となる。つまり、筆者が「武士」と意訳した部分は、本来、「弓馬の士」と表現されていたわけである。陸奥国の篁は、馬に乗ることのみならず、弓矢の扱いをも、かなり得意としていたに違いない。

嵯峨天皇の懸念

しかし、篁が武士（「弓馬の士」）としての技能に磨きをかければかけるほど、それは、ただただ嵯峨天皇を失望させるばかりであった。というのも、天皇が篁に期待していたのは、その父親に倣って、漢学者として朝廷に仕えることだったからである。

そもそも、嵯峨天皇という天皇は、漢学を深く愛する学究者であり、漢詩を得意とする文化人であった。それゆえ、この天皇の御製《ぎょせい》の漢詩は、現代に幾つも伝わっており、その中には、例えば、「隴頭秋月明（隴頭《ろうとう》に秋《あき》の月《つき》は明《あき》らかなり）」の題で賦《ふ》された、次のような五言律詩《ごごんりっし》も見える（下段は読み下しである）。

關城秋夜淨　孤月隴頭団
水咽人腸絶　蓬飛沙塞寒
離笳驚山上　旅雁聴雲端
征戎郷思切　聞猿愁不寛

關城《かんじょう》に秋《あき》の夜《よる》は淨《きよ》く、孤月《こげつ》は隴頭《ろうとう》に団《まど》かなり。
水《みず》は咽《むせ》びて人《ひと》の腸《はらわた》を絶《た》ち、蓬《よもぎ》は飛《と》びて沙《すな》の塞《とりで》を寒《さむ》くす。
離笳《りか》は山《やま》の上《うえ》に驚《おどろ》き、旅雁《りょがん》は雲《くも》の端《はし》に聴《き》く。
戎《えびす》を征《う》つに郷《さと》の思《おも》ひは切《せち》に、猿《さる》を聞《き》くに愁《うれ》ひは寛《ゆる》からず。

律詩は、八つの句から構成される。そして、それぞれの句が五字から成るものは「五言律詩」と呼ばれ、各句が七字から成るものは「七言《しちごん》律詩」と呼ばれる。それゆえ、右の嵯峨天皇の御製は、五言律詩である。

また、律詩の八つの句は、二つで一つの聯《れん》と見做される。だから、律詩は、四つの聯から構成される詩でもあるが、その四つの聯は、普通、第一聯が「首聯《しゅれん》（起聯）」、第二聯が「頷聯《がんれん》（前聯）」、第三聯が

「頸聯《けいれん》（後聯）」、第四聯が「尾聯《びれん》（結聯）」と呼ばれる。そして、これら四つの聯は、必ず韻を踏むことになっている。もちろん、右の御製も、各聯の末尾が「団」「寒」「端」「寛」となっているように、韻を踏むことを忘れていない。

さらに、律詩の場合、第二聯と第三聯とは、それぞれを構成する二つの句が対句になっていなければならない。が、読み下しを参照するならば、右の一首の場合、四つの聯の全てが対句になっており、嵯峨天皇の達者な詩人ぶりの一端が窺われよう。

なお、「隴頭秋月明（隴頭に秋の月は明らかなり）」という題の意味するところは、「ゴビ砂漠の隴山の麓でも、秋の月は明るい」といった感じである。さらに、この題のもとに賦された嵯峨天皇の御製を現代語に訳すならば、凡そ、次のようになるだろうか。

関所を兼ねた城塞でも、秋の夜の月は澄み渡っていて、寂しげな月は、ゴビ砂漠の隴山の麓でも円《まる》いものである。

隴水という河の水は、咽《むせ》ぶように音を立てて流れ、寂しさを掻き立てて人々の腸を断ち切り、蓬は、風に飛ばされてしまって、砂漠の真ん中の城を寒くする。

別れを悲しむ笛の音は、山の上から鳴り響き、旅の空を行く雁の鳴き声は、雲の切れ間から聞こえる。

西方の騎馬民族を討伐する遠征軍の陣中にあって、故郷への想いは切実であり、猿の鳴き声を聞けば、寂しい気持ちは弱いものではない。

そして、嵯峨天皇が篁に期待していたのは、このような教養であった。

小野岑守という父親

ときに、右に見た嵯峨天皇の御製が現代に伝わるのは、『文華秀麗集《ぶんかしゅうれいしゅう》』という漢詩集に収められたためであるが、この集は、嵯峨天皇が編纂させたものであり、所謂「勅撰漢詩集《ちょくせんかんししゅう》」の一つである。嵯峨天皇は、一人の才人として漢学を嗜んだり一人の詩人として漢詩を楽しんだりするのみならず、天皇という立場から、漢学・漢詩の興隆にも努めたのであった。

また、右の『文華秀麗集』には、先の嵯峨天皇の御製と同じく「隴頭秋月明（隴頭に秋の月は明らかなり）」の題のもとに賦された、次のような一首も収められているのだが、この漢詩の作者は、小野篁の父親の小野岑守である。

反覆天驕性　元戎馭未安
我行都護道　経陟隴頭難
水添鞞皷咽　月湿鐵衣寒
独提勅賜剣　怒髪屢衝冠

反覆《はんぷく》は天驕《てんきょう》の性《さが》なれば、元戎《げんじゅう》を馭《ぎょ》するに未《いま》だ安《やす》からず。
我《われ》の都護《とご》の道《みち》を行《ゆ》くに、隴頭《ろうとう》の難《なん》を経陟《けいちょく》す。
水《みず》は鞞皷《へいこ》に添《そ》ひて咽《むせ》び、月《つき》は鐵衣《せんい》に湿《しめ》りて寒《さむ》し。
独《ひと》り勅賜《ちょくし》の剣《けん》を提《さ》げ、怒髪《どはつ》は屢《たびたび》も冠《かん》を衝《つ》く。

見ての通り、この詩を構成する八つの句は、いずれも五字から成る。また、それぞれ二つの句から成る四つの聯は、その末尾が「安」「難」「寒」「冠」であって、きれいに韻を踏む。そして、第二聯・第三聯は、いずれも、対句となる二つの句で構成される。右の一首が五言律詩であることについては、これ以上の説明は必要あるまい。

では、この漢詩に詠まれる心はというと、概ね、次の如くであろう。

繰り返し繰り返し敵対するのは、天の申し子と思い上がる騎馬民族の本質であって、そんな異民族の大軍を飼い馴らすのは、そう簡単なことではない。

私は、西の辺境を治める使命を帯びて旅路を行くが、ゴビ砂漠の隴山の周辺の難所を乗り越えなければならない。

この辺りの河の水は、軍隊が打ち鳴らす太鼓の音に合わせて、咽び泣くように音を立てて流れ、空の月は、鎧に湿った光を投げかけて、寒々しく輝いている。

独りきり、皇帝から授かった剣を提げて敵地に入り、怒りに逆立った髪の毛は、幾度も幾度も、頭の冠を持ち上げる。

『文華秀麗集』によると、この岑守の漢詩は、先の御製に応えて賦されたものである。そして、嵯峨天皇の一首は、唐王朝《とうおうちょう》が西方の騎馬民族の討伐に派遣した兵士の郷愁に焦点を当てるのに対して、岑守の一首は、唐の皇帝の勅命で騎馬民族の征伐のために西の辺境に赴く将軍の使命感を中心とする。あるいは、嵯峨天皇は、異国のことに擬《なぞら》えつつ、自ら陸奥国へと送り出した岑守の気持ちを察して詩に詠み、岑守は、そんな天皇の心遣いに感激して、同じく異国のことに擬えて、天皇への忠誠を詩に詠み込んだのではないだろうか。

とすれば、岑守は、嵯峨天皇にとって、大切な臣下であったことになる。そして、その岑守は、勅撰漢詩集に作品を残すほどの詩人であり、また、優秀な漢学者であった。実のところ、彼は、『文華秀麗集』に先立ち、やはり嵯峨天皇の勅命によって編纂された『凌雲集《りょううんしゅう》』という勅撰漢詩集の撰者《せんじゃ》（編纂者）の一人なのである。

嵯峨天皇の側近の臣としての岑守

ところで、小野岑守という人物について詳しく語ろうとした場合、非常に残念なのは、彼の卒伝《そつでん》が残っていないことである。

岑守が世を去ったのは、天長《てんちょう》七年（八三〇）四月十九日のことであった。それゆえ、彼の卒伝は、延暦十一年（七九二）から天長十年（八三三）までを記録する『日本後紀』にあって然るべきである。が、『日本後紀』はというと、全四十巻のうち、前半よりの十巻しか現存していない。つまり、岑守の卒伝は、『日本後紀』の後半部分とともに失われてしまったことになる。

とはいえ、岑守について語り得ることは、本人の卒伝をあてにできないとしても、けっして少なくはない。

例えば、岑守と嵯峨天皇との単なる君臣関係を越えた関係であるが、それは、嵯峨天皇がいまだ平城天皇の皇太弟の神野親王《かみのしんのう》であった頃にはじまるようである。

『文徳実録』天安《てんあん》元年（八五七）十月十三日条には、正四位下《しょうしいげ》の因幡守《いなばのかみ》として世を去った南淵永河《みなぶちのながかわ》という人物の卒伝が見えるのだが、これによれば、永河は、かつて、朝野鹿取《あさののかとり》・小野岑守・菅原清人《すがわらのきよひと》とともに、皇太弟神野親王の漢学の教師役を務めていた。そして、ここに永河の旧い同僚として名前の挙がった小野岑守は、もちろん、篁の父親の岑守である。したがって、岑守は、皇太弟時代の嵯峨天皇の漢学の師であったことになる。

なお、神野親王が皇太弟に立てられたのは、その兄の安殿《あて》親王が平城天皇として即位した延暦二十五年（八〇六）の五月であり、延暦五年（七八六）生まれの神野親王は、そのとき、数え年の二十一歳であった。そして、皇太弟の漢学の教師たちの選任が、その年のうちのことであったとすれば、宝亀《ほうき》九年（七七八）生まれの岑守は、二十九歳のとき、初めて八つ年下の神野親王と出遭ったのである。

また、『外記補任《げきぶにん》』という史料によれば、この折の岑守の正式な立場は、皇太子（皇太弟）の家政全般を職務とする春宮坊《とうぐうぼう》という官司の判官にあたる春宮少進《しゅんぐうしょうしん》であった。同じく『外記補任』によると、春宮少進岑守の前職は、太政官《だじょうかん》の主典《さかん》にあたる少外記《しょうげき》であったから、彼は、神野親王が皇太弟となるにあたって、漢学者としての力量を見込まれて、皇太弟の教師を務めることを前提に、春宮少進に抜擢されたのだろう。

その後の岑守は、『公卿補任《くぎょうぶにん》』という史料によれば、神野親王が嵯峨天皇として即位する直前の大同四年（八〇九）の四月、春宮坊の次官にあたる春宮亮《しゅんぐうりょう》に昇任しており、かつ、嵯峨天皇が即位してからは、大同五年（八一〇）の九月、天皇の会計を預かる内蔵寮《くらりょう》の長官である内蔵頭《くらのかみ》に任命されている。こうした官歴に見る限り、岑守が嵯峨天皇から厚く信頼されていたことは、疑いあるまい。

こうした事実からすると、岑守は、嵯峨天皇にとって、まさに側近の臣であったろう。彼は、漢学者としても、官人としても、天皇から絶対的に信任されていたのである。そして、だからこそ、嵯峨天皇は、岑守の息子の篁にも、大きな期待を寄せていたのだろう。

大学寮

さて、陸奥国から都へと戻って、嵯峨天皇の落胆を知った篁は、ここに行動を改めた。『文徳実録』の薨伝によれば、彼は、弓矢や馬に夢中になるのをやめて、漢学に取り組みはじめたのである。

『日本後紀』は、弘仁十年（八一九）正月のこととして、篁の父親の岑守が従五位上《じゅごいじょう》から正五位下《しょうごいげ》へと昇進したことを伝えるが、この昇進が陸奥守を務めたことへの褒賞であったとすれば、岑守が息子の篁を連れて都に帰ったのは、やはり、この年のことであったろう。そして、そのとき、延暦二十一年（八〇二）生まれの篁は、数え年の十八歳にもなっていた。

したがって、『文徳実録』の言う通りならば、篁が漢学をはじめたのは、元服も既に済ませて、とうに当時における青年期に入ってからのことであったことになる。が、これは、学者の息子が学問をはじ

【大学寮の人員および職務（平安時代初期段階）】

［管理・運営］
大学頭　一名
大学助　一名
大学大允　一名
大学少允　一名
大学大属　一名
大学少属　一名

［明経部門］
明経博士　二名
助教　二名
直講　二名
明経生　四〇名

［明法部門］
明法博士　二名
明法生　一〇名

［文章部門］
文章博士　二名
文章生　二〇名

［算部門］
算博士　二名
算生　二〇名

［基礎部門］
音博士　二名
書博士　二名

める時期としては、ずいぶんと遅いものであった。少し後の時代の例になるが、やはり学者の息子として育った菅原道真《すがわらのみちざね》の場合、初めて漢詩を作ったのは数え年の十一歳のときであったから、当然、漢学をはじめたのは、それ以前のことだったはずである。

いずれにせよ、学問を志す篁は、まずは大学寮《だいがくりょう》の学生《がくしょう》にならなければならなかった。

大学寮というのは、文官の人事を掌る式部省《しきぶしょう》の管下に置かれた官司で、官人の養成を職務とする教育機関である。この大学寮には、平安時代初期の時点では、大学頭《だいがくのかみ》・大学助《だいがくのすけ》・大学允《だいがくのじょう》・大学属《だいがくのさかん》など、同寮を一つの官司として管理・運営するための官職が置かれた他、学生たちの指導を職掌とする明経博士《みょうぎょうはかせ》・明法博士《みょうぼうはかせ》・文章博士《もんじょうはかせ》・算博士《さんはかせ》などの官職が置かれていた。そして、大学寮の学生は、明経生《みょうぎょうしょう》・明法生《みょうぼうしょう》・文章生《もんじょうしょう》・算生《さんしょう》のいずれかとして、それぞれ明経（儒学）・明法（法律）・文章（文学および歴史）・算（数学）

の研鑽に励んだ。
もちろん、漢学者を目指す篁が選ぶべきは、文章生として学ぶことである。

文章生試

とはいえ、その文章生になることからして、容易なことではない。というのも、文章生になるには、「文章生試《もんじょうしょうし》」と呼ばれる困難な試験に及第しなければならなかったからである。

この文章生試を受けるのであれば、『文選《もんぜん》』に代表される中国の古典文学や中国の歴史書を読み込まねばならず、また、高い水準で漢詩を賦したり漢文を書いたりできるようにしなければならない。この時期、中国の古典文学の代表といえば、『文選』であり、また、中国の歴史書というと、『史記《しき》』『漢書《かんじょ》』『後漢書《ごかんじょ》』などであったが、文章生試では、これらの書物を十分に読み熟《こな》していることを前提に、それらに見える修辞（表現）やそれらに記された故事（出来事）を巧みに用いて、新たな漢詩を賦さなければならなかった。

先に見た嵯峨天皇の御製は、表面的には唐王朝の遠征に従軍した兵士の郷愁を詠みながら、その実、陸奥国に赴いた岑守の心情を詠んでいた。また、これに応えて賦された岑守の漢詩も、一見、唐の将軍の皇帝への忠誠を表しているようで、実際には、岑守自身の嵯峨天皇への忠誠を表現していた。平安時代の漢詩においては、日本人の心情を詠むにしても、それを、あたかも中国のものであるかのように表現しなければならなかったのである。

こうした事情から、文章生試を受ける者は、中国の古典文学や歴史書に精通していなければならなかった。そして、それが、多くの月日を要したことは、容易に想像されよう。

ここで再び菅原道真を登場させるならば、彼が文章生試に及第したのは、十八歳のときであった。道真が十一歳にして早くも漢詩を作っていたことには、既に触れたが、その道真にして、十年に近い歳月をかけて準備したうえで文章生試に挑んだのである。

また、物語の登場人物ではあるが、「夕霧《ゆうぎり》」の呼び名で知られる光源氏《ひかるげんじ》の息子も、文章生試を受けるためには、母親代わりの祖母に会うことさえ控えて、ほとんど幽閉されたような環境において、凡そ一年間の猛勉強に耐えなければならなかった。彼の場合、父親から溢れるばかりの才能を受け継いでいたはずであるが、その夕霧でさえも、『史記』を読むだけで、四ヶ月あるいは五ヶ月を費やしたとされている。

なお、この夕霧が本格的に文章生試のための勉強をはじめたのは、十二歳にして元服してからであったが、彼は、元服の儀からほどなく、字《あざな》を付ける儀式を経験している。ここに言う「字《あざな》」とは、漢学者としての特別な名前であり、平安時代においては、学問の道に入るにあたって、この字を付けるものであった。

当然、漢学の世界に入った以上、篁もまた、字を持っていた。それは、「野篁」というものであったが、この字が篁に付けられたのは、やはり、学問を志して文章生試を受ける準備をはじめた頃であったろう。

そして、薨伝によれば、われらが篁は、二十一歳のときに文章生試に及第してしまう。もちろん、これは、道真の十八歳での及第を思えば、けっして弱年での及第ではない。が、篁の場合、学問をはじめたのは、十八歳にもなってからのことだったのである。わずか三年ほどの研鑽によって文章生試を通過した篁は、眠れる才能を開花させたのかもしれない。

篁の文章生試の答案

嵯峨天皇の次の淳和《じゅんな》天皇が編纂させた『経国集《けいこくしゅう》』という勅撰漢詩集には、「隴頭秋月明（隴頭に秋の月は明らかなり）」という題のもとに賦された、次のような一首が収められている。そして、これは、篁が文章生試の答案として賦したものに他ならない。

反覆単于性　辺城未解兵
戎夫朝蓐食　戎馬暁寒鳴
帯水城門冷　添風角韻清
隴頭一孤月　萬物影云生
色満都護道　光流佽飛営
辺機候侵寇　応驚此夜明

反覆《はんぷく》するは単于《ぜんう》の性《さが》なれば、辺城《へんじょう》は未《いま》だ兵《へい》を解《と》かず。
戎夫《じゅうふ》は朝《あさ》の蓐《しとね》に食《く》ひ、戎馬《じゅうば》は暁《あかつき》の寒《さむ》さに鳴《な》く。
水《みず》を帯《お》びて城門《じょうもん》は冷《ひ》へ、風《かぜ》に添《そ》へて角韻《かくいん》は清《きよ》し。
隴頭《ろうとう》には一《ひと》つ孤月《こげつ》のみありて、万物《ばんぶつ》の影《かげ》は云《ここ》に生《う》まる。
色《いろ》は都護《とご》の道《みち》に満《み》ち、光《ひかり》は佽飛《しひ》の営《えい》に流《なが》る。
辺機《へんき》は侵寇《しんこう》に候《さぶら》ふも、応《まさ》に此《こ》の夜《よる》の明《あき》らかなるに驚《おどろ》くべし。

「隴頭秋月明」という題は、既に見た嵯峨天皇・小野岑守の漢詩の題に同じである。だが、なぜか、篁が文章生試を受けたときには、この題で詩を作ることが課題になったのであった。それゆえ、右の一首には、先に紹介した岑守の一首と似たところがないでもない。

しかし、この詩は、見ての通り、五言律詩ではない。そして、それは、件の課題には、「六十字を限る」と、全部で六十字で漢詩を作るという条件が付けられていたからである。また、右の一首は、律詩ではないにもかかわらず、「兵」「鳴」「清」「生」「営」「明」と、全ての聯で韻を踏んでいるのは、課題の条件が、正しくは「題の中に韻を取りて、六十字を限る」というものであったからに他ならない。篁は、この条件に従って、題の中から「明」という字を選んで、一首の韻としたのである。

なお、右の篁の詩を現代語にするならば、概ね、次のような感じであろう。


繰り返し繰り返し敵対するのは、騎馬民族の王の本質であって、辺境の城は今も兵士たちに休みを与えることができない。

常に臨戦態勢であるため、兵士は、早朝の寝床の中で食事を取らねばならず、軍馬は、夜明けの寒さの中で嘶《いなな》かなければならない。

近くを流れる隴水という河の水の湿気を含むため、城の門は冷え冷えとしており、ゴビ砂漠を抜ける風が加わるため、角笛の音は冴え渡る。

隴山の麓から見上げれば、空にはただぽつんと照り輝く月だけが見えており、全てのものの陰は、この月によって生じるのである。

月の色は、遠征軍が行軍してきた道を明るく染め上げ、月の光は、遠征軍の陣地を隅々まで照らし出す。

辺境の騎馬民族は、攻め寄せようと準備していたとしても、今夜の明るさに驚いて、攻め寄せるのをやめるに違いない。

篁が文章生試及第の水準で「隴頭秋月明」の詩を賦し得たのは、もしかすると、日本の朝廷にとっての辺境である陸奥国での経験があったからかもしれない。だとすれば、彼の弓矢や馬に夢中になった日々も、あながち無駄ではなかったのではないだろうか。

恋する篁

ところで、日本の古典文学の一つに、『篁物語《たかむらものがたり》』とも『小野篁集《おののたかむらしゅう》』とも『篁日記《たかむらにっき》』とも呼ばれる、実に奇妙な作品がある。そして、この物語としても歌集としても日記としても扱われる作品には、文章生として大学寮に学ぶ身であった頃の小野篁の姿を見ることができる。しかも、同書が描くのは、恋をして学問に身が入らない篁なのである。

その恋する篁の話というのは、概ね、次のようなものである。

文章生の小野篁は、あるとき、父親の決定によって、腹違いの妹に漢学の手解《てほど》きをすることになる。兄妹といっても、腹違いの兄妹である二人は、それまで面識がなかったが、簾《す》や几帳《きちょう》を間に挟んでの漢学の個人授業がはじまってほどなく、篁は、腹違いの妹に好意を持ちはじめる。ある日、篁は、授業の最中、簾の向こうの異母妹に、そっと次のような和歌を贈る。

中《なか》に行《い》く　吉野《よしの》の川《かわ》は　浅《あさ》ななん　妹背《いもせ》の山《やま》を　越《こ》えて見《み》るべく

（妹山と背山との間を流れる吉野川は、浅くなればいいのに。妹背の山を越えて行けるように〔あなたと私との間を隔てる簾や几帳など、なくなればいいのに。男と女との一線を越えて、あなたと恋仲になれるように〕。）

これをきっかけとして、二人は、和歌を詠み交わしつつ、次第に打ち解けていき、その年の末には、月明かりのもとで二人きりで語り合うほどに親密になる。

ところが、妹は、願うことがあって、特にご利益が期待できるという二月の初午《はつうま》の日、伏見稲荷《ふしみいなり》に参詣した折、大納言《だいなごん》家《け》の御曹司である兵衛佐《ひょうえのすけ》に見初められる。この兵衛佐は、年齢は二十ほどと若く、かつ、優れた容姿を持っていたから、篁にとっては、手強い恋敵の出現であった。しかし、ここで篁が見せた嫉妬心が、かえって妹に自身の篁への想いを再確認させることになり、結局、兵衛佐の恋慕が妹に受け容れられることはなかった。

こうして二人の仲はより深まっていき、やがて、妹は妊娠する。が、彼女は、事情を知った母親（篁にとっては継母）によって自宅内に監禁されてしまう。父親は、二人の関係に寛容であったものの、母親には、二人の仲を認めることができなかったのである。そして、妹から遠ざけられた篁は、次のような一首を詠む。

数《かず》ならば　かからましやは　世《よ》の中《なか》に　いと哀《かな》しきは　賤《しず》の苧環《おだまき》

（もし、私が人並みに扱われる身であったならば、こんなことにはならなかっただろうに。ひどく悲しいのは、自分が賤しい身〔賤の男〕であることである。）

そして、身重の妹は、母親に閉じ込められた部屋にあって、ろくろく食事もしないまま、ついには衰弱して死んでしまう。が、彼女の魂は、夜な夜な、篁のもとを訪れ、彼と睦まじく語らい合うのであった。

見ての通り、これは、悲しい恋の物語に他ならない。しかし、さすがは篁の話である。悲恋が語られてはいても、オカルトの要素が付き纏うのであった。

和歌に見る篁の恋愛

もちろん、右の話が実話であるとは限らない。ここには、異母兄妹とはいえ、兄と妹とが恋仲になるという要素が含まれており、さらには、妹が兄の子を孕むという要素までもが含まれているのだから、その全てが史実であるとは、なかなか考えにくい。

ただ、小野篁が生きた時代の日本において、兄と妹との結婚もしくは姉と弟とが男女の関係になることは、必ずしも皆無ではなかった。篁と最も関係の深い天皇である嵯峨天皇およびその兄弟の平城天皇・淳和天皇が、それぞれ異母姉妹を妃《きさき》に迎えているのである。それは、彼らの父親の桓武天皇の意向によるものであったが、平城天皇は朝原内親王《あさはらないしんのう》・大宅内親王《おおやけ》・甘南美内親王《かんなび》を、嵯峨天皇は高津内親王《たかつ》を、淳和天皇は高志内親王《こし》を、という具合に、この三代の天皇たちは、異母姉妹にあたる桓武天皇皇女を妃にしたのであった。

そして、こうした事情からすると、同じ時代の貴族たちの間にも、異母兄弟姉妹の男女関係が発生することが、稀にあったのかもしれない。とはいえ、今のところ、篁と異母妹とが恋仲にあったことを示す直接の証拠が発見されているわけではない。

なお、『篁物語』に見える「数ならば」の和歌は、『新古今和歌集《しんこきんわかしゅう》』には次のようなかたちで収められており、篁が表沙汰にはできないような恋愛をしていたことを窺わせる。

忍《しの》びて語《かた》らひける女《おんな》の親《おや》、聞《き》きて諌《いさ》め侍《はべ》りければ　参議《さんぎ》　篁《たかむら》
数ならば　かからましやは　世の中に　いと哀しきは　賤の苧環

篁が「参議篁」とされているのは、彼が最終的に参議に昇ったからだが、この歌を詠んだ頃の篁は、

まだ若く、参議とはほど遠い、低い地位にあったのだろう。とすれば、相手が妹でなくとも、相手の親によって恋仲を割かれることは、普通にあり得たに違いない。
とはいえ、次に紹介するようなかたちで『古今和歌集《こきんわかしゅう》』に収められた篁の和歌からは、彼に深く愛する妹がいたことが読み取られる。

妹《いもうと》の身罷《みまか》りける時《とき》、詠《よ》みける

泣《な》く涙《なみだ》　雨《あめ》と降《ふ》らなむ　渡《わた》り川《がわ》　水増《みずま》さりなば　帰《かえ》り来《く》るがに

小野篁朝臣《おののたかむらあそん》

（妹の死を悼んで泣く私の涙よ、雨となって降るがいい。そうして、あの世とこの世とを隔てる三途の川が溢れてしまい、川を渡れなくなった妹が生き返るように。）

右の一首によれば、篁は、妹を亡くしたとき、三途の川が溢れてしまいそうなほど、おびただしい量の涙を流して泣いたのだろう。そして、もしかすると、そこには、単なる兄妹の関係を越えた気持ちもあったのかもしれない。
また、『新古今和歌集』にも『篁物語』にも見える篁の詠歌として、もう一首、次のようなものがあるが、ここに詠まれるギリギリでプラトニックなものに止まる恋愛感情であれば、時代を問わず、兄弟姉妹の間に芽生えることもあるのではないだろうか。

打《う》ち解《と》けて　寝《ね》ぬものゆゑに　夢《ゆめ》を見《み》て　物思《ものも》ひ増《ま》さる　頃《ころ》にもあるかな

（肉体関係を持ったわけでもないのに、あなたを夢に見て、あなたへの想いがより強まったこの頃ですよ。）

結婚を申し込む篁

『小野篁集』とも『篁日記』とも呼ばれる『篁物語』には、まだ続きがあって、その続きの話の中では、文章生の小野篁は、漢学の才によって、大臣家の姫君という、かなり分を越えた相手との結婚を実現させる。それは、こんな話である。

篁は、時の右大臣《うだいじん》に、その姫君との結婚を許してくれるよう、漢文の書状で申し入れる。篁は、右大臣が内裏《だいり》に参上する途次を狙って、恭《うやうや》しい態度で書状を差し出したのであったが、右大臣もまた、書状を受け取って目を通すと、丁寧に後日の返事を約束する。

この右大臣には、三人の娘があった。

そのうち、大君《おおきみ》（長女）は、大学寮の学生に過ぎない篁との結婚を受け容れることはなく、むしろ、そんな縁談を持ち帰った父親を恨《うら》み、泣きながら自室に引っ込んでしまう。そして、それは、中《なか》の君《きみ》（次女）も全く同様であった。

しかし、三《さん》の君《きみ》（三女）は、「どんなことでも、父上の仰せに従いましょう」と言って、文章生の篁との結婚を了承する。

　こうして、篁は、普通に考えれば分不相応にも、右大臣の三女を妻として、右大臣家の婿になるのであったが、婚姻が成立して間もなく、右大臣邸に姿を見せなくなる。彼は、右大臣の三の君と結婚したものの、死んだ異母妹のことが忘れられず、彼女の家の彼女が最期を迎えた部屋を訪れては、そこで夜を過ごしていたのであった。

　そして、その部屋において、篁は、死んだはずの異母妹と会っていた。が、その異母妹は、篁と仲睦まじくしようとするのではなく、篁に恨み言を言うのであった。彼女は、やはり、篁が結婚したことが許せなかったのである。

　とはいえ、その後も篁と右大臣の三の君との婚姻が解消されることはなく、二人は夫婦であり続ける。そして、篁が参議にまで出世したことで、三の君は、十分に報われるのであった。一方、篁との結婚を拒絶した大君・中の君は、結婚相手に恵まれず、ただただ妹をうらやましがるばかりであった。


　この話の主題は、どうかすると、日本の昔話にはよくあるように、末娘が親孝行のゆえに繁栄し、その姉たちが親不孝のゆえに零落する、というところにあるかのようである。だが、それでも、これは、あくまでも篁を主人公とする話であって、しかも、またもオカルト要素を含んでいる。ここでは、例の異母妹の幽霊が、結婚した篁をなじるのである。

しかし、語り手の主眼は右のいずれにもない。というのは、語り手が話の終わりに次のような所感を述べているからに他ならない。

今の時勢、大学寮の学生を娘の婿に迎える大臣がいるだろうか。話の中の右大臣は、篁の高い志・質素な容姿・豊かな才能などを見込んだに違いない。また、篁の他にはいないだろう、結婚を申し込むにあたって、漢文の書状をしたためる人は。

語り手にとっては、話の眼目は、あくまでも篁の漢学の才なのである。

説話に見る篁の結婚の申し込み

鴨《かもの》長明《ちょうめい》の『発心集《ほっしんしゅう》』には、こんな一文がある。

昔、小野篁の妹は、死んだ後、夜な夜な篁の前に顕れたというが、その妹は、声は聞こえるものの、はっきりと手に触れることはできなかったとか。

長明が生きたのは、平安時代の終わりから鎌倉時代の初めであって、篁の生きた時代からすれば、四百年も後の時代である。そして、そんな時代にも話題になったのであるから、篁と異母妹との悲しい恋愛譚は、その真偽はともかく、かなり広く流布していたのだろう。
しかし、さらに広く語られていたらしいのが、篁が漢文で結婚の申し入れをしたという話である。これは、よほど人々の心に響く話であったようで、例えば、編者は未詳ながらも鎌倉時代中期に成立したと見られる『十訓抄《じっきんしょう》』には、次のような一話が収められている。

小野篁は、大臣の三守《みもり》に、その娘との結婚を申し入れようと、漢文の書状をしたためて、それを持って自ら三守のもとを訪れたのだとか。
このとき、篁が書いた書状には、次のような言葉が見られた。

才非馬卿弾琴未能
身異鳳史吹簫猶拙

大臣は、これを見て、感心して、篁を娘の婿にしたのであった。

ここでは、篁が結婚を申し入れた大臣が特定されている。篁が生きた時代に右大臣を務めた三守といえば、藤原南家《ふじわらなんけ》の祖たる武智麻呂《むちまろ》の曽孫にあたる藤原三守であろう。
また、右の『十訓抄』の一話は、篁が結婚の申し入れのために書いたという漢文の書状の内容を、一部ながらも紹介する。それは、「才非馬卿弾琴未能／身異鳳史吹簫猶拙」という一節であり、『十訓抄』によれば、この一節こそが、右大臣三守に篁を娘の婿に迎えることを了承させたのであった。ここでは、篁の文才がより強調されている。

なお、右の「才非馬卿弾琴未能／身異鳳史吹簫猶拙」を読み下し文にするならば、「才《さい》は馬卿《ばけい》に非《あら》ざれば、琴《こと》を弾《ひ》く未《いま》だ能《あた》はず／身《み》は鳳史《ほうし》に異《こと》なれば、簫《しょう》を吹《ふ》くことは猶《なお》も拙《つたな》し」といったところであろう。さらに、この読み下し文を現代語に訳すならば、「私は馬卿のような音楽の才能を持ちませんので、琴を弾くことはできません／私は、鳳史のように奏楽に優れた身ではありませんので、簫を吹くことは得意ではありません」とでもなろうか。

ここに登場する馬卿は、漢《かん》の時代の中国の学者であるが、宴席において弾いた琴のみごとさによって要人の娘の心を捉え、彼女と結婚するに至ったという。また、同じく右に登場する鳳史は、戦国時代の中国において笙（「簫」）の演奏を得意とした人物で、秦の穆公《ぼくこう》の娘を妻に迎えて、二人で明け暮れに笙を吹いて暮らしたという。そして、この二人のように音楽によって女性を夢中にさせることはできないものの、結婚はしたい、というのが、「才非馬卿弾琴未能／身異鳳史吹簫猶拙」の心のようである。

しかし、このような言葉で結婚を申し込まれたとして、それで女性がよろこぶことはないだろう。右の言葉は、やはり、あくまでも父親の右大臣に当てたものであるらしい。

漢文で結婚を申し込む篁

右の逸話を伝える『十訓抄』は、これについて、さらに、次のような寸評を加えている。

　この話では、結婚を申し込むうえで、漢文の書状が和歌と同じ役割を果たしているうえに、その

　漢文の書状を篁自身が相手のもとに持参しているところがおもしろい。

　『十訓抄』の編者が右のような感想を持ったのは、一つには、平安貴族たちの間では、結婚を申し込むにあたり、和歌を贈ることが普通だったからである。また、そうして和歌で結婚を申し入れるにしても、その和歌は、結婚を望む本人によってではなく、さまざまな使者によって、相手方に届けられるのが、平安貴族社会の常識であったが、篁の場合、この常識を完全に無視して、結婚を申し込む手紙を自ら相手の父親に手渡したのであり、このこともまた、『十訓抄』の編者の注意を惹いたのであった。

　したがって、『篁物語』や『十訓抄』の小野篁は、かなり非常識なかたちで結婚を申し込んだことになる。しかも、彼が結婚を望んだ相手は、右大臣家の姫君であったから、『篁物語』『十訓抄』の語るところ、篁は、とんでもない高嶺の花を、とんでもなく非常識な方法で手に入れようとしていたことになるだろう。

　ところが、『篁物語』および『十訓抄』が小野篁について伝えるところは、後世の人々の想像力の産物などではなく、ほとんどそのまま、平安時代前期の史実であった。すなわち、一見、とても現実とは思えないような結婚の申し込みを、小野篁という人物は、本当にやっていたようなのである。

『本朝文粋《ほんちょうもんずい》』というのは、平安時代中期に藤原明衡《あきひら》という漢学者が漢詩・漢文の名作を集めて編纂した名詩名文集である。そして、その『本朝文粋』は、「奉右大臣書（右大臣に奉る書）」という表題で、次の通り、小野篁によって書かれた漢文の結婚の申し入れの書状を収録する。


学生小野篁誠惶誠恐謹言。

窃以、仁山受塵、滔漢之勢寔峙、智水容露、浴日之潤良流。是以、尼父結好於縲紲之生、呂公附嬪於駅亭之士。剛柔之位、不可得失、配偶之道、其来尚矣。伝承賢第十二娘、四徳無双、六行不欠。所謂君子之好仇、良人之高媛者也。篁、才非馬卿、弾琴未能、身非鳳史、吹簫猶拙。独対寒窓、恨日月之易過、孤臥冷席、歎長夜之不曙。幸願蒙府君之恩許、共同穴偕老之義。不堪宵蛾払燭之迷、敢切朝藿向曦之務。篁誠惶誠恐謹言。

年　月　日

ここに篁が「学生《がくしょう》小野篁《おののたかむら》」と名告《なの》っていることは、『篁物語』が右大臣家に結婚を申し入れた折の篁を大学寮の学生としていることと、みごとに符合する。また、一見して気付くことであるが、右の書状には、『十訓抄』において右大臣藤原三守をいたく感心させたことになっている「才非馬卿弾琴未能／身異鳳史吹簫猶拙」という一節が見られる。とすれば、『篁物語』といい、『十訓抄』の一話といい、「奉右大臣書」の存在を踏まえているのだろう。

漢文の書状で結婚を申し込むということ

藤原明衡が「奉右大臣書（右大臣に奉る書）」を『本朝文粋』に収めたのは、一つには、漢文の結婚の申し入れ状というものが、平安時代の中期においても、稀有であったからかもしれない。事実、結婚を申し込む漢文の書状は、『本朝文粋』に右の一点が収められているのみで、平安時代の他の漢文集には、全く見られないのである。

しかし、「奉右大臣書」が『本朝文粋』に収められることになったのは、やはり、何より、それが名文だったためであろう。そして、『十訓抄』における扱いからすると、「才非馬卿弾琴未能／身異鳳史吹簫猶拙（才は馬卿に非ざれば、琴を弾く未だ能はず／身は鳳史に異なれば、簫を吹くことは猶も拙し）」という一句こそが、世間において殊更に名句と見做されていたのかもしれない。

とはいえ、小野篁という人物の若き日のものの考え方を詳しく知るためには、「奉右大臣書」の全文に目を通す必要があるだろうから、まずは、同書の全文を読み下し文にしてみたい。そして、それは、概ね、次の如くとなろう。

学生《がくしょう》小野篁《おののたかむら》の誠《まこと》に惶《おそ》れ誠《まこと》に恐《おそ》れて謹《つつし》みて言《もう》す。
窃《ひそ》かに以《おもんみ》るに、仁山《じんさん》は塵《ちり》を受《う》け、滔漢《とうかん》の勢《いきおい》は寔《まこと》に峙《そばだ》ちて、智水《ちすい》は露《つゆ》を容《い》れ、浴日《よくじつ》の潤《うるおい》は良《まこと》に流《なが》る。
是《これ》を以《もっ》て、尼父《じほ》は好《よしみ》を縲紲《るいせつ》の生《しょう》に結《むす》び、呂公《りょこう》は嬪《むすめ》を駅亭《えきてい》の士《し》に附《つ》く。剛柔《ごうじゅう》の位《くらい》は、得《え》て失《うしな》ふべからず、配偶《はいぐう》の道《みち》は、其《そ》の来《き》たることの尚《ひさ》しき矣《なり》。伝《つた》へ承《うけたまわ》るに、賢第十二娘《けんだいじゅうにじょう》は、四徳《しとく》に双《なら》ぶる無《な》く、六行《ろくぎょう》に欠《か》けず。所謂《いわゆる》、君子《くんし》の好仇《こうきゅう》、良人《りょうじん》の高媛《こうえん》なる者也《ものなり》。篁《たかむら》は、才《さい》は馬卿《ばけい》に非《あら》ざれば、琴《こと》を弾《ひ》く未《いま》だ能《あた》はず。身《み》は鳳史《ほうし》に非《あら》ざれば、簫《しょう》を吹《ふ》くことは猶《なお》も拙《つたな》し。独《ひと》り寒《さむ》き窓《まど》に対《むか》ひて、日月《じつげつ》の過《す》ぎ易《やす》きを恨《うら》み、孤《ひと》り冷《つめ》たき席《むしろ》に臥《ふ》して、長《なが》き夜《よる》の曙《あ》けざるを歎《なげ》く。幸願《こいねが》はくは、府《ふ》の君《きみ》の恩許《おんきょ》を蒙《こうむ》りて、同穴偕老《どうけつかいろう》の義《ぎ》を共《とも》にせん。宵《よい》の蛾《が》の燭《ともしび》を払《はら》ふの迷《まよ》ひに堪《た》えず、敢《あ》へて朝《あした》の藿《ひまわり》の曦《ひ》に向《む》かふの務《つと》めを切《せち》にす。篁《たかむら》の誠《まこと》に惶《おそ》れ誠《まこと》に恐《おそ》れて謹《つつし》みて言《もう》す。

年　月　日

『十訓抄』が名句として扱う「才非馬卿弾琴未能／身異鳳史吹簫猶拙」という部分は、既に見たように、馬卿・鳳史といった中国の往古の有名人を取り上げ、さらに、彼らに関わる故事にも触れる。そして、これと同じ手法は、「奉右大臣書」のほぼ全文に見られる。

例えば、冒頭に近いあたりに登場する尼父は、『論語《ろんご》』でお馴染みの、あの孔子《こうし》である。また、その次に登場する呂公は、漢の初代皇帝（高祖）の劉邦《りゅうほう》の正妃にして、劉邦没後には漢帝国の事実上の女帝となった女性、呂后《りょこう》の父親である。それ以外にも、「仁山」「滔漢」「智水」「浴日」「四徳」「六行」「好仇」「高媛」「同穴偕老」など、漢学に造詣がなければ理解のできない言葉が、ほぼ全文に渡って、これ見よがしに散りばめられている。

この書状は、けっして、結婚相手となるはずの女性に宛てられたものではない。これは、明らかに、女性の父親に、すなわち、右大臣藤原三守に宛てられたものである。そして、和歌ではなく漢文の書状で結婚を申し入れるとは、そういうことであった。

篁の理想の結婚相手

なお、小野篁の「奉右大臣書（右大臣に奉る書）」を現代語に訳すとすれば、凡そ、次のようになるだろう。


大学寮の文章生の小野篁が、恐れ畏まりまして、謹んで申し上げます。

そっと考えてみますに、仁に篤い人が好むという山は、小さな塵をも受け容れて、天の川に届くほどに高く聳え立つようになるのでして、智に恵まれた人が好むという河は、わずかな露をも受け容れて、太陽が天に昇る前に水浴びを楽しめるほどに豊かな水量となって流れるのです。それゆえに、孔子は、罪人として捕らえられた弟子に娘を嫁がせることを厭わなかったのでして、呂后の父親の呂公は、いまだ駅の管理人に過ぎなかった頃の劉邦に娘を嫁がせたのです。男女の関係は、なければならないものなのでして、夫婦の結合は、古い歴史を持つものなのです。

私が聞き及びますところ、閣下の賢くていらっしゃる十二番目の姫君は、貞淑さ・言葉遣いの丁寧さ・素直さ・裁縫の巧みさなど、女性が身につけなければならない四つの徳について、誰にも負けることがありませんうえに、また、親孝行・兄弟姉妹との良好な関係・家族以外の人々との良好な関係・母方の親族との良好な関係・他人のための尽力・他人の苦しみへの同情など、人間が実践しなければならない六つの善良な行為について、不足しているものがありませんとか。ですから、その姫君は、世に言うところの、立派な男性のよき伴侶に、あるいは、善良な男性のよき妻になるはずです。一方、この篁は、馬卿のような音楽の才能を持ちませんので、琴を弾くことはできませんし、また、鳳史のように奏楽に優れた身ではありませんので、簫を吹くことは得意ではありません。そして、私は、一人きりで、寒い寒い窓に向かって、月日が早々と過ぎ去ってしまうのを恨んでいたり、冷たい冷たい床に横たわって、長い夜が遅々として明けないのを嘆いていたりするのです。ですから、お願いできますならば、閣下のご恩顧をいただきまして、十二番目の姫君と、狭い穴の中で二人きりで一生を過ごす小海老の夫婦のような関係を結びたいと思うのです。夜の蛾が灯火に近付かずにはいられないように、昼のひまわりが太陽を追って動かずにはいられないように、思い切って申し上げます。篁が、恐れ畏まりまして、謹んで申し上げます。

年　月　日

ここに明らかなように、篁が結婚を望んだ相手は、藤原三守の十二番目の娘であった。彼女は、「四徳」をも「六行」をも備えた、優れた資質の持ち主であったという。ただ、十二番目の娘ともなると、その母親が三守の正妻であるか否かは、かなり怪しい。とはいえ、仮に、彼女の資質が特別に優れたものでなかったとしても、また、仮に、彼女が三守の正妻腹の娘ではなかったとしても、この姫君は、篁にとって、やはり、理想的な妻であったろう。なぜなら、彼女と結婚した暁には、篁は、晴れて有力貴族家の婿となるからである。

権中納言家の婿

しかし、大学寮の学生に過ぎない篁にとって、右大臣家の姫君と結婚して右大臣家の婿になるなどというのは、当時の常識からしても、分不相応なことであった。これに関連して、『篁物語』などは、「今の時勢、大学寮の学生を娘の婿に迎える大臣がいるだろうか。話の中の右大臣は、篁の高い志・質素な容姿・豊かな才能などを見込んだに違いない」と言って、将来を見越して学生を娘の婿に迎えた三守を高く評価しているが、この高評価も、結局のところ、大臣家が学生を婿にすることなど、普通はあり得なかったがゆえであろう。

ただ、実のところ、篁を娘の婿に迎えた藤原三守は、その時点では、右大臣ではなく、もう少し低い地位にあった。

篁の結婚がいつのことであったのかを知るうえで、本来、「奉右大臣書（右大臣に奉る書）」こそが、最大の手がかりとなるはずなのだが、残念なことに、『本朝文粋』所収の「奉右大臣書」は、差し出された年月日が伏せられてしまっている。が、これは、『本朝文粋』を編纂するにあたっての藤原明衡の統一的な方針によるものだったようなので、仕方がない。

となると、唯一の手掛かりは、「奉右大臣書」において、篁が「学生小野篁」と名告っていることであろう。『文徳実録』の薨伝によると、篁が文章生試に及第したのは、弘仁十三年（八二二）の春のことであった。

また、同じ薨伝によると、天長元年（八二四）、篁は、おそらくは大学寮の文章生のまま、巡察弾正《じゅんさつだんじょう》に任命されている。したがって、篁が「学生小野篁」と名告り得たのは、弘仁十三年の春から天長元年の途中までであったことになり、その時期であったことになる。

そして、便宜上、その時期の半ばを取って、弘仁十四年（八二三）の正月の時点での三守の官職を『公卿補任』によって確認すると、右大臣にはほど遠く、五月までは権中納言《ごんのちゅうなごん》で、五月からは中納言であった。また、その五月のこと、三守は、それまで兼任していた左兵衛督《さひょうえのかみ》を辞任しているのだが、この官職は、左兵衛府《さひょうえふ》という軍事官司の長官であって、篁が、「奉右大臣書」の終わり近くで、「幸願蒙府君之恩許（幸願はくは、府の君の恩許を蒙りて）」と、三守を「府の君」と呼んでいるのは、この官職のゆえのことと思われる。

とすれば、小野篁が「奉右大臣書」を書いて藤原三守に三守家の姫君との結婚を申し入れたのは、弘仁十三年から弘仁十四年の五月まででなければならず、その時期の三守は、右大臣ではなく、左兵衛督を兼ねる権中納言だったことになるだろう。すなわち、篁が漢文の書状によって結婚を申し込んだ先は、右大臣家ではなく、権中納言家だったのである。

にもかかわらず、「奉右大臣書」が「奉右大臣書」と呼ばれているのは、同書を『本朝文粋』に収めるとき、藤原明衡がそう名付けたためであろう。平安時代中期の永延《えいえん》元年（九八九）に生まれた明衡にとって、右大臣にまで昇って平安時代前期の承和《じょうわ》七年（八四〇）に薨じた三守は、あくまでも、右大臣藤原三守だったのである。

いずれにせよ、篁の結婚は、かなり恵まれた結婚であった。いまだ大学寮の学生（文章生）でしかない二十一歳もしくは二十二歳の若者が、権中納言家の婿になり得たのであるから。

第三章　海の民の末裔

猿女氏

古代の天皇制の中で重要な役割を与えられていながらも、その実態がはっきりせず、中世までに姿を消してしまうという、謎の氏族の一つに、猿女《さるめ》氏がある。

猿女氏のことは、おそらく、広く一般には知られていないだろう。だが、この氏族の存在は、古代の日本の国家にとって、特に古代の天皇が直接の関係を持つ祭儀において、けっして小さなものではなかった。

『御堂関白記《みどうかんぱくき》』として知られるのは、平安時代中期に栄華を極めた藤原道長《ふじわらのみちなが》の日記であるが、その『御堂関白記』の長和《ちょうわ》元年（一〇一二）十一月二十二日条には、三条《さんじょう》天皇の大嘗祭《だいじょうさい》に関して、次のような記述が見える（漢文の原文を読み下し文にして示す）。

莚道《えんどう》・布単《ふたん》は常《つね》の如《ごと》し。御前《おまえ》に御巫《みかんなぎ》・猿女《さるめ》・中臣《なかとみ》・忌部《いんべ》のあり。余《よ》は中央《ちゅうおう》に候《さぶら》ふ。車持《くらもち》の笠《かさ》を取《と》る。

大嘗祭は、この祭儀のためだけに特別に仮設される神殿である悠紀殿《ゆきでん》および主基殿《すきでん》において天皇が自ら執り行う秘儀であるが、右の『御堂関白記』によれば、天皇が悠紀殿あるいは主基殿に足を踏み入れるにあたって、天皇の前（「御前」）を歩く者たちがいた。そして、そこには、神祇官《じんぎかん》の官人である中臣《なかとみ》・忌部《いんべ》や同じく神祇官に所属して「御巫《みかんなぎ》」と呼ばれる巫女《みこ》の他、「猿女《さるめ》」と呼ばれる女性がいたのである。

この猿女が大嘗祭において具体的にどのような役割を果たしたのかは、大嘗祭そのものが秘儀であることもあって、詳しく知られてはいない。が、天皇に先行して特別な神殿の中に入ったのであるから、このことだけからしても、猿女を大嘗祭の重要な要素として位置付けることができるだろう。

なお、大嘗祭というのは、例年、十一月の中卯日《なかのうのひ》（二回目の卯日）に行われることになっている新嘗祭《しんじょうさい》を、新たに即位した天皇が初めて行うにあたって、幾らか盛大にしたものであって、二つの祭儀は、基本的に同じものである。だが、今のところ、新嘗祭に関しては、猿女の参加があったことを示す史料は見付かっていない。

ただ、大嘗祭が行われる年も、新嘗祭が行われる年も、両祭の前日となる十一月の中寅日《なかのとらのひ》（二回目の寅日）の夜、神祇官の斎院《さいいん》において、天皇の魂を健全に保つための祭儀である鎮魂祭《ちんこんさい》が行われることになっており、この鎮魂祭には、猿女の存在が不可欠であった。

ともに平安時代中期に編纂された法令集の『延喜式《えんぎしき》』および儀式書の『儀式《ぎしき》』によれば、鎮魂祭の夜、内侍《ないし》（内裏《だいり》の上級の女房《にょうぼう》）によって天皇の身代となる天皇の衣裳が神祇官斎院にもたらされ、音楽と舞踏とがあるとともに、神祇官の長官の神祇伯《じんぎはく》が木綿《ゆう》を結び、かつ、内侍が天皇の身代である天皇の衣裳を振り動かした。ここで、木綿を結ぶことには、天皇の魂を天皇の身体に固着させる意味があると言われ、天皇の衣裳を振ることには、衣裳を触媒として周囲に散った天皇の魂を喚び戻す意味があると言われる。また、この祭儀の中で神祇官の御巫たちとともに舞い踊ったのが、猿女たちだったのである。

そして、この猿女を朝廷に出仕させることを義務付けられていたのが、猿女氏であった。

アメノウズメの子孫

なお、『延喜式』には、鎮魂祭で舞う四人の猿女たちをめぐって、縫殿寮《ぬいどのりょう》が用意した緑色の衣裳をまとうことが見えるが、その『延喜式』は、不思議なことに、猿女たちを、神祇官の所属とはせず、縫殿寮の所属としている。鎮魂祭において猿女たちとともに舞う御巫たちは、同じ『延喜式』において、当たり前のように神祇官の所属とされているにもかかわらずである。ちなみに、猿女であれ、御巫であれ、貴族層の女性が採用されるわけではないので、ここに身分による区別はないだろう。

ところで、「猿女」という名称は、おそらく、「戯《あざ》る女《め》」「狂《あざ》る女《め》」に由来する。古語の「あざる」を現代語に訳すならば、すなわち、「ふざける」となる。そして、実のところ、猿女たちは、『古事記《こじき》』や『日本書紀《にほんしょき》』によれば、ふざけた舞を披露して天上世界（高天原《たかまがはら》）の八百万の神々を大笑いさせた女神、アメノウズメ（天宇受売／天鈿女）の子孫であった。

周知の如く、アメノウズメが神々の前で舞ったのは、弟のスサノオ（須佐之男／素戔男）の悪さに憤慨して天《あま》の岩屋戸《いわやど》に閉じ籠ってしまったアマテラス（天照）を、岩屋戸の外に引き戻そうとしてのことであった。そして、『古事記』を読み下し文で引用するならば、アメノウズメの舞い踊る様子は、次のようなものであったという。

天宇受売命《あめのうずめのみこと》の、天《あま》の香山《かぐやま》の天《あま》の日影《ひかげ》を手次《たすき》に繋《か》けて、天《あま》の真拆《まさき》を蔓《かずら》に為《な》して、天《あま》の香山《かぐやま》の小竹葉《ささば》を手草《たぐさ》に結《ゆ》ひて、天《あま》の岩屋戸《いわやど》に汙気《うけ》を伏《ふ》せて踏《ふ》み登杼呂許志《とどろこし》、神懸《かみがかり》して、胸乳《むなち》を掛《か》き出《い》だして、裳《も》の緒《お》を番登《ほと》に忍《お》し垂《た》る也《なり》。爾《ここ》に、高天原《たかまがはら》の動《とよ》みて、八百万《やおよろず》の神共《かみども》の咲《わら》ふ。

アメノウズメは、ヒカゲノカズラ（「日影」）・マサキノカズラ（「真拆」）・笹（「小竹葉」）など、今でも神楽に用いられる植物で身を飾ると、大きな空《から》の器（「汙気」）をひっくり返したものを舞台として、さらには、その舞台を踏み轟かし（「踏み登杼呂許志」）ながら、上半身は乳房が剥き出しという状態で、下半身に至っては裳を腰に結ぶための紐の先端が辛うじて女性器を隠しているだけという状態で、「神懸して」と表現されるような、半狂乱の激しい舞を舞ったのであった。

この女神が「アメノウズメ」と呼ばれるのは、彼女が頭に髪飾りの「髻華《うすい》」を付ける身であり、巫女であったからである。したがって、右のアメノウズメの舞も、一種の神楽だったのだろう。そもそも、それは、高天原の最高神であるアマテラスに捧げる舞であった。

ただ、天の岩屋戸を前にしてのアメノウズメの舞は、あまりにもふざけすぎていて、あまりにも煽情的に過ぎる。彼女は、ほとんど裸で狂乱して舞ったのである。もちろん、それは、アマテラスを岩屋戸の外に導くための、例外的なものであったかもしれない。

しかし、もしも、アメノウズメの子孫と見做される猿女たちも、鎮魂祭の場において、天の岩屋戸を前にしたアメノウズメと同様の「戯《あざ》る」「狂《あざ》る」ような舞を舞ったのだとすれば、そんなふざけた舞を舞う彼女たちを神祇官の所属とすることを、朝廷はためらったことだろう。そして、彼女たちは、便宜的に縫殿寮に預け置かれたのではないだろうか。

猿女が「猿女君」と呼ばれる理由

とはいえ、猿女は、本来、敬意を払われるべき存在であった。というのも、『古事記』が、猿女について、「君《きみ》」という敬称を付けて「猿女君《さるめのきみ》」と呼ぶように言っているからである。

『古事記』『日本書紀』の天孫降臨の話は、天の岩屋戸の話に劣らず、広く知られていよう。それは、天上世界（高天原）の主人であるアマテラスの孫のニニギ（瓊瓊杵）が、新たな支配者となるべく、この地上世界（豊葦原中津国《とよあしはらのなかつくに》／葦原中津国）へと降り立つ話である。

『古事記』によると、アマテラスは、ニニギを地上世界へと送り出すにあたり、その随伴者として、五柱の神々を選んだ。ここでアマテラスの眼鏡にかなった五神は、「五伴緒《いつとものお》」と呼ばれるが、この五伴緒の中には、アメノウズメも入っていた。

そして、五伴緒に選ばれたアメノウズメが活躍する機会は、ニニギが天上世界を離れてほどなく訪れる。すなわち、ニニギの一行が天上世界と地上世界とを結ぶ道の途中の交差点である天《あま》の八衢《やちまた》に至ると、そこには、異形の見知らぬ神が待ち受けていたのであったが、この神と対峙して、その名を聞き出したのも、その目的を聞き出したのも、アメノウズメだったのである。

ただ、天の八衢でニニギを待ち受けていた神は、けっしてニニギに敵対する存在ではなかった。それは、サルタヒコ（猿田毘古／猿田彦）という神であったが、彼は、地上世界の神（「国つ神」）でありながらも、天上世界の神（「天つ神」）のニニギが無事に地上世界に至り着けるように、途中まで迎えに出向いていたのである。サルタヒコは言う、「『天上世界の神の御曹司が地上世界へと降りていらっしゃる』とお聞きしましたので、『先導役を務め申し上げよう』と思い、お迎えに上がったのです」と。

こうして、ニニギと五伴緒の神々とは、サルタヒコの先導を得て、無事に「筑紫《つくし》の日向《ひむか》の高千穂《たかちほ》」に高く聳える山（「くじふるたけ」）の頂に降り立つ。すると、アマテラスは、先導役を務めたサルタヒコをねぎらおうと、アメノウズメに向かい、こう命じるのであった。

「ニニギの先導役を務めたサルタヒコ殿は、その名を聞き出したそなたこそが、その故郷へとお送り申し上げよ。また、サルタヒコ殿のお名前は、そなたの子孫が名告り伝えよ」

サルタヒコの故郷というのは、何と、伊勢《いせ》であった。そこで、アメノウズメは、サルタヒコを送り、伊勢の地へと向かったのであったが、そうしてアメノウズメに送られて故郷に帰ったサルタヒコは、伊勢の海に漁に出たとき、「ひらぶ貝」と呼ばれる貝に手を挟まれて、溺れ死んでしまう。

こうして、サルタヒコという神の名前は、アマテラスが命じたように、アメノウズメの子孫によって伝えられるしかなくなったのであったが、そのアメノウズメの子孫というのが、猿女なのである。そして、『古事記』は言う、「サルタヒコの男神の名前を名告り伝えているので、アメノウズメの子孫の女性たちを、殊更に『猿女君』と呼ぶのである」と。かつて、「天皇」という称号が成立する以前の天皇たちが、「オオキミ」と呼ばれたように、「キミ」は、古代の日本において、よほど高貴な人々に対してのみ使われる尊称であった。

猿女を出す小野氏

さて、ここで、そろそろ、本書で猿女を取り上げる理由に触れておかなければなるまい。

猿女というのは、右に瞥見《べっけん》したところからも明らかなように、実に興味深い存在である。とはいえ、この本の主題は、あくまでも小野篁という人物の生涯であって、猿女ではない。だが、それにもかかわらず、本書は、猿女を紹介することに、既に三つもの節を充てている。そして、それは、実のところ、篁を産んだ小野氏が、しばらくの間、猿女たちをも産んでいたからであり、しかも、小野氏から猿女が誕生していたというのが、少なくとも部分的には、篁が生きた時代においてのことであったからである。

これについては、とりもなおさず、次の弘仁《こうにん》四年（八一三）十月二十八日の日付を持つ太政官符《だじょうかんぷ》を見てもらいたい。太政官符というのは、太政官が発行する命令書のことであり、その原文は、やはり、本格的な漢文であるが、ここでは、現代語に訳して紹介する。

太政官が命令書を下す

　猿女を朝廷に献上しなければならない旨

右のことについては、従四位下《じゅしいげ》の位階を持ち左中弁《さちゅうべん》と摂津守《せっつのかみ》とを兼ねる小野野主《おのののぬし》たちからの申請書を見るに、「猿女の起源は、『古事記』や『日本書紀』などの史書に詳しく見える通りです。その猿女は、誕生して以来、途絶えることなく、今も健在です。また、朝廷が猿女たちの生活基盤として特別に定めた免税の田地は、近江国《おうみのくに》の和珥村《わにむら》と山城国《やましろのくに》の小野郷《おのごう》とに置かれています。そして、小野氏の傍流と和珥氏の傍流の和珥部《わにべ》（丸部）氏とが、猿女を出すべき氏族でもないにもかかわらず、猿女を出すことを朝廷から求められています。そこで、よくよく事情を調べてみましたところ、右に触れた小野氏の傍流と和珥氏の傍流の和珥部（丸部）氏とが、恥知らずにも、本来は猿女たちのものであるはずの免税の田地を横領しており、しかも、それを現地の愚かな国司《こくし》たちが見て見ぬふりをして取り締まろうとしない、という事情があったのです。そのため、神事は昔からの伝統を守れず、氏族は純粋さを失ってしまったのですが、それが、長く続けられて、畏れ多くも、慣習になっているのでしょう。そこで、お願いできますならば、担当の役所にお命じになり、身柄を拘束するべき者は身柄を拘束して、猿女を出すことになっているわけではない氏族が猿女を出すことをなくしてください。そうすれば、神々の祭祀《さいし》には乱れがなくなり、血統は正統性を持つことになるでしょう。ここに、謹んで太政官のご判断を仰ぐ次第です」とのことである。そこで、古い記録を調べてみると、野主たちの言うところは、事実に基づいていた。ここに、右大臣《うだいじん》藤原園人《そのひと》が、次のように宣告する。「嵯峨《さが》天皇陛下の勅命を承るに、『適切に改めよ』とのことであった。そこで、小野氏・和珥部（丸部）氏から猿女を出すことは、永久に廃止せよ。猿女公《さるめのきみ》を出すべき氏から一人の女性を選び出して、縫殿寮に献上せよ。また、欠員が生じるに従って、ただちに次の猿女を用意して、それを恒例とせよ」と。

弘仁四年十月二十八日

小野氏の祖先

右の太政官符は、小野野主を含む小野氏の人々および和珥部（丸部）氏の人々からの申請に対応したものである。その申請を取りまとめた小野野主は、岑守《みねもり》の兄にして篁には伯父にあたる人物であるが、野主たちが太政官に求めたのは、朝廷が小野氏および和珥部氏に猿女の供出を強いるのをやめることであった。

ここで小野氏が和珥部氏と協調しているのは、この両氏が、ともに往古の和珥氏に連なる同族であったからに他ならない。「和珥部（丸部）」など、平安時代の歴史においては、よほど気を付けていないと見落としてしまうような氏族名であるが、実は、この氏族は、小野氏にとって、同じく和珥氏を母体とする、兄弟のような存在なのである。

　また、小野氏・和珥部氏の共通の源流である和珥氏も、平安時代においては、特に目立つ存在ではない。が、そんな和珥氏も、まだ「天皇」という称号が成立しておらず、やがて後世の史書において「天皇」と呼ばれることになる権力者が「大王《おおきみ》」と呼ばれていた時代――五世紀・六世紀の古墳時代あたり――には、一族の女性を次々と大王の妃にしたほどの有力氏族であった。『古事記』『日本書紀』によれば、開化《かいか》・応神《おうじん》・反正《はんぜい》・雄略《ゆうりゃく》・仁賢《にんけん》・継体《けいたい》といった歴代の大王が、和珥氏の女性を妃に迎えている。

　なお、和珥氏の「ワニ」は、あの因幡《いなば》の白兎の話に登場して、白兎に欺かれたり白兎を赤裸に剥いたりする、あのワニである。そして、上古の日本語の「ワニ」は、「鰐」であって、鮫を意味する。どうやら、和珥氏は、もともと、民俗学者や歴史学者が「海人族《かいじんぞく》」と呼ぶ海の民であったらしく、鮫こそを自らの祖先と見做す一族であったらしい。

　鮫といえば、ニニギの息子で「山幸彦《やまさちひこ》」としても知られるホオリ（火折）もしくはヒコホホデミ（彦火火出見）の妻となって、初代天皇の神武《じんむ》大王の父親となるウガヤフキアエズ（鸕鷀草葺不合）を産んだ、トヨタマヒメ（豊玉毘売／豊玉姫）は、ワタツミ（綿津見／海神）の娘であって、『古事記』『日本書紀』によると、出産にあたっては「ヤヒロワニ（八尋和珥／八尋大熊鰐）」と言い表されるような巨大な鮫の姿になっている。とすれば、『古事記』『日本書紀』では、孝昭《こうしょう》大王の太子のアメオシタラシヒコ（天押帯日子／天足彦国押人）の子孫として位置付けられる和珥氏であるが、大和《やまと》朝廷の傘下に入る以前の彼らは、あるいは、ときに鮫の姿で顕現する海の神の子孫であることを自認していたのではないだろうか。

【和珥氏の系譜】

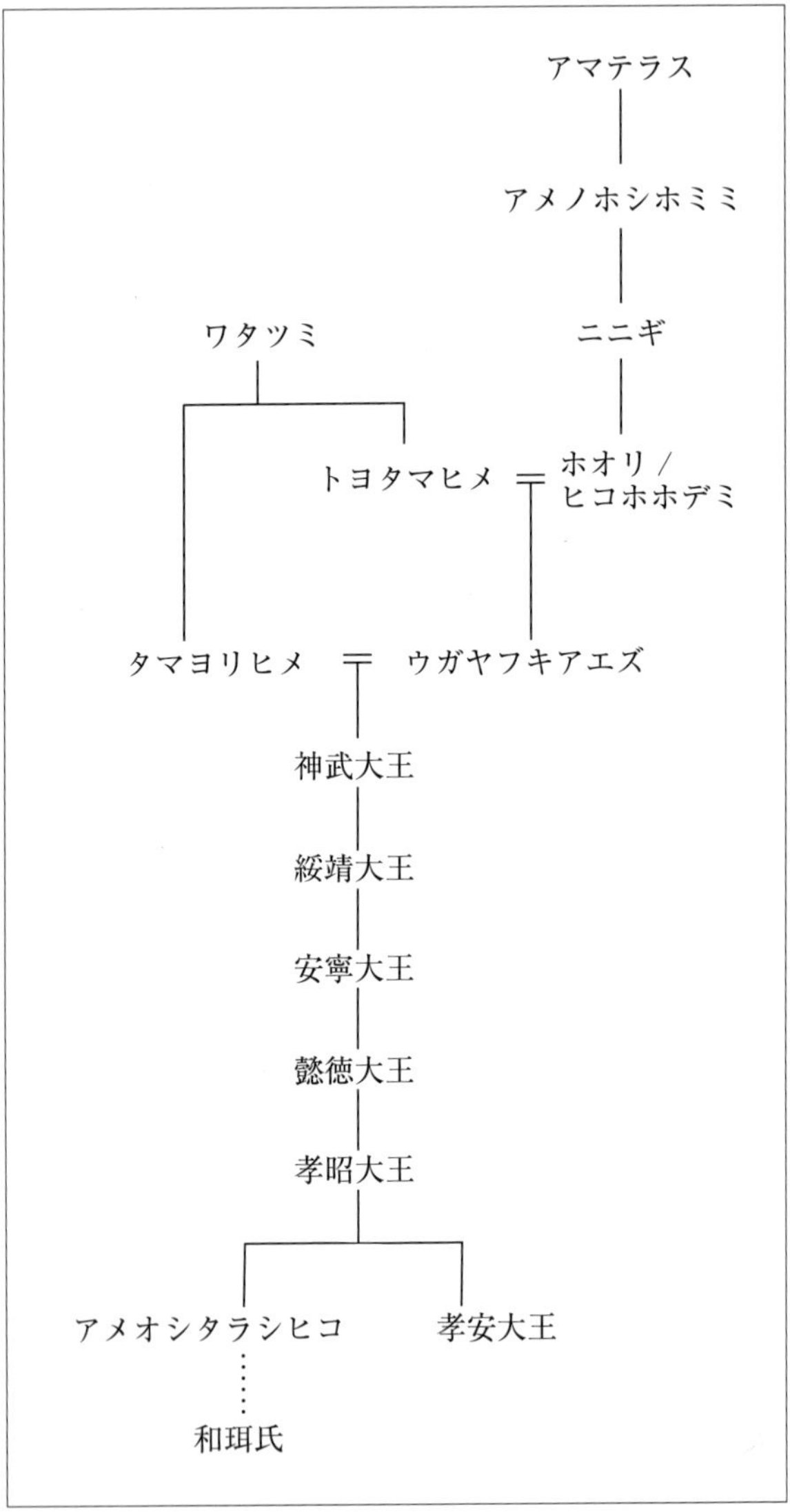
アマテラス
アメノホシホミミ
ニニギ
ワタツミ
トヨタマヒメ
ホオリ/ヒコホホデミ
タマヨリヒメ
ウガヤフキアエズ
神武大王
綏靖大王
安寧大王
懿徳大王
孝昭大王
アメオシタラシヒコ
孝安大王
和珥氏

ただ、いずれにせよ、和珥氏の本流は、平安時代までに、「和珥」を名告らなくなる。和珥氏本流は、幾度か名称を変えた末に、桓武《かんむ》天皇から与えられた「大春日《おおかすが》」を名告ることに落ち着く。弘仁年間に嵯峨天皇の命によって氏族名鑑として編纂された『新撰姓氏録《しんせんしょうじろく》』には、大春日氏が登録されているが、これこそが、かつての和珥氏の本流なのである。

そして、その大春日氏から枝分かれした氏族として、『新撰姓氏録』の紙面には、和安《わに》氏・櫟井《いちい》氏・和安部《わにべ》氏・葉栗《はぐり》氏など、政治史の表舞台には登場しないような、知名度の低い氏族が、幾つも列なっているのだが、そこに、小野氏および和珥部（丸部）氏も登場する。小野氏は、ともに大春日氏の枝族であるという意味で、和珥部氏と同族なのであった。

横領の代償

では、そうした来歴を持つ小野氏や和珥部氏から、一時的にとはいえ、猿女が出ていたというのは、どういうことなのだろうか。

既に見たように、猿女というのは、不慮の事故で落命したサルタヒコ（猿田毘古／猿田彦）の名前を名告り伝えることを義務付けられた女性たちであり、アメノウズメ（天宇受売／天鈿女）の子孫にあたる女性たちである。一方、小野氏および和珥部氏は、和珥氏から枝分かれした氏族であって、『古事記』『日本書紀』によれば、孝昭大王の太子のアメオシタラシヒコ（天押帯日子／天足彦国押人）の子孫であって、さらに言うならば、アマテラス（天照）の子孫である。したがって、小野氏や和珥部氏が猿女を出していたことは、なかなか理解しづらい。

だが、朝廷にしても、特段の理由もなしに、小野氏や和珥部氏に猿女の供出を強いたわけではなかった。小野・和珥部の両氏が猿女を出さなければならなかったことには、それなりの理由があったのである。

弘仁四年（八一三）十月二十八日付の太政官符に引用される、小野野主たちの提出した申請書によれば、「朝廷が猿女たちの生活基盤として特別に定めた免税の田地は、近江国の和珥村と山城国の小野郷とに置かれて」いたが、小野氏・和珥部氏が猿女を供出していた頃、右の「猿女たちの生活基盤として特別に定めた免税の田地」を占有していたのは、小野氏の傍流の人々と和珥部氏の人々とであった。申請書の言うところ、彼らは、「恥知らずにも、本来は猿女たちのものであるはずの免税の田地を横領して」いたのである。

そして、この横領を助けたのは、野主たちが「それを現地の愚かな国司たちが見て見ぬふりをして取り締まろうとしない」と告発する、国司たちの腐敗した仕事ぶりであった。が、そもそも、このような横領が起きてしまったのは、「猿女たちの生活基盤として特別に定めた免税の田地」の置かれた地が、「近江国の和珥村と山城国の小野郷と」であったことと無関係ではない。

まず、「近江国の和珥村」は、その名から容易に想像できるように、古来よりの和珥氏系氏族の勢力範囲として、和珥部氏の人々が多く暮らす地であった。また、「山城国の小野郷」も、小野氏の氏族名を地名の由来とする地であり、したがって、古くから多くの小野氏が生活する地だったのである。そして、どこの国の、どこの郡の、どこの村や郷においてであれ、昔からの住人たちが、近隣に配置された免税の田地を、指を咥えて見ているわけがないのではないだろうか。

当然、「猿女たちの生活基盤として特別に定めた免税の田地」を横領したのは、「山城国の小野郷」に暮らす小野氏傍流と、「近江国の和珥村」に暮らす和珥部氏とであったろう。彼らは、欲に目が眩んで、「恥知らずにも、本来は猿女たちのものであるはずの免税の田地を横領して」いたのである。そして、その結果として、小野氏の傍流や和珥部氏が猿女を貢進することが、一時は定着しかけたのであった。

猿女をめぐる通説に対する疑問

ただ、そうは言っても、他氏が朝廷から特別に与えられた田地の横領など、そう容易なことではあるまい。横領されるとなれば、横領される側とて、何かしらの抵抗をするはずである。あるいは、横領の事実を、朝廷に訴え出てもいいだろう。

しかしながら、右の横領をめぐっては、そうした抵抗の痕跡が、全く見られないのである。そもそも、この横領が発覚したのは、小野野主など、横領していた側の縁者からの訴えがあってのことであった。そして、横領されていた側は、つまり、本来的に猿女を貢進するべきであった人々の側は、横領されるに任せて、ただ黙していたようなのである。

さて、ここで、「本来的に猿女を貢進するべきであった人々」について、改めて考えてみなければならないことになる。

これまで、一般的な理解として、アメノウズメを祖先とする「猿女氏」と呼ばれるべき氏族が、古代の日本には存在していた、とされてきた。そして、その猿女氏こそが、朝廷に猿女を貢進する義務を負っていた、というのが、従来の通説的な理解であった。

だが、いざ「猿女氏」と呼ばれた氏族が存在した証拠を探してみても、そんなものは見付からない。まず、『新撰姓氏録』を紐解いても、「猿女」という氏族は見出されず、それどころか、アメノウズメを祖とする氏族など、ただの一つも見出されない。また、「猿女氏」は、六国史《りっこくし》にも、ただの一度も登場しない。さらに、古文書にも、木簡にも、「猿女氏」という言葉は、一例たりとも見受けられない。これが、猿女氏をめぐる古代の現実である。

そこで、改めて、『古事記』の猿女に関する記述を読んでみよう。アメノウズメの子孫の女性たちが、サルタヒコに因んで「猿女」と呼ばれることになった、というあたりをである。次に、『古事記』の該当部分を読み下し文にして引用する。

故《かれ》、爾《しか》して、天宇受売命《あめのうずめのみこと》に詔《のたま》ふに、「此《こ》の御前《みさき》に立《た》ちて仕《つか》へ奉《たてまつ》る所《ところ》の猿田毘古大神《さるたひこのおおかみ》は、専《もっぱ》ら顕《あらわ》し申《もう》す所《ところ》の汝《なんじ》の送《おく》り奉《たてまつ》れ。亦《また》、其《そ》の神《かみ》の御名《みな》は、汝《なんじ》の負《お》ひて仕《つか》へ奉《たてまつ》れ」と。是《これ》を以《もっ》て、猿女君等《さるめのきみら》の、其《そ》の猿田毘古《さるたひこ》の男神《おがみ》の名《な》を負《お》ふ。而《しか》して、女《おんな》を「猿女君《さるめのきみ》」と呼《よ》ぶの事《こと》、是也《これなり》。

これを、さらに現代語に訳すならば、次の如くとなろう。

そこで、（アマテラスが）アメノウズメに命じて言った、「ニニギの先導役を務めたサルタヒコ殿は、その名前を聞き出したそなたこそが、その故郷へとお送り申し上げよ。また、サルタヒコ殿のお名前は、そなたの子孫が名告り伝えよ」と。こうして、猿女たちは、男神のサルタヒコの名前を名告り伝えることになった。そして、猿女たちを「猿女君」と敬意を込めて呼ぶのは、こうした事情によってである。

ここに明らかなように、サルタヒコの名前を名告り伝えることになったのは、アメノウズメの子孫にあたる女性たちだけである。つまり、猿女となって「猿女君」と呼ばれるのは、あくまでも、アメノウズメの子孫のうち、女性たちだけなのである。ここでは、男性たちは完全に排除されている。これでは、けっして一つの氏族が成立することはあるまい。

実在しなかった氏族としての「猿女氏」

結局、「猿女氏」と呼ばれる氏族については、この世には存在しなかった、と考えるしかないだろう。そして、実のところ、猿女氏の存在を裏付ける証拠が皆無である一方で、猿女氏が存在しなかったであろうことを傍証する証拠は、幾つか存在している。

例えば、『西宮記《さいきゅうき》』というのは、平安時代中期に醍醐《だいご》天皇皇子の源《みなもとの》高明《たかあきら》によって著された有職故実書であるが、同書巻第十三の裏書に、「猿女《さるめ》を貢《みつ》ぐ事《こと》」として、醍醐天皇の延喜《えんぎ》二十年（九二〇）、猿女が稗田氏《ひえだ》から貢進されたことが見える。それは、漢文の原文を現代語に訳して引用するならば、次の如くである。

延喜二十年十一月十四日、昨日、尚侍《ないしのかみ》が「縫殿寮が『稗田福貞子《ひえだのふさこ》を、死んだ猿女の稗田海子《うみこ》の代わりとしたい』と申し上げている」と奏上させた。

これによると、猿女の所属官司である縫殿寮は、猿女の稗田海子《ひえだのうみこ》が亡くなったため、その後任の猿女に稗田福貞子《ふさこ》を充てようと、その旨を、尚侍《ないしのかみ》を介して醍醐天皇に奏上したことになる。裏書というのは、メモのようなものであり、これを書いたのは、『西宮記』の著書の源高明ではなく、その読者の誰かであったかもしれない。だが、メモであればなおのこと、全くのでたらめが書かれるとは思えないので、右の裏書の記述内容を信じるとすれば、平安時代中期には稗田氏から猿女が貢進されていた時期があったことになろう。

また、同じく『西宮記』第十三の裏書には、同じく「猿女を貢ぐ事」として、次のような記述も見られる。

天暦《てんりゃく》九年正月二十五日、右大臣は、縫殿寮が「太政官符を大和国・近江国の氏人《うじびと》に発して、死んだ三人の猿女の代わりを差し出させてほしい」と申請する文書を奏上させた。猿女については、氏の高橋岑則等《たかはしのみねのりなど》が「猿女を任命して太政官符の命ずる通りに鎮魂祭を勤めさせたいが、まだ猿女一人が補任されていない」という陳情書を提出している。

これによると、村上《むらかみ》天皇の天暦《てんりゃく》九年（九五五）に猿女の欠員が補充されたときには、高橋氏が深く関わっていたようである。おそらく、この時期には、高橋氏こそが、猿女を朝廷に貢進していたのだろう。

さて、こうして、小野氏・和珥部氏の他、稗田氏・高橋氏までもが、猿女を出していたわけであるが、ここで注意すべきは、これらの氏族が猿女を貢進することについて、これが朝廷によって積極的に禁制されることがなかったということである。小野氏・和珥部氏の場合、小野野主たちが申請した結果として禁制されることになるが、それは、あくまでも野主たちからの働きかけがあってのことであって、野主たちからの申請があるまで、朝廷は、小野氏・和珥部氏の猿女を当たり前に受け容れていたのであった。

また、もし「猿女氏」と呼ばれる氏族が存在したなら、その氏族にとって、猿女を貢進することは、重要な存在意義だったはずであるが、その存在意義を幾つもの他氏族に脅かされながらも、猿女氏が何ら抵抗していないことにも、注意するべきであろう。

女系で受け継がれる影の氏族

かくして、猿女を貢進する氏族として「猿女氏」と呼ばれる氏族が存在したという通説に無理があることは、もはや、明らかであろう。いや、より明快に言うならば、日本の古代に、猿女を貢進する氏族として「猿女氏」と呼ばれる氏族などは、存在していなかったのだろう。

そして、猿女は、古代史を通じて、さまざまな氏族から貢進されていたのではないだろうか。現に小野氏・和珥部氏・稗田氏・高橋氏といった諸氏から猿女が出ていた如くにである。

とはいっても、『古事記』が猿女をアメノウズメの子孫と位置付けていることからすれば、さまざまな氏族が思うままに猿女を出していたということはあり得ない。猿女を出すには、やはり、ある種の資格があったことだろう。

古代の日本において、氏族というのは、男系で受け継がれるものであった。つまり、男児であれ、女児であれ、生まれた子供は、父方の氏族に属するというのが、日本古代の社会通念の一つだったのである。

これに対して、猿女の資格は、女系で受け継がれたのではないだろうか。すなわち、猿女の産んだ女児だけが、将来的に猿女となる資格を持ったのかもしれない、ということである。あるいは、猿女を母親とする女児は、父親の氏族に属して、父親と同じ氏を名告りながらも、将来的に猿女となる資格を持ったのかもしれない、ということである。

もし、この推測が正しいとすれば、猿女は、あらゆる氏族から出たであろうことになる。猿女が結婚して女児を産んだ場合、その女児は、いかなる氏族の父親を持ったとしても、その父親の氏を名告りつつ、猿女となる資格をしっかりと保持していたはずであった。

だから、平安時代前期において小野氏の傍流から猿女が出たのは、その小野氏傍流の中に猿女と結婚して女児を儲けた男性がいたためであろう。また、同じ時期、和珥部氏から猿女が出たのも、同氏の男性たちの中に、猿女と結婚して女児を儲けた者がいたからであろう。もちろん、平安時代中期に稗田氏や高橋氏が猿女を貢進したのも、両氏の男性の誰かが猿女と結婚して女児の父親となったことの結果であったろう。

そして、小野氏の父親を持つ猿女は、やはり、小野氏の女性であった。また、和珥部氏の父親を持つ猿女も、当然、和珥部氏の女性であった。さらに、稗田氏の父親を持つ猿女も、高橋氏の父親を持つ猿女も、当たり前のように、それぞれ、稗田氏の女性であり、高橋氏の女性であった。彼女たちは、猿女であった母親から猿女の資格を受け継ぎながらも、氏族は父親のそれを受け継がねばならなかった。

このように考えるならば、もし「猿女氏」と呼ばれる氏族が存在したとすれば、それは、男系で継承される多種多様な氏族の裏側に隠れた、女系で継承される影の氏族であったろう。それは、けっして表立って「猿女氏」と呼ばれたりはしないものの、母から娘へと受け継がれていく、特殊な氏族だったのである。

猿女の結婚相手

ただ、「猿女は、あらゆる氏族から出たであろうことになる」とはいっても、さすがに、半狂乱になって半裸で舞うことを職務とする「戯る女」あるいは「狂る女」である猿女には、皇族なり政権中枢の源氏や藤原氏なりと結婚する機会はなかったのであろう、ついぞ、皇族からも、源氏や藤原氏からも、猿女が出ることはなかった。

一方、猿女であっても、さしたる地位にはなかった稗田氏との結婚は、かなり容易であったろう。稗田氏の男性として広く名を知られているのは、『古事記』の内容を太安万侶《おおのやすまろ》に語って聞かせたとされる稗田阿礼《あれい》くらいであるが、その阿礼の地位はといえば、『古事記』の序《じょ》が「舎人《とねり》」として紹介するように、使用人か兵卒かに過ぎなかった。そして、そんな稗田氏からは、先に『西宮記』の裏書に見た如く、少なくとも二人の猿女が出ている。

また、高橋氏なども、天皇の食事の用意を職務とする内膳司《ないぜんし》の官職を世襲し、かつ、天皇のための食材を確保する都合から志摩守《しまのかみ》を世襲したものの、けっして有力な氏族ではなかった。とすれば、猿女にも、高橋氏の男性と結婚するくらいの機会はあっただろう。

しかも、猿女と高橋氏との間には、そもそも、特別な関係があったかもしれない。というのは、『古事記』によれば、志摩(「島」)の海の魚たちにニニギへの服属を誓わせたのは、アメノウズメであったからであり、それゆえに、志摩から貢納される初物は猿女に与えられることになっていたからである。猿女は、しばしば高橋氏と接触していたに違いない。

そして、猿女が小野氏の傍流や和珥部氏と接触し得たのは、まず間違いなく、「朝廷が猿女たちの生活基盤として特別に定めた免税の田地は、近江国の和珥村と山城国の小野郷とに置かれて」いたためであった。既に触れたように、「近江国の和珥村」には和珥部氏が、「山城国の小野郷」には小野氏の傍流が、それぞれ盤踞《ばんきょ》していたのである。しかも、傍流の小野氏も、和珥部氏も、けっして有力な氏族などではなく、両氏の男性は、猿女の結婚相手として、ほどほどの存在であったろう。

それゆえ、小野氏傍流の男性たちも、和珥部氏の男性たちも、「朝廷が猿女たちの生活基盤として特別に定めた免税の田地」を占有するべく、かなり積極的に猿女と結婚したのではないだろうか。猿女と結婚した男性は、妻となった猿女の分の「朝廷が猿女たちの生活基盤として特別に定めた免税の田地」を、堂々と占有できたはずなのである。

とすれば、小野氏傍流および和珥部氏による「朝廷が猿女たちの生活基盤として特別に定めた免税の田地」の占有は、必ずしも小野野主が弾劾するような横領ではなかったのかもしれない。もし猿女と結婚した小野氏なり和珥部氏なりの男性が、妻となった猿女の分の「朝廷が猿女たちの生活基盤として特別に定めた免税の田地」を占有したとしても、それは、正当な占有であって、けっして横領などではあるまい。

そもそも、先にも述べたように、もし本当に小野氏や和珥部氏が「朝廷が猿女たちの生活基盤として特別に定めた免税の田地」を横領していたのだとすれば、その不正は、やはり、猿女たちこそが、朝廷に訴え出ていたのではないだろうか。

小野氏の故郷

さて、猿女との関係をめぐる話が長くなったが、その中でも触れたように、本書の主人公である小野篁を育てた小野氏は、歴史を遡るならば、和珥氏の枝族の一つであった。

その和珥氏は、『古事記』『日本書紀』が孝昭天皇（孝昭大王）の太子のアメオシタラシヒコの子孫として位置付けるとはいえ、どうやら、本来、鮫（鰐）に象徴される海の神を祖先と信じる海の民（海人族）

であったらしい。そして、いつしか大和朝廷に与するようになった和珥氏は、飛鳥時代以前には、一族の女性を開化・応神・反正・雄略・仁賢・継体といった歴代の天皇（当時はまだ「大王」と呼ばれていた）の妃にするほどの有力豪族であった。

しかし、そんな和珥氏も、律令国家《りつりょうこっか》が成立する奈良時代には、往古の存在感を完全に失ってしまい、平安時代の初めに桓武天皇から新しい氏族名を与えられて「大春日氏」を名告るようになった頃には、雑多な氏族の一つに過ぎないところにまで落ちぶれてしまう。

そうして和珥氏の主流が勢いを失っていく中、本来は同氏の枝族の一つに過ぎなかったにもかかわらず、次第に存在感を増していったのが、やがて篁を産み出す小野氏であった。

その小野氏であるが、この和珥氏の一枝族が「小野」を名告ったのは、彼らが近江国滋賀郡《しがぐん》小野郷を地盤としていたためである。その地は、現在の地名では滋賀県大津《おおつ》市小野を含む地域となり、琵琶湖《びわこ》の西岸にあって和邇《わに》川下流の南の一帯に位置する。付近に「和邇」と名付けられた川が流れる「小野」という名の土地である。和珥氏から枝分かれした小野氏の故地として、いかにも似合いであろう。

なお、右の近江国滋賀郡小野郷（滋賀県大津市小野）こそを小野氏の故地と断じるのは、その地には、古代の小野氏が氏神として尊崇した神社が、今もなお鎮座しているからに他ならない。これについては、国史の一つである『続日本後紀《しょくにほんこうき》』が、承和《じょうわ》元年（八三四）二月二十日のこととして、次のように記していることが参考になるだろう。原文は漢文であるが、ここでは読み下し文で引用する。

小野氏《おののうじ》の神社《じんじゃ》は近江国滋賀郡《おうみのくにしがぐん》に在《あ》れば、勅《ちょく》すらく、「彼《か》の氏《うじ》の五位已上《ごいいじょう》の春秋《はるあき》の祭《まつり》に至《いた》る毎《ごと》に官符《かんぷ》を待《ま》たずして永《なが》く以《もっ》て往還《おうかん》するを聴《ゆる》す」と。

当時、五位以上の位階を持つ者（「五位已上」）は、畿内（山城国・大和国・摂津国・河内国《かわちのくに》・和泉国《いずみのくに》）を離れることを厳しく規制されており、畿外に出るにあたっては必ず太政官の許可（「官符」）を得なければならなかった。それでも、例えば藤原氏の氏神が大和国の春日社であったように、平安京に暮らす有力氏族の多くは、その氏神を畿内に持っていたため、支障なく春秋の例祭のために氏神に参ることができた。

だが、小野氏の氏神（「小野氏の神社」）は、畿外の近江国に鎮座していたため、五位以上の位階を持つ小野氏の人々は、毎年の春秋、氏神の例祭に参加するために、太政官に許可を求めなければならなかった。そのため、仁明天皇は、おそらく、これも篁を優遇してのことであろう、小野氏には、氏神の例祭に参加する場合に限り、太政官の許可を得ずに畿外に出られる、という特例を認めたのであった。

小野妹子

そんな小野氏の一人として、最初に歴史に名を残すのは、周知の如く、小野妹子《いもこ》である。また、その妹子が歴史の表舞台に上がるのが、遣隋使《けんずいし》としてであったということも、よく知られていよう。『日本書紀』によれば、推古《すいこ》天皇十五年（六〇七）、当時は「大礼《たいれい》」という位階を持っていた小野妹子が、最初の遣隋使として、海を渡ったのである。

ただ、なぜ遣隋使に選ばれたのが小野妹子であったのかというと、実は、この点は、少しも自明のことではなかったりする。

遣隋使は、当時の朝廷にしてみれば、大陸の大帝国に送る使節であって、どうかすれば国家の命運を左右しかねない、重要な特使であった。推古天皇（推古大王）の時代は、朝鮮半島において、その南部にあって日本と友好関係を持っていた加耶《かや》（任那）諸国が、新羅《しんら》に次々と併呑されて滅亡した直後であり、かつ、これまた日本と良好な関係を維持していた百済《くだら》が、新羅と高句麗《こうくり》とに圧迫される中、その都を次第に南の地へと遷しつつあった時期である。日本としては、盟友の百済を救済するためにも、旧友の加耶諸国を再興するためにも、東アジアにおいては圧倒的な力を有していた隋帝国を味方に付ける必要があった。

とすれば、その役割は、本来、どうかすれば推古天皇（推古大王）よりも強く当時の朝廷を主導していた蘇我《そが》氏こそが、担うべきだったのではないだろうか。遣隋使が派遣された推古天皇十五年というと、大臣《おおおみ》として、推古天皇の外戚として、朝廷を牛耳っていたのは、蘇我馬子《そがのうまこ》であったから、その兄弟なり息子なりが遣隋使を務めるというのが、妥当なところであったように思われるのである。

また、遣隋使を務めた当時、小野妹子がどれほどの地位にあったかといえば、当時の彼は、所謂「冠《かん》位十二階《いじゅうにかい》」において上から五番目にあたる「大礼」に過ぎなかった。この大礼は、大宝律令《たいほうりつりょう》が定められて以降の全三十階梯《かいてい》の位階に置き換えた場合、上から十五番目もしくは十六番目にあたる正六位《しょうろくい》でしかない。しかも、大宝律令は、上から十三番目あるいは十四番目にあたる従五位《じゅごい》から上の位階を持つ者を、法律上の「貴族」と規定するから、正六位と置き換えられる大礼は、奈良時代・平安時代においてならば、「貴族」としての特権を享受することもない程度の、けっして高くはない冠位であった。

ちなみに、妹子の地位は、この後に派遣される初期の遣唐使たちと比べても、はっきりと低い。舒明《じょめい》天皇二年（六三〇）に派遣された第一次の遣唐使を務めた犬上御田鍬《いぬがみのみたすき》の冠位は、冠位

【冠位十二階】

大徳
小徳
大仁
小仁
大礼
小礼
大信
小信
大義
小義
大智
小智

【大宝律令の位階】

正一位	正六位上
従一位	正六位下
正二位	従六位上
従二位	従六位下
正三位	正七位上
従三位	正七位下
正四位上	従七位上
正四位下	従七位下
従四位上	正八位上
従四位下	正八位下
正五位上	従八位上
正五位下	従八位下
従五位上	大初位上
従五位下	大初位下
	少初位上
	少初位下

【冠位十九階】

大織
小織
大繡
小繡
大紫
小紫
大花上
大花下
小花上
小花下
大山上
大山下
小山上
小山下
大乙上
大乙下
小乙上
小乙下
立身

【冠位二十六階】

大織
小織
大縫
小縫
大紫
小紫
大錦上
大錦中
大錦下
小錦上
小錦中
小錦下
大山上
大山中
大山下
小山上
小山中
小山下
大乙上
大乙中
大乙下
小乙上
小乙中
小乙下
大建
小建

十二階では上から三番目の「大仁《だいにん》」であり、白雉《はくち》四年（六五三）の第二次遣唐使の吉士長丹《きしのながに》の冠位は、改定された所謂「冠位十九階《かんいじゅうきゅうかい》」において上から十番目の「小花下《しょうけげ》」であって、さらに、白雉五年（六五四）の第三次遣唐使の高向玄理《たかむこのくろまろ》は、またも改定された所謂「冠位二十六階《かんいにじゅうろっかい》」の上から七番目となる「大錦上《たいきんじょう》」の冠位を持っていたのである。

こうした状況を勘案するならば、小野妹子には、外交に関して、その地位には見合わないほどに高い能力が備わっていたのかもしれない。あるいは、妹子が大海原を渡る使節に抜擢されたのは、彼が海の民（海人族）の末裔たる和珥氏の一員であったためであろうか。

湖の民の情報力

和珥氏が「大春日」を名告るようになって以降の平安時代前期に氏族名鑑として編纂された『新撰姓氏録』は、大春日氏の一枝族として小野氏を紹介する中で、次のような情報を付け加えている。ここでも、漢文の原文を読み下し文にして紹介する。

　大徳《だいとく》小野臣妹子《おののおみいもこ》は、近江国滋賀郡小野村《おうみのくにしがぐんおののむら》に家《す》む。因《よ》りて以《もっ》て氏《うじ》と為《な》す。

遣隋使としての功績を認められた妹子は、最後は冠位十二階の最高位である「大徳」にまで昇ったが、その大徳の小野妹子が本拠地としていたのは、近江国滋賀郡小野郷（「小野村」）であった。それは、琵琶湖西岸の和邇川下流域であり、先にも触れた如く、小野氏の氏神が鎮座する地であって、小野氏の氏族名が由来する地である。

もっとも、「小野」という地名は、先に見た小野野主の申請書が、「朝廷が猿女たちの生活基盤として特別に定めた免税の田地は、近江国の和珥村と山城国の小野郷とに置かれて」いた旨を証言する如く、山城国にも愛宕《おたぎ》郡小野郷として存在していた。しかも、これも野主の申請書によって知られる通り、右の猿女の田地は、小野氏の人々によって占有されたことがあったのであって、山城国の小野の地にも、多数の小野氏が住み着いていたのである。また、小野氏の人々が少なからず住み着く地は、妹子の時代にならば、大和国にもあったことだろう。というのも、妹子の時代よりずっと昔から、そして、妹子の時代よりしばらく後まで、朝廷の本拠は大和国に置かれていたからに他ならない。

しかし、それでもなお、琵琶湖西岸の近江国滋賀郡小野郷こそが、小野氏の故地であった。そして、そこは、最も近くを流れる川が「和邇」と名付けられていることからも察せられるように、和珥氏が盤踞する地の延長であり、野主の申請書から和珥部氏が暮らしたことの知られる「近江国の和珥村」の近隣であった。小野氏は、どこまでも、かつて海の民（海人族）として栄えた和珥氏の末裔なのである。

なお、その西岸に和珥氏が暮らした琵琶湖はといえば、中国大陸や朝鮮半島から物資や情報がもたらされる際には、最も重要な経路の一つとなった。

平安時代に至っても多くの異国人が北陸道や山陰道の諸国に漂着していたように、古代においては、日本海側の海岸の全てが、世界に開かれた港であった。そして、日本海の海岸に届いた異国の物資や情報は、琵琶湖のすぐ北に位置する敦賀《つるが》の港で陸揚げされて、そこから、琵琶湖の湖上輸送を経て、大和国をはじめとする畿内諸国へと届いたのである。

とすれば、琵琶湖の湖上輸送を担った人々は、朝廷の中枢の要人などよりも、よほど中国大陸や朝鮮半島の事情に通じることができたに違いない。そして、妹子を産んだ小野氏は、そうした状況にあったのではないだろうか。

琵琶湖の西岸に盤踞した小野氏が、湖上輸送を生業の一つに考えなかったはずはあるまい。また、かつての海の民ならば、湖の民に転ずるというのも、そう難しいことではなかったはずである。小野篁の祖先は、海の民を起源とする湖の民として、出世の糸口を把《つか》んだのであった。

第四章　篁の機智

嵯峨天皇の寵愛

前章では、小野氏という氏族の起源を語ることに一つの章を費やしたが、本章では、本書の本来の主人公である小野篁こそを、再び叙述の中心に据えよう。

既に第二章で見たように、篁は、弘仁《こうにん》十三年（八二二）の春、数え年の二十一歳になってほどなく、文章生試《もんじょうしょうし》に及第して文章生《もんじょうしょう》になっており、かつ、その年もしくはその翌年、権中納言《ごんのちゅうなごん》の藤原三守《ふじわらのみもり》（やがては右大臣《うだいじん》に昇る）の娘と結婚している。彼は、二十歳余りにして、漢学者あるいは漢詩人としては、上々の第一歩を踏み出すとともに、貴族としては、上級貴族家の娘婿となったことで、文句なしの生活環境を手に入れたことになる。

そして、この点こそが、まさに本章の主題となるのだが、この若者は、文章生となって、かつ、権中納言家の娘婿となったばかりではなく、嵯峨《さが》天皇のお気に入りでもあった。

嵯峨天皇といえば、大同《だいどう》五年（八一〇）、「薬子《くすこ》の変《へん》」とも「平城太上天皇《へいぜいだいじょうてんのう》の変《へん》」とも呼ばれる政変の結果、兄の平城上皇の政治力を封じ込めることに成功して、確かな権力を有していた、紛うことなき専制君主である。そんな嵯峨天皇から寵愛されていたのであれば、篁の将来は、さぞや明るいものであったろう。

といっても、その寵愛は、必ずしも、篁が自ら勝ち得たものではない。むしろ、それは、かなりの程度に、その父親の岑守《みねもり》が天皇から厚く信任されていたことによって、言わば、「親の七光」によって、ただただ与えられるままに与えられた恩恵のようなものであった。

それでも、もし、嵯峨天皇が篁に目をかけた理由が、岑守の他にもあるとすれば、それは、篁自身の知性の輝きであったろう。そして、この点を端的に示すのが、序章で紹介した高札《こうさつ》もしくは落書《らくしょ》をめぐる逸話である。その話においては、内裏《だいり》で発見された高札なり落書なりの「無悪善」という文面は、誰にも読み解くことができなかったにもかかわらず、その読解を嵯峨天皇から命じられた篁だけは、あっさりと「悪（さが）無（な）くて善（よ）からん」と読み切ったうえ、さらには、それを「嵯峨天皇など、いない方がよい」と解釈してみせたのであり、それゆえ、嵯峨天皇は、そもそも問題の高札もしくは落書を書いたのが篁であることを疑いつつも、結局は、篁の機智に感心して、さらに寵愛を深めるのである。

いずれにせよ、篁が余人にはけっして真似ができないほどに嵯峨天皇に気に入られていたことは、疑うべくもない。したがって、嵯峨天皇との関係は、篁の人生の重要な要素の一つと見做されるべきであろう。

ただ、ここで一つ問題になるのは、嵯峨天皇が天皇として篁を寵愛し得たのは、弘仁十四年（八二三）の五月が最後であったという事実である。実のところ、同月、嵯峨天皇は、弟の淳和《じゅんな》天皇に譲位して、上皇になってしまうので、諸書が嵯峨天皇の時代のこととして伝える「無悪善」の一件があった折、篁はというと、どんなにがんばっても、二十二歳の文章生でしかなかったのであった。

しかし、まだまともな官職に就いてもいない二十歳そこそこの若者に、本人を前にして「嵯峨天皇など、いない方がよい」と言い放つことなど、本当に可能だったのだろうか。

高札の「無悪善」

「無悪善」の読解をめぐる逸話として最も広く知られているのは、おそらく、『宇治拾遺物語《うじしゅういものがたり》』の伝えるものであろう。『宇治拾遺物語』は、鎌倉時代初期の十三世紀前葉に成立した、編者不明の説話集であるが、同書は、問題の一話には「小野篁《おののたかむら》の広才《こうさい》なる事《こと》」という題名を与えている。そして、その「小野篁の広才なる事」は、まずは前半部分を現代語訳で紹介すると、次のようなものである。

今となっては昔のこと、小野篁という人がいらっしゃったとか。そして、その篁は、嵯峨天皇の時代（「嵯峨の御門《みかど》の御時《おんとき》」）に、内裏に高札を立てたのであったが、そこに「無悪善」と書いたのだとか。

この高札を見た嵯峨天皇は、篁に向かって、

「高札にはどう書かれているのか、読んでみせよ」

とお命じになるのであったが、篁は、

「読むには読めます。しかしながら、畏《おそ》れ多《おお》くございまして、どう読むのかを申し上げることはできません」

と申し上げて、命じられた通りに高札を読もうとはしなかった。

しかし、嵯峨天皇は、

「不敬など気にせず、どう読むのかを申せ」

と、幾度も、幾度も、お命じになって、何としても篁に高札を読ませようとしたため、篁は、ついに、

「この高札は、『嵯峨なくてよからん』と申してございます。これは、陛下を呪《のろ》い申し上げているのです」

と申し上げたのであった。

『宇治拾遺物語』の語るところでは、「無悪善」の三文字が書かれていたのは、高札であった。紙の落書ではなく、木の高札である。

ちなみに、この高札については、内裏のどこに立てられていたと考えるのが適切であろうか。

これを立てた篁にしてみれば、まず何より、嵯峨天皇の目に入れたかったはずである。また、それに加えて、彼は、宮中のできるだけ多くの人々にも見せたかったのではないだろうか。とすれば、篁が高札を立てる場所として選んだのは、内裏の正殿である紫宸殿《ししんでん》の南庭であったろう。

それは、宮中の多様な儀式に際して、その式場として用いられる空間であり、ただただ広いだけの

庭である。そのあたりは、現在の京都御所においても忠実に再現されていて、その紫宸殿の南庭には、「左近《さこん》の桜《さくら》」「右近《うこん》の橘《たちばな》」と呼ばれる一本ずつの桜の木と橘の木とを除けば、草木の一本も生えていない。

そして、そんなところに立てられた高札は、さぞや目立ったことであろう。

呪詛の言葉としての「嵯峨なくてよからん」

さて、そうして宮中をざわつかせることになったであろう高札の内容であるが、それは、例の「無悪善」であった。わずかに三文字だけが書かれた高札が紫宸殿の南庭の広々とした空間にぽつんと立っているというのは、さぞや、異様な光景であったろう。

しかも、高札に書かれていた「無悪善」という文字列は、難解なものというよりも、むしろ、厄介なものであった。というのも、それは、どうにも読み解きようがなかったわけではなく、それどころか、さまざまに読み解くことができたからである。

「無悪善」は、例えば、「悪《あく》の無きが善なり」と読んで、「悪のない状態が善である」と解釈してもいいだろうし、また、「悪《あ》しき善は無し」と読んで、「悪い善などない」と解釈してもいいだろう。あるいは、それを、「悪も善も無し」と読んで、「この世には、明確な悪もなければ、明確な善もない」と解釈することもできるだろう。

だが、この三文字に接した人々は、さまざまに読み解くことができればできるほど、かえって混乱に陥っていったのではないだろうか。いろいろな読解が可能であるのは、そもそも、正しい読解など存在しないがゆえであるかもしれないからである。

これに対して、嵯峨天皇から読み解くことを命じられた篁だけは、まさに自信満々に、自身の読解を示すのであった。「嵯峨なくてよからん」と。しかも、彼は、これを解釈して、「これは、陛下を呪《のろ》い申し上げているのです」と付け加えた。

ここで、篁が「悪」という文字に与えた読みは、「さが」であった。そして、「悪」という漢字をあてられる「さが」という言葉は、「人間の生まれつきの欠点や短所」を意味する。したがって、「無悪善」を「さがなくてよからん」と読むならば、その解釈は、普通、「人間の生まれつきの欠点や短所など、なければよい」とでもなるはずである。

だが、篁の解釈は異なっていた。彼は、「悪」に「さが」という読みを与えたうえで、その「さが」という読みに新たに「嵯峨」という漢字を与えて、さらに、それを嵯峨天皇のことと見做したのである。そして、こうなると、「さがなくてよからん」という一文は、もう「嵯峨天皇など、いない方がよい」とでも解釈されるしかあるまい。

ただ、この「嵯峨天皇など、いない方がよい」という解釈は、言霊《ことだま》というものを考慮に入れたとき、穏やかならざるものとなる。

『万葉集《まんようしゅう》』には、柿本人麻呂《かきのもとのひとまろ》が旅立つ友人に贈った一首として、「敷島《しきしま》の／大和《やまと》の国《くに》は／言霊《ことだま》の／幸《さきわ》ふ国《くに》ぞ／正《まさ》きくありこそ」という和歌が収められているが、言霊というものを説明するには、これを取り上げるのが最も適切であろう。右の和歌の現代語訳が「この日本は、言霊《ことだま》が幸《さいわ》いをもたらす国です。ですから、私の『あなたの道中が無事でありますように』という言葉が現実になって、本当にあなたの道中が無事でありますように」といった感じになるように、現実に働きかける言葉の力こそが、言霊である。

そんな言霊が、「嵯峨なくてよからん（嵯峨天皇など、いない方がよい）」という言葉にも籠っているのだとすれば、確かに、それは、嵯峨天皇への呪詛《じゅそ》の言葉でしかあるまい。

「嵯峨の御門の御時」

ところで、内裏に問題の高札が立てられたのは、『宇治拾遺物語』の原文の表現では「嵯峨《さが》の御門《みかど》の御時《おんとき》」のことであり、すなわち、嵯峨天皇の時代のことであった。

ここに見える「御門」は、もちろん、「帝」の当て字である。が、天皇を意味する和語の「みかど」の語源は、まさに天皇の御所の立派な門としての「御門」であるから、天皇を意味して「帝」ではなく「御門」の表記を用いるのは、必ずしも的外れなことではない。

それはともかく、問題の「無悪善」の読み解きの一件は、『宇治拾遺物語』において、やはり、嵯峨天皇が天皇であった頃の出来事とされている。しかし、既に触れたように、嵯峨天皇が天皇であったのは、弘仁十四年（八二三）の五月までのことであり、その弘仁十四年五月の時点では、小野篁はというと、まだ二十二歳の若者に過ぎず、かつ、文章生になったばかりの駆け出しの漢学者に過ぎない。

　そして、それゆえであろうか、『宇治拾遺物語』の語る限りでは、嵯峨天皇の御前での篁の振る舞いは、かなり遠慮がちである。彼は、天皇に対する呪詛の言葉となる「嵯峨なくてよからん」という読み方を口にすることを、「畏《おそ》れ多《おお》」いことと認識して、天皇から「無悪善」を読んで見せるように命じられても、その勅命にただちに従おうとはしない。篁は、「読むには読めます」と言って、「無悪善」を読み解くことそのものには自信を示しながらも、憚《はばか》るところのある読み解きを、なかなか披露しようとはしないのであった。

　だが、篁は、結局のところ、自身の「嵯峨なくてよからん」という思い切った読解を、自信満々に口にする。しかも、「これは、陛下を呪い申し上げているのです」という、何とも微妙な解釈をも、臆することなく、嵯峨天皇に伝えるのである。

　こうなると、「畏れ多くございまして、どう読むのかを申し上げることはできません」などと言って、幾度かは自身の読解を披露することを固辞したのも、何やらうわべだけの謙譲であったように思えてくる。いや、それどころか、彼は、嵯峨天皇の期待を高めるべく、「無悪善」を読み解いてみせることをもったいぶっていただけなのではないだろうか。『宇治拾遺物語』の伝える篁の遠慮は、全て芝居でしかなかったのかもしれない。

　そもそも、この出来事の発端となる「無悪善」の高札を立てたのは、他ならぬ篁であった。すなわち、嵯峨天皇に対する呪詛の言葉となる「無悪善」の三文字を内裏に持ち込んだのは、他の誰でもない、篁だったのである。

とすれば、嵯峨天皇の御前での篁の遠慮など、芝居であったに決まっている。彼は、控え目な態度を取っているかのように見せながら、さんざんもったいを付けたうえで、自作自演の謎解きをして見せて、しかも、天皇に対して、呪詛の言葉を浴びせたのであった。

少なくとも『宇治拾遺物語』の伝えるところからは、こう見るしかあるまい。

とはいえ、そのようなことが、二十二歳の文章生などに、本当に可能だったのだろうか。『宇治拾遺物語』に見える「無悪善」をめぐる一話は、ある意味で、あまりにも荒唐無稽な虚構であるようにさえ思えるのである。

篁の空とぼけ

しかし、ここでは、結論を急がず、まずは、『宇治拾遺物語』の語るところを最後まで見てみよう。次に現代語訳で紹介するのが、『宇治拾遺物語』では「小野篁の広才なる事」と題されている「無悪善」の読解をめぐる一話の後半部分である。

これを聞いた嵯峨天皇は、

「このような高札は、そなたの他に、いったい誰が書くだろうか」

とおっしゃった。しかし、篁は、

「こうして疑われることになりますので、『どう読むのかは申し上げません』と申し上げたのです」

と申し上げて、内裏に高札を立てたのは自分であることについては、空とぼけようとする。

　すると、嵯峨天皇は、

「それでは、そなたは、文字で書かれたものならば、何でも読めるのだな」

と、篁を試みようとする。そして、これに、篁が、

「どんなものでも、読んでご覧に入れましょう」

と応じると、嵯峨天皇は、「子子子子子子子子子子子子」と、全部で十二個の「子」という文字をお書きになった紙を篁に示して、

「読んでみよ」

とおっしゃったのであった。すると、篁は、

「猫の子、仔猫。鹿《しし》の子、仔鹿《こじし》」

と読み、それを聞いた嵯峨天皇は、微笑みをお見せになって、この一件は、全て穏便に収まったのだとか。


　嵯峨天皇は、篁の解読を聞いたうえで、「このような高札は、そなたの他に、いったい誰が書くだろうか」と言い切る。おそらく、そこには、「誰も確信を持って読み解くことのできなかった高札を、篁だけは自信満々に読み解いてみせたのだから、その高札を書いたのは、篁に違いない」といった理屈があったのだろう。

しかし、篁はというと、空とぼけて済まそうとする。しかも、彼は、自身がひどい濡れ衣を着せられているかのような態度を取るのである。彼の「こうして疑われることになりますので、『どう読むのかは申し上げません』と申し上げたのです」との言葉は、まさに謂われのない批難に対する抵抗であろう。

ここでの篁は、あたかも「機智を働かせて難解な高札を読み解いたがために、その高札を立てた犯人として扱われるのは、何とも理不尽である」とでも言いたげである。だが、事実、高札を立てたのは彼だったのだから、たいした鉄面皮ぶりである。

そして、こうしたところもまた、出世の途に就いたばかりの二十二歳の若者の所業としては、あまりにも老獪《ろうかい》に過ぎるのではないだろうか。

「子子子子子子子子子子子子」

また、『宇治拾遺物語』の語り方から感じる限りでは、嵯峨天皇は、名指しで篁に謎の高札を読み解くことを命じた時点で、既に内裏に問題の高札を立てたのが篁であることに感付いていたのかもしれない。そして、『宇治拾遺物語』の嵯峨天皇は、さすがに、「無悪善」の意味するところを、篁に問う以前から看破していたわけではなかったにしても、どうかすると、この三文字が自身にとってよからぬものであることくらいは、早々に見抜いていたのではないだろうか。退位した弘仁十四年（八二三）、既に三十八歳にもなっており、しかも、漢学の才に恵まれていた嵯峨天皇であれば、二十二歳の若き篁を相手には、それくらいの余裕を持っていてもいいだろう。

事実、『宇治拾遺物語』に見える嵯峨天皇の篁への対応は、さすがの貫禄を感じさせるものである。嵯峨天皇は、篁が高札について知らぬふりを決め込むのを見るや、高札の件を追及するのをやめて、その代わりに、篁の機智を試みようとするのであった。

そして、ここで天皇が篁に突き付けた課題というのは、十二個の「子」の字を並べた「子子子子子子子子子子子子」という文字列を正しく読むことであった。

この課題に挑むうえで最も重要なのは、「子」という漢字の読み方を整理することである。

まず、漢字の「子」に「こ」という訓読みと「シ」という音読みとがあるというのは、周知のことであろう。しかし、これだけでは、嵯峨天皇を満足させることはできない。もう一つ、われわれ現代人の間では忘れられがちかもしれないが、「子」という漢字は、干支の鼠を意味する「ね」という訓読みも持っているのである。そして、これこそが、嵯峨天皇の出した課題を解くうえでの鍵となる。

問題の十二個の「子」の字のうち、最初の六つの「子」の字は、「こ」「ね」の二つの訓読みを適用するならば、「ねこ（の）こ、こねこ」と読むことが可能になる。また、残りの六つの「子」の字は、「こ」という訓読みと「シ」という音読みとを適用するならば、「シシ（の）こ、こジシ」と読むことが可能になる。したがって、文字列の全体としては、とりあえず、「ねこのこ、こねこ。シシのこ、こジシ」と読み解かれるのである。

さらに、「ねこ」は猫であり、平安時代人の言う「シシ」は、ライオンの東洋名の「獅子」であるよりも、鹿の古い和名であろう。それゆえ、「猫の仔、仔猫。鹿の仔、仔鹿」こそが、「子子子子子子子子子子子子子」を解読する課題の正解となる。

そして、右の如くに解答した篁は、嵯峨天皇を微笑ませ、難を逃れるのであった。だが、これも、『宇治拾遺物語』の語りからでは、嵯峨天皇の目論見の通りであったようにしか思えない。天皇には、本気で篁をやり込める気などなかったのではないだろうか。そして、どうにも、この話においては、嵯峨天皇と篁との二人が、互いに互いを信頼したうえで、ただただじゃれているようにしか見えないのである。

とはいえ、そのような信頼関係を天皇との間に築くことが、また、そのように天皇とじゃれ合うことが、二十二歳の文章生などに、本当に可能だったのだろうか。

落書の「無悪善」

右に『宇治拾遺物語』から引用して詳しく紹介した「無悪善」の読解にまつわる逸話であるが、同じ話であっても、『十訓抄《じっきんしょう》』の伝えるものには、いろいろと相違点が見られる。『十訓抄』というのは、鎌倉時代中期の十三世紀中葉に成立したとされる編者不明の説話集である。したがって、『宇治拾遺物語』が成立してから『十訓抄』が成立するまでに半世紀と経っていないのだが、それにもかかわらず、この二つの説話集に収められた同じ話には、少なからぬ異同があるのである。これは、なかなか興味深いことであろう。

そこで、ここでは、まずは『十訓抄』の伝える「無悪善」の逸話の最初の三分の一ほどを、現代語訳で紹介しよう。

嵯峨天皇の時代（「嵯峨帝の御時《さがのみかどのおんとき》」）に、「無悪善」と書かれた落書があったとか。それを、嵯峨天皇が参議《さんぎ》を務めた小野篁（「野相公《やしょうこう》」）にお見せになると、篁は、

「さがなくてよし」

と読み解いたのであった。それは、「悪」という漢字には、「さが」という読み方があったためである。

右の出来事があったのは、『十訓抄』の原文の表現では、「嵯峨帝の御時」であった。つまり、「無悪善」をめぐる一件は、『十訓抄』においても、『宇治拾遺物語』におけると同じく、嵯峨天皇の時代のことなのである。

したがって、『十訓抄』の世界では、この出来事は、嵯峨天皇が退位する弘仁十四年（八二三）の五月までに起きていなければならない。また、そこから、これが起きたとき、われらが小野篁は、やはり、どんなにがんばっても、二十二歳の文章生でしかなかったことになる。かなり無理のある話にしかならないにもかかわらず、『宇治拾遺物語』といい、『十訓抄』といい、篁の大胆な逸話を、どうしても嵯峨天皇の時代のことにしたいらしい。

ところで、『十訓抄』の伝える話と『宇治拾遺物語』の伝える話との相違に着眼するならば、最も注目するべきは、問題の「無悪善」の三文字が書かれた媒体であろう。すなわち、『宇治拾遺物語』では、「無

悪善」が高札に書かれていたのに対して、『十訓抄』では、同じ三文字が落書に書かれているのである。

また、『宇治拾遺物語』は、高札が立てられた場所が内裏であったことを明らかにしているのに対して、『十訓抄』は、どこで落書が発見されたかを明らかにしていない。が、これもまた、内裏が妥当であろう。序章でも触れたように、「落とし文」とも呼ばれる落書は、普通、政権や政権の要人へのメッセージであるから、メッセージの宛て先である政権なり政権の要人なりの目に入らなければ意味がない。そして、この前提からすれば、天皇へのメッセージが書かれた落書が見付かった場所は、やはり、内裏でなければならないのではないだろうか。

なお、二十二歳の文章生の仕業とすると、高札を内裏に立てることに比べれば、落書を内裏に落とすことの方が、より現実的かもしれない。

篁の諫言

『十訓抄』と『宇治拾遺物語』とでの違いということでは、篁による「無悪善」の読み解きの深さが、両書の間で大きく異なっている点にも注目すべきであろう。

『宇治拾遺物語』の篁は、「無悪善」を「嵯峨なくてよからん」と読み下したうえで、「これは、陛下を呪い申し上げているのです」と言って、「無悪善」が嵯峨天皇に対する呪詛の言葉であることを指摘する。これは、ずいぶんと深いところに踏み込んだ読み解きである。

『十訓抄』の篁は、「さがなくてよし」と読み下すが、ただそれだけであった。

ここで､両者の読み下しの末尾が「よからん」となっているか「よし」となっているかという点などは、些末なことに過ぎない。それは、「よし」という形容詞に推量の助動詞の「ん(む)」が付いているか付いていないかというだけの違いである。両者を現代語訳するならば、「よからん」は、「いいだろう」と少しぼやかした言い方になり、「よし」は、「いい」とはっきり断定する言い方になるが、ここには、その程度の違いしかない。

これに対して、「無悪善」という言葉が呪詛の言葉になり得ることを指摘するか否かというのは、ずっと大きな相違である。

奈良時代から施行されてきた律令《りつりょう》の、特に犯罪の取り締まりを規定する賊盗律《ぞくとうりつ》には、呪詛を企てた者を厳罰に処することを定める条文があるように、古代において、呪詛というのは、計画殺人と同等の凶悪犯罪であった。まして、それが天皇に対する呪詛ともなれば、謀反を疑われる重大犯罪であった。

したがって、『宇治拾遺物語』の篁は、かなり危険なところに踏み込んでいたことになり、『十訓抄』の篁は、危うきには近寄らなかったことになる。

しかし、もし、「無悪善」の一件があったとき、篁はいまだ二十二歳の文章生に過ぎなかったとすれば、『十訓抄』の篁のように呪詛には言及しない方が、分相応でもあり、幾らか現実味があったかもしれない。

ただ、『十訓抄』の伝える話でも、嵯峨天皇が「さがなくてよし」という読解に触れて不機嫌になると、これを堂々と諌めたというのは、やはり、二十二歳の文章生には、ずいぶんと不相応なものであるように思われる。このあたりについては、これまた現代語訳で紹介する、『十訓抄』の伝える「無悪善」

の逸話の真ん中の三分の一ほどを見てもらいたい。

しかし、嵯峨天皇は、篁の読み解きに触れるや、ひどく機嫌を悪くなさって、

「さては、『無悪善』などと書かれた落書は、そなたの仕業であったか」

とおっしゃった。すると、篁は、

「落書を読み解いたからといって、このようにお疑いをいただくことがございましては、才覚のある臣下は、朝廷に仕えにくくなってしまうのではないでしょうか」

と申し上げたのでした。

ここに見られるような力強い諫言は、まだ確かな地位も持たない若者からは、なかなか出てこないものなのではないだろうか。

嵯峨天皇からの出題

もっとも、この諫言も、そもそも篁の落書に腹を立てた嵯峨天皇に対するものであったから、実のところは、所謂「マッチポンプ」でしかなく、そこには、忠義もなければ、誠意もなかっただろう。それは、事情を知らない第三者から見れば、立派な諫言であるものの、当の篁にしてみれば、自分の身を守るための屁理屈でしかなかったのである。

そして、おそらく、そんなことは、嵯峨天皇にもわかっていたのだろう。天皇としては、問題の落書が篁によるものであることを確信していたのだろうから、篁の諫言っぽい言葉を耳にしても、しらじらしさを感じるばかりだったのではないだろうか。

それゆえであろう、『十訓抄』の嵯峨天皇も、篁の機智を試そうとする。『十訓抄』の伝える「無悪善」の逸話の残りの三分の一は、現代語訳で見るならば、次の通りである。

これに対して、嵯峨天皇は、

「一伏三仰不来待書暗降雨恋筒寝」

と紙にお書きになると、

「これを読んでみよ」

と言って、その紙を篁にお与えになったのだとか。そして、篁が

「月夜《つきよ》には　来《こ》ぬ人待《ひとま》たる　掻《か》き暗《くら》し　雨《あめ》も降《ふ》らなむ　恋《こ》ひつつも寝《ね》む　」

と読んだので、嵯峨天皇は、機嫌を直されたのだとか。

世に「落書については、それを書いた者ではなく、それを読み解いた者こそが、罰せられる」とされるようになったのは、この一件があってからであったとか。

また、子供たちが楽しむ「むきさい」と呼ばれる遊びでは、四つの賽子《さいころ》を投げて、その裏表を見るのであるが、「一つが裏になって三つが表になる」という状態を、「月夜《つきよ》」と呼ぶのである。

篁が自身の才覚を試されるのは、あまりにも当然のことであった。彼は、自分の悪ふざけを棚に上げて、「才覚のある臣下は、朝廷に仕えにくくなってしまうのではないでしょうか」などという厚かましい弁明をしたのだから。

ただ、嵯峨天皇が篁を試みるべく出した課題は、『十訓抄』と『宇治拾遺物語』とで、全く異なる。篁が嵯峨天皇に読み解くように命じられたのは、『宇治拾遺物語』では、「子子子子子子子子子子子子」という、ある意味で単純な文字列であったが、『十訓抄』では、「一伏三仰不来待書暗降雨恋筒寝」という、ずいぶんと複雑な文字列になっているのである。

そして、『十訓抄』によれば、篁は、「一伏三仰不来待書暗降雨恋筒寝」を「月夜《つきよ》には／来《こ》ぬ人《ひと》待《ま》たる／掻《か》き暗《くら》し／雨《あめ》も降《ふ》らなむ／恋《こ》ひつつも寝《ね》む」と読み解き、嵯峨天皇の機嫌を直して事態を丸く収めることに成功したのであった。

とはいえ、この結末は、嵯峨天皇が用意したものだったのではないだろうか。『十訓抄』の嵯峨天皇も、『宇治拾遺物語』の嵯峨天皇と同じく、篁をやり込める気などなかったように思われるのである。二人は、やはり、じゃれ合っていただけなのかもしれない。

「一伏三仰不来待書暗降雨恋筒寝」

ところで、どうして、「一伏三仰不来待書暗降雨恋筒寝」という文字列を、「月夜には／来ぬ人待たる／掻き暗し／雨も降らなむ／恋ひつつも寝む」という和歌として読むことができるのだろうか。一見、「一伏三仰不来待書暗降雨恋筒寝」には、和歌として読み解けそうな要素など、まるで見当たらない。

だが、ここで、もう一度、右に引用した『十訓抄』の最後の一文を見てもらいたい。実は、この一文こそが、右の読解を可能にするために絶対に欠かせない手がかりとなる。

ここに子供の遊戯として登場する「むきさい」は、はるか奈良時代以前に朝鮮半島から伝わった盤上遊戯である。また、この遊びは、賽の目によって駒を進める遊びであるという意味では、双六の一種と見做されよう。

ただ、この遊びに用いられる賽子は、「樗蒲《かりうち》」とも「折木四《かり》（切木四）」とも呼ばれるもので、一から六までの目を持つ立方体のものではなく、半円形の断面を持つ短い棒であった。そして、「むきさい」では、この変わった賽子を四つ投げて、「伏」と呼ばれる丸い面（裏）と「向」と呼ばれる平らな面（表）とがそれぞれ幾つになるかを見たのである。「むきさい」が「むきさい」と呼ばれたのは、おそらく、「伏」か「向」かを見る賽子が用いられたからであろう。「むきさい」に漢字を当てるとしたら、「向賽」といったところかもしれない。

また、この「むきさい（向賽）」においては、四つの樗蒲（折木四／切木四）を投げて、三つが裏の「伏」で一つが表の「向」になることを、特に「つく」と呼び、一つが裏の「伏」で三つが表の「向」になる

【むきさいの賽子の呼び方】

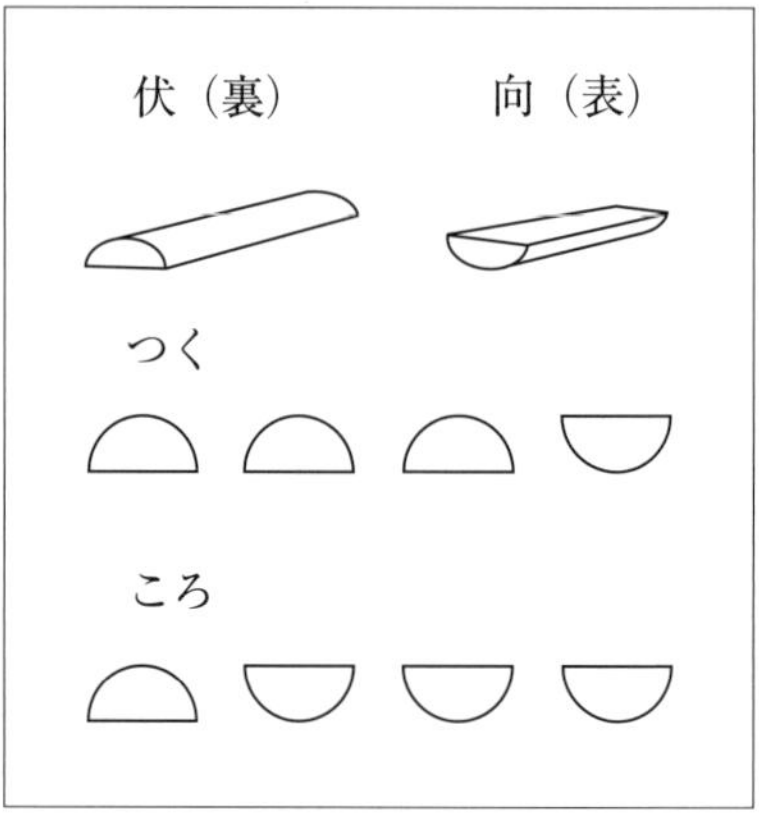

ことを、特に「ころ」と呼んだという。しかし、右に見た『十訓抄』の最後の一文によれば、一つが裏の「伏」で三つが表の「向」になることは、「ころ」と呼ばれる他に、「月夜」とも呼ばれたようである。

さらに、『十訓抄』の最後の一文は、原文のまま示すと、「童部《わらわべ》の打《う》つ『むきさい』といふものに、『一《ひと》つ伏《ふ》して、三《み》つ仰《あお》げる』を、『月夜《つきよ》』といふなり」となるが、ここからわかるように、投げた樗蒲（折木四／切木四）が表の「向」になることは、「仰ぐ」と表現されたらしい。とすれば、『十訓抄』の嵯峨天皇が篁に突き付けた課題の「一伏三仰不来待書暗降雨恋筒寝」の最初の「一伏三仰」の四文字が意味するところは、四つの樗蒲（折木四／切木四）を投げて、一つが裏の「伏」で三つが表の「向」になることであろう。

さて、ここに至っては、嵯峨天皇の課題の前半部分の「一伏三仰不来待」が「月夜には／来ぬ人待たる」と読まれることも、概ね、理解されるのではないだろうか。「一伏三仰」が「月夜には」と読まれ、「不来」が「来ぬ人」と読まれ、「待」が「待たる」と読まれたのである。

そして、残った「書暗降雨恋筒寝」については、「書暗」が「掻き暗し」と読まれることも、「降雨」が「雨も降らなむ」と読まれることも、「恋筒寝」が「恋ひつつも寝む」と読まれることも、「一伏三仰不来待」

が「月夜には／来ぬ人待たる」と読まれることに比べれば、ずっと容易に理解されよう。

『万葉集』『古今和歌集』との関係

右に引用した『十訓抄』では、嵯峨天皇が篁を試みるべく提示した「一伏三仰不来待書暗降雨恋筒寝」という文字列の正しい読み方は、「月夜には／来ぬ人待たる／掻き暗し／雨も降らなむ／恋ひつつも寝む」というものであったが、これを現代語にするならば、凡そ、次のような感じであろう。

月のきれいな夜には、ずっと月に見入ってしまうので、ついつい、私のもとを訪ねてもくれない薄情なあなたを待っているかのようになってしまう。だから、いっそのこと、空一面が真っ暗になって雨が降ればいいのに。そうすれば、あなたを恋しく想いながらも、寝てしまえるから。

言うまでもなく、右の「一伏三仰不来待書暗降雨恋筒寝」を読み解いた「月夜には…」は、一首の和歌である。しかも、これは、『古今和歌集《こきんわかしゅう》』に収められた合わせて千百十一の歌の一つと、たいへんよく似ている。すなわち、「恋歌五」と題する『古今和歌集』巻第十五には、「読み人知らず」の和歌として、次のような一首が見えるのである。

月夜《つきよ》には　来《こ》ぬ人待《ひとま》たる　掻《か》き曇《くも》り　雨《あめ》も降《ふ》らなむ　侘《わ》びつつも寝《ね》む

この歌が『十訓抄』の歌と異なっているのは、三句目以降だけなので、その部分だけの現代語訳を示すならば、次の如くとなろう。

だから、いっそのこと、空一面が曇って雨が降ればいいのに。そうすれば、悲しみながらも、寝てしまえるから。

いずれの一首も、しばらく夫あるいは恋人の訪れがないことを悲しみつつも、その夫なり恋人なりを慕い続ける女性の、やり切れなさを詠んでいるわけだが、二つの和歌の関係については、何もわかっていない。ちなみに、『古今和歌集』が成立したのは、平安時代中期の初めの延喜《えんぎ》五年（九〇五）のことであり、そのときの天皇は、嵯峨天皇には玄孫《やしゃご》（孫の孫）にあたる醍醐《だいご》天皇である。

また、『十訓抄』の嵯峨天皇は、要するに、篁が「一伏三仰」を読み解くにあたって「むきさい（向賽）」に思い至るか否かを試したのであるが、この「むきさい」は、ほとんど同じ遊びが、現代の韓国においても、「ユンノリ」という名称で広く知られている。それゆえ、日本においても、「むきさい」が残っていてもよさそうなものだが、『十訓抄』の言うところからすれば、早ければ嵯峨天皇の時代には、遅くても『十訓抄』が編纂された時代には、「むきさい」は、子供の間でしか遊ばれないものになっていたことになる。

とはいえ、そんな「むきさい」も、少なくとも『万葉集』が編纂された頃までは、大人の間でも広く遊ばれていたものと思われる。というのも、『万葉集』には、「詠月（月を詠む）」の題で、次の一首が見えるからに他ならない。

春霞田菜引今日之暮三伏一向夜不穢照良武高松野爾

右の和歌の表記を、理解しやすく改めるならば、「春霞《はるがすみ》／棚引《たなび》く今日《きょう》の／夕月夜《ゆうづくよ》／清《きよ》く照《て》るらむ／高《たか》松《まつ》の野《の》に」となる。そして、この場合、「暮三伏一向夜」の部分が「夕月夜」になるのであり、ここに、三つが裏の「伏」で一つが表の「向」になることを「つく」と呼ぶという、樗蒲（折木四／切木四）に関する知識が、どうしても欠かせないのである。

ばら撒かれた落書の「無悪善」

『江談抄《ごうだんしょう》』というのは、漢学者でありながら権中納言《ごんのちゅうなごん》にまで出世した大江匡房《おおえのまさふさ》という平安時代後期の貴族男性の談話を集成したものであり、ときに説話集として扱われる漢文の書物であるが、同書にも、「嵯峨天皇御時落書多々事（嵯峨天皇の御時に落書の多々なる事）」の題で、小野篁による「無悪善」の読み解きをめぐる話が収められている。それを、漢文の原文を現代語に訳して紹介するならば、次の如くとなる。

嵯峨天皇の時代に、「無悪善」と書かれた落書が世間でたくさん見られた。そして、その落書を小野篁が読み解いて言うには、

「さがなくば善かりなまし」

とのことであった。

嵯峨天皇は、これをお聞きになると、

「篁の仕業である」

と仰せになって、篁を処罰しようとしたが、篁は、天皇に次のように申し上げた。

「ここで私を罰するなど、けっしてあってはならないことです。もしそんなことをすれば、学問というものは、これ以降、途絶えてしまうに違いありません」

すると、嵯峨天皇は、

「なるほど、道理にかなった言い分である。そうであれば、そなたは、この一文を読んでみせよ」

とおっしゃって、次の一文をお書きになったのであった。

「一伏三仰不来待書暗降雨慕漏寝」

なお、これは、「つきよにはこぬひとまたるかきくもりあめもふらなんこひつつもねん」と読む。

一見してわかるように、右の一話は、先に紹介した『十訓抄』の一話とよく似ている。こちらは、いろいろと端折られた感じになっていて、全体としても短い。が、落書の文面が「無悪善」の三文字で

あったことといい、篁の嵯峨天皇に対する諫言といい、嵯峨天皇が篁を試みるために書いた文字列といい、話の肝となるところは、みごとに一致している。

ただ、『江談抄』においては、「無悪善」の落書が、内裏に一つだけ落ちていたという慎ましいものとはされず、都のあちこちで発見されたという派手なものとされていることには、注意を払うべきであろう。というのは、『江談抄』においても、「無悪善」の落書をめぐる一件は、嵯峨天皇の時代の出来事とされているから、『江談抄』の篁は、天皇を呪詛するような落書を、都のそこここにばら撒いたことになるからである。

天皇を呪う文面の落書を幾つも幾つも平安京のあちらこちらに落として回るなど、同じ文面の高札を内裏紫宸殿の南庭に立てるというほどではないまでも、ずいぶんと大胆な行為であるように思われる。とすれば、それを二十二歳の文章生の仕業とすることには、かなり無理があるのではないだろうか。

平安時代の言葉遊び

また、『江談抄』の落書の話には、話の内容とは別の次元において、『十訓抄』の落書の話と、大きく異なるところが見られる。すなわち、『江談抄』は、右に現代語訳で紹介した話の後に、次に原文のまま引用する通りの六つの謎の文字列を提示するのである。

a　十　廿　卅　五十
b　二冂口月八三　中とほせ
c　唐ノケサウ文　谷傍有欠　日本返事　木頭切月中破
d　粟天八一泥
e　為市為市
f　左縄足出

そして、『江談抄』は、次に原文のまま引用する如くに、それぞれの解答をも示す。

a　落書事
b　市中用小斗
c　欲　不用
d　加故都
e　有沙有沙
f　志女

aの「十　廿　卅　五十」は、「卌」がないということで、「しじゅうはなし」と読み解かれ、さらに、「始終はなし」のものとして、落書を意味するのであろうか。

bの「二冂口月八三」は、「中とほせ」という指示に従って、「二」という漢字の最初の一画の一文字を垂直にして、そのまま「一冂口月八三」の中央（「中」）を上から下まで突き通せばいい。すると、「市中用小斗」という文字列が現れるので、これを「市の中には小斗を用ふ」と読み解くのである。「小斗」は、小さい枡のことであろう。

cの前半は、「谷傍有欠」を「『谷』の傍らに『欠』の有り」と読み解いて、「欲」という漢字に至り、これが「唐の懸想文」だというのだから、「欲す」と読み下して、「日本からの返事がほしい」という意味に理解する。これに対して、cの後半は、「木頭切月中破」が「『木』の頭を切る」ことで「不」の字に、「『月』の中を破る」ことで「用」の字になり、これが唐国に対する「日本の返事」なので、「不用」を読み下して「用ひず」が正解となる。

dの「粟天八一泥」は、「泥」の古い訓読みが「ぬる」なので、「あはでや、ひとりぬる（逢はでや、一人寝る）」と読む。これを現代語にすると、「逢瀬もなしに、一人で寝られるものですか」となるので、そこから、「嘆く」を意味する古語の「託《かこ》つ」にたどり着く。

eの「市を為す」という平安時代の慣用句が意味するのは、人だかりができることであるが、これを擬態語で表すと、「うじゃ」となる。「有沙」は、「うじゃ」である。

fの正解の「志女」は、注連縄を意味する。普通、注連縄は、左縒《ひだりよ》りに綯《な》った藁の端を切らずに垂らすものであったが、その垂らした部分が足が出ているように見えたのである。

『小野篁歌字尽』

ただ、右に新たに紹介した六つの謎の文字列については、その『江談抄』における位置付けがはっきりしない。これらは、一つには、嵯峨天皇が篁を試すための追加の課題として使ったがゆえに記されたとも受け取れるが、いま一つには、篁とは直接の関係はないものの、「無悪善」の話に触発されて、参考資料のように書き留められたとも受け取れる。

より詳しく「無悪善」の話を語る『十訓抄』には見られない要素であることからすれば、右の六つの謎解きは、やはり、篁とは無関係なのかもしれない。そして、そうだとすれば、それらは、『江談抄』が成立した平安時代後期当時の貴族社会において、しばしば頭の体操のために用いられたものなのではないだろうか。あるいは、その中には、『江談抄』の語り手であって当時を代表する漢学者であった大江匡房が考案したものもあるかもしれない。

ところで、『小野篁歌字尽《おののたかむらうたじづくし》』という書物は、ご存じだろうか。それは、江戸時代において、寺子屋などを通じた年少者の教育の場で広く使われた、漢字学習のための教本である。そして、その内容はというと、例えば、その冒頭には、次のような一首が置かれている。

春《はる》つばき　夏《なつ》ハゑのきに　秋《あき》ひさぎ　冬《ふゆ》ハひらぎに　同《おな》じくハきり

これは、実のところ、和歌のかたちを借りた、木偏の漢字の覚え方に他ならない。すなわち、初句の「春つばき」は、木偏に「春」で「椿」という漢字になることを示し、二句の「夏ハゑのきに」は、木偏に「夏」で「榎」という漢字になることを示して、右の一首によって、「椿」「榎」「楸」「柊」「桐」の五つの木偏の漢字を覚えることができるのである。

また、『小野篁歌字尽』を読み進めると、次のような一首も登場するが、これは、山冠を部首とする漢字である「嵐」「嵩」「岑」「巌」「岩」の五つの漢字を、次のように教える。

風《かぜ》あらし　高《たか》きハたけよ　今《いま》ハみね　いはほ厳《きび》し　石《いし》ハいはなり

このように、五七五七七の軽妙なリズムで気楽に漢字を覚えさせようとするのが、『小野篁歌字尽』である。同書は、百を超える和歌を並べて、数百もの漢字を教えてくれる。そして、この本は、幾つも版を重ねながら、全国で出版され続けたのであり、間違いなく、江戸時代の日本におけるロングセラーのベストセラーであった。

しかし、この『小野篁歌字尽』の作者は、わかっていない。そして、もちろん、それは、小野篁ではない。彼は、江戸時代の誰かに勝手に名前を使われたに過ぎない。

それでも、興味深いのは、こうした機智に富んだ教育書の作者として名前を使われたのが、小野篁だったということである。というのも、『小野篁歌字尽』を著した江戸時代の誰だかが、機智に富んだ教科書の偽りの作者としては、学問の神さまの菅原道真《すがわらのみちざね》よりも、機智で嵯峨天皇を感心させた篁の方が、よりふさわしいと見做したことになるからである。

もしかすると、後世の人々にとっては、正統な学問としての漢学に関してではなく、所謂「頓智」に通じるような機智に関してであれば、小野篁こそが、最高の権威だったのかもしれない。そして、その背景にあったのは、『宇治拾遺物語』『十訓抄』『江談抄』などが伝える、篁が機智で嵯峨天皇を感心させたという逸話であろう。

「無悪善」の逸話の真相

さて、そろそろ、この章の本来の論題であった小野篁による「無悪善」という高札あるいは落書の読解をめぐる逸話へと、話を戻すとして、ここでは、まず何よりも、この逸話に語られていることが、嵯峨天皇の時代に実際に起きていたのか否かを、はっきりさせなければなるまい。

そして、結論から言うならば、問題の逸話には、史実らしい史実など、ほとんど何も見られないだろう。「無悪善」の話は、『宇治拾遺物語』『十訓抄』『江談抄』のいずれにおいても、嵯峨天皇が天皇であった弘仁十四年（八二三）の五月までの出来事として語られているが、まず、ここに大きな無理がある。これまでにも幾度か指摘してきたところではあるが、嵯峨天皇が退位した弘仁十四年五月には、肝心の篁が、いまだ二十二歳の若者でしかなく、また、ようやく文章生になったばかりだったのである。そんな篁が、天皇に対する呪詛の言葉とも受け取れるような言葉を、天皇の前で口にできたはずがない。

また、身も蓋もないことを言うならば、そもそも、嵯峨天皇を相手とする悪ふざけとして、「嵯峨なくてよからん」だの「さがなくてよし」だのと読み解かれる「無悪善」などという言葉が登場するはずがないのである。

われわれが当たり前のように「嵯峨天皇」と呼ぶ天皇は、実のところ、在位中には「嵯峨天皇」などとは呼ばれていなかった。平安京西郊の嵯峨の地に位置する大覚寺《だいかくじ》は、もともとは離宮であったが、嵯峨天皇の「嵯峨天皇」という呼称は、彼が退位して上皇になった後、この嵯峨の離宮を上皇御所としたことに由来する。したがって、嵯峨天皇は、その生前において、「嵯峨上皇」と呼ばれたことはあっても、

「嵯峨天皇」と呼ばれることは全くなかったことになる。

これは、嵯峨天皇に限ったことではない。嵯峨天皇の先代の平城天皇にしたところで、退位した後であれば、平城京に御所を構えたことから、「平城上皇」と呼ばれることがあったかもしれないものの、在位中には、「平城天皇」などと呼ばれる道理があるまい。また、嵯峨天皇の次の淳和天皇にしても、退位後に平安京内の離宮である淳和院を御所としたため、上皇として「淳和上皇」と呼ばれることはあったかもしれないが、在位中の天皇として「淳和天皇」と呼ばれることはなかったはずである。

天皇というのは、ただ一人しかいないことが大前提の存在であったため、在位中には、固有名詞のようなものを必要としなかった。どの天皇であれ、在位中には、「主上《しゅじょう》」あるいは「上《うえ》」と呼ばれるばかりであった。

とすれば、小野篁が悪ふざけに「無悪善」という言葉を使ったとしても、それは、嵯峨の離宮が嵯峨上皇の御所になった天長《てんちょう》十年（八三三）の十月より後のことでなければなるまい。そして、その頃には、篁自身も、蔵人《くろうど》を経て従五位下《じゅごいげ》の位階を与えられたうえに、皇太子の家庭教師である東宮学士《とうぐうがくし》に任命されて、嵯峨上皇の有力な腹心になっていた。

嵯峨上皇の腹心としての小野篁

では、なぜ、『宇治拾遺物語』『十訓抄』『江談抄』のいずれもが、「無悪善」の逸話を、嵯峨天皇が天皇であった時期の出来事として語るのだろうか。

この問いに答えるためには、嵯峨天皇（嵯峨上皇）の抱えていた政治力学的な問題を理解しなくてはなるまい。

嵯峨天皇は、大同四年（八〇九）に即位した瞬間から、皇位継承に関する難問を抱えていた。彼は、自身の皇子を皇太子に選ぶことができなかったのである。兄である平城天皇の皇太弟を経て即位した身であったため、今度は平城上皇となった兄の皇子である高岳親王《たかおかしんのう》を皇太子に立てざるを得ないというのが、即位直後の嵯峨天皇の立場であった。

その後、大同五年（八一〇）、「薬子の変」とも「平城太上天皇の変」とも呼ばれる政変があって、嵯峨天皇は、平城上皇の政治力を封じることに成功し、かつ、その皇子の高岳親王を廃太子としたものの、やはり、自身の皇子を皇太子にすることはできなかった。この時点では、彼の皇子は幼すぎたのである。しかも、それでも、政治を安定させるためには、誰かを皇太子に立てなければならないという状況下、嵯峨天皇は、弟の大伴《おおとも》親王（後の淳《じゅん》和《な》天皇）を皇太弟とすることを選んだ。

やがて、弘仁十四年（八二三）に、嵯峨天皇が退位して嵯峨上皇となり、淳和天皇が即位すると、嵯峨上皇皇子の正良《まさら》親王（後の仁明《にんみょう》天皇）が新たに皇太子に立てられることになる。嵯峨上皇は、ようやくにして自身の皇子に皇統を嗣がせる道を開くことができたのである。

しかし、これでは、嵯峨上皇の直系の子孫のみが皇位を受け継ぐことにはならない。しかも、嵯峨上皇の系統と淳和天皇の系統とが交互に天皇になるという所謂「両統迭立《りょうとうてつりつ》」の体制が整いつつあったため、貴族社会が二つに割れはじめてしまう。すなわち、嵯峨系統を推す貴族たちと淳和系統を推す貴族たちとが、それぞれの将来を見越して、何かと対立するようになったのであった。

　こうした政治力学のもと、嵯峨上皇が何より欲したのが、忠実で有能な側近たちであった。しかも、ここで彼が必要としたのは、抜きん出て優秀なうえに、彼自身に対してのみならず、彼の子孫に対しても忠義を尽くしそうな臣下だったのである。

　そして、そんな嵯峨上皇の眼に留まった人材の一人が、まさに小野篁であった。篁の場合、才覚については言うまでもあるまい。また、嵯峨上皇に対して、篁の忠誠を保証したのは、その父親の岑守が、上皇の若き日の学問の師であったことであり、かつ、上皇の大切な詩友であったことであろう。

　嵯峨上皇の腹心となった篁が、上皇を相手にした悪ふざけで「無悪善」という言葉を使ったか否かについて、断定的なことは言えない。しかし、そんな悪ふざけが許されるくらいの信頼関係が、篁と嵯峨上皇との間には、いつしか育まれていたのではないだろうか。そして、そんな親密な関係は、周囲の人々に強い印象を与えたに違いなく、また、その印象は、後世にも受け継がれたに違いない。「無悪善」の逸話が嵯峨天皇の時代のものとして語り継がれたのも、二人の親密さの印象があまりにも強かったためではないだろうか。

第五章　小野篁という能吏

二つの強力な後ろ盾

小野篁が文章生試《もんじょうしょうし》に及第した弘仁《こうにん》十三年（八二二）、その父親の岑守《みねもり》も、参議《さんぎ》に昇任して議政官《ぎせいかん》の末席に列なる身となっていた。

天皇の命を受けて国政の重要案件について論議するのが、「議政官」と呼ばれる人々である。もちろん、日本古代の律令国家《りつりょうこっか》において、全ての最終決定権は、天皇こそが握っていた。が、それでも、歴代の天皇たちは、多くの場合、議政官たちの意見を尊重したから、平安時代の朝廷の意思決定は、実質的に、議政官たちの論議の場において行われていたことになる。しかも、議政官たちの持つ事実上の決定権は、朝廷の重要な人事案件にまで及んでいたから、彼らは、まさに「権力者」と呼ばれるにふさわしい存在であった。

議政官に該当するのは、より具体的には、平安時代前期の時点では、上位の者から順に、大臣《だいじん》・大納《だいな》言《ごん》・中納言《ちゅうなごん》・参議である。これら大臣・大納言・中納言・参議のそれぞれの人数は、時期によって増減しつつ、概ね、大臣より大納言が、大納言より中納言が、中納言より参議が、人数においては上回るのが普通であったものの、その総数は、少ない時期では十人余りに過ぎず、多い時期でも二十人余りにしかならない。そして、彼らは、このわずかな人数で、国家の行く末を左右するような案件についても、実質的な決定を下したのである。当時の議政官は、その末席の参議であれ、大きな権限を持っていたことになる。

なお、平安時代の議政官は、現代の日本においてならば、凡そ、閣僚に該当するだろうか。現代日本の閣僚というのは、総理大臣をはじめとする大臣たちのことであり、内閣の構成員たちである。そして、その閣僚たちの会議である閣議こそが、現在の日本政府における基本的な意思決定の場となっているというのは、周知の事実であろう。

また、議政官たちは、平安時代において、より一般的には、議政官ではないながらも三位《さんみ》以上の位階を持つ人々と合わせて、「公卿《くぎょう》」と呼ばれた。さらに、『枕草子《まくらのそうし》』や『源氏物語《げんじものがたり》』などの仮名文学に見える「上達部《かんだちめ》」という言葉は、右の公卿を意味する。そして、平安時代の貴族社会において上級貴族層の中核となったのは、公卿（上達部）に他ならない。

とすれば、その父親の岑守が参議に就任したことは、篁にとって、かなり有力な後ろ盾となったはずであった。彼は、自身は二十歳そこそこの文章生に過ぎなかったものの、大きな権限を持つ議政官たちの一人を父親とする御曹司になったのである。

そして、このことが篁の人生において最初に大きな意味を持ったのは、おそらく、彼が権中納言家《ごんのちゅうなごんけ》の姫君との結婚を望んだときであったろう。既に第二章で取り上げたように、篁は、一介の文章生の身で、権中納言藤原三守《ふじわらのみもり》の娘と結婚し得たのであったが、三守が篁を娘婿にしたのは、篁が漢学に優れていたからというだけではなく、やはり、篁が参議家の御曹司だったからでもあるのではないだろうか。また、権中納言家の婿となった篁は、さらに強力な後ろ盾を得た。その舅《しゅうと》（妻の父親）が権中納言であることは、その父親が参議であることにも増して、篁の人生を助けたことだろう。しかも、篁の舅となった三守は、この後、右大臣《うだいじん》にまで昇任するのである。

巡察弾正

さて、そんな小野篁は、『文徳実録《もんとくじつろく》』仁寿《にんじゅ》二年（八五二）十二月二十二日条の薨伝《こうでん》では、天長《てんちょう》元年（八二四）に巡察弾正《じゅんさつだんじょう》に任命されたことになっている。また、『公卿補任《くぎょうぶにん》』によれば、篁の巡察弾正就任は、天長元年の九月のことであった。

『公卿補任』というのは、公卿の地位にある者たちを年ごとに列挙した書物である。同書は、全ての公卿たちについて、それぞれが参議に任命されるなり三位に叙されるなりして公卿に加わるまでの官歴を詳細に書き留めていて、篁に関しても、彼が参議に任命された承和《じょうわ》十四年（八四七）の項で、弘仁十三年（八二二）に文章生《もんじょうしょう》になって以降の官歴を詳しく記録している。そして、その『公卿補任』が篁について「天長元九任巡察弾正」と記すのであるから、篁の任巡察弾正が天長元年の九月だったことは、間違いあるまい。

しかし、ここで篁が就任したとされる巡察弾正は、かなり熱心な日本古代史ファンでもなかなか耳馴《みみな》染《じ》みのない官職なのではないだろうか。

律令国家は、大臣以下の官人たちの綱紀粛正《こうきしゅくせい》を担う官司として、弾正台《だんじょうだい》を設けた。この弾正台の長官は、その名称を、「弾正尹《だんじょういん》」と言ったが、その職掌は、律令の条文を現代語に訳して紹介するなら、「習慣を取り締まり、諸官司の違反を天皇に報告すること」であった。また、弾正台には、「弾正弼《だんじょうひつ》」と呼ばれる次官・「弾正大忠《だんじょうだいちゅう》」「弾正少忠《だんじょうしょうちゅう》」と呼ばれる判官《はんがん》・「弾正大疏《だんじょうだいそ》」「弾正少疏《だんじょうしょうそ》」と呼ばれる主典《さかん》が置かれて、これも律令の条文を現代語訳で引用すると、「諸官司を視察して廻り、違反があれば摘発すること」及び事務処理を職掌とした。

そして、この弾正台は、少なくとも設置された当初においては、かなり重要視されていたらしい。というのも、相当位階を見ると、式部省《しきぶしょう》の長官である式部卿《しきぶきょう》をはじめとする八省《はっしょう》の長官（卿《きょう》）が正《しょう》四位下《しいげ》相当とされたのに対して、弾正尹は従三位《じゅさんみ》相当とされたからである。従三位相当の官職というと、奈良時代においては、弾正尹の他には、大宰府《だざいふ》の長官の大宰帥《だざいのそち》があるばかりであった。平安時代に至っても、議政官として新設された中納言や、天皇の親衛隊である左近衛府《さこのえふ》・右近衛府《うこのえふ》の長官の左近衛大《さこのえのたい》将《しょう》・右近衛大将《うこのえのたいしょう》が、わずかに新たに従三位相当の官職とされたに過ぎない。

なお、『続日本紀《しょくにほんぎ》』によれば、和銅《わどう》五年（七一二）の五月十七日、弾正台には、諸官司の視察を月に三回ずつ実施することが命じられている。とすると、弾正台の官人たちは、常に十日以内に全ての官司を視察して廻らなければならなかったことになる。

だが、それは、弾正尹・弾正弼・弾正大忠・弾正少忠・弾正大疏・弾正少疏だけで熟《こな》せる仕事ではあるまい。そのため、弾正台には、もとより、「巡察弾正」と呼ばれる巡察の専門官が置かれていた。その職掌は、「諸官司を視察して廻り、違反があれば摘発すること」のみであって、事務処理を含まなかった。それでも、この巡察弾正も、篁が就任する頃までに、十名から六名へと、その定員を大幅に削減されてしまう。したがって、篁の最初の官職となった巡察弾正は、かなり忙しいものだったのかもしれない。

前文章生

ここで一つ気になるのは、巡察弾正に任命されるにあたって、篁の文章生の籍がどうなったかである。律令国家の大学寮《だいがくりょう》には、現代の大学には当たり前の卒業というものがなかった。また、現代の日本の大学生は、休学期間を別として、八年間しか在学できないことになっているが、大学寮の学生《がくしょう》は、そのような終業年限を定められていなかった。そして、文章生であれ、明経生《みょうぎょうしょう》であれ、明法生《みょうぼうしょう》であれ、算生《さんしょう》であれ、大学寮の学生にとって、最も円満な学生生活の終わらせ方は、朝廷の官吏採用試験に合格して任官するというものであった。

しかし、その官吏採用試験が、とんでもない難関だったのである。

ここでは、便宜上、文章生が受験するものに限定して、官吏採用試験の話をしよう。

文章生に課される官吏採用試験は、「秀才試《しゅうさいし》」とも「方略試《ほうりゃくし》」とも「対策《たいさく》」とも呼ばれ、国政に関する論文を二つ仕上げることを内容とした。そして、答案として提出された二篇の論文は、「上上」「上中」

「上下」「中上」「中中」「中下」「下上」「下中」「下下」の九段階で評価され、「上上」から「中上」までの成績を得れば及第とされた。

が、その及第点を取ることは、多くの受験者にとって、けっして容易なことではなかった。例えば、われわれが学問の神さまと崇める菅原道真《すがわらのみちざね》でさえ、その成績は、ギリギリで合格の「中上」だったのである。最高点の「上上」を取って及第することなど、誰にとっても、夢のまた夢であった。

そのため、文章生の多くは、数年の学生生活の後、受験することを諦めて、秀才試に合格しなくても就くことのできる官職に就くことを選んだ。彼らは、その指導教官である文章博士《もんじょうはかせ》などの推薦を受けて、中央諸官司や地方諸国の判官や主典ほどの官職に任官したのである。

そして、当時の事情を考慮するならば、最終的に及第できないかもしれない試験に人生を賭けて、長々と勉学に励む日々を続けるよりも、さっさと受験を諦めてしまって早々に任官した方が、賢明であったかもしれない。なぜなら、幾年にも渡って修練に修練を重ねて、ついに秀才試（方略試／対策）に及第したところで、その結果として与えられる官職も、実のところ、中央諸官司の判官に過ぎなかったからである。ここは、文章生たちにとって、考えどころであったろう。

また、文章生たちにしてみれば、そもそも、文章生であることが、各自の漢学者としての才能の証明であった。既に第二章で触れたように、文章生になるためにも、けっして簡単ではない試験に及第することが必要だったのである。当時においては、文章生たちの全員が、まさに文章生であるという事実によって、その才能を証明されていたのであった。

このように状況を整理するならば、小野篁の場合も、おそらくは、巡察弾正として任官した時点で、もう秀才試を受けることを諦めていたことだろう。そして、巡察弾正小野篁は、前文章生《さきのもんじょうしょう》小野篁だったのではないだろうか。

秋の空の雲の詩

しかし、文章生として漢学や漢詩の研鑽に励む日々を終わりにして、巡察弾正として官途《かんと》に就いたとはいえ、篁は、漢学者であることや漢詩人であることまでやめてしまったわけではなかった。事実、彼は、巡察弾正になってからほどない頃に、次のような漢詩を賦《ふ》しているのである。

雑言　秋雲篇　示同舎郎
気憀慓　具品秋
客在西　歳欲遒
登山臨水耶楚望
移目寒雲遠近愁
初触拳石一片起
盲風吹巤九囲浮
陰連潘岳晋閣上

雑言《ぞうごん》　秋雲篇《しゅううんへん》　同舎郎《どうしゃろう》に示《しめ》す
気《け》の憀慓《りょうりつ》たるは、品《しな》を具《そな》ふる秋《あき》なり。
客《まろうど》は西《にし》に在《あ》りて、歳《とし》は遒《お》はらんと欲《ほっ》す。
山《やま》に登《のぼ》り水《みず》に臨《のぞ》みて、耶《ちち》なる楚《そ》を望《のぞ》むも、
目《め》を移《うつ》すに、寒《さむ》き雲《くも》は遠近《おちこち》に愁《な》く。
初《はじ》めて拳《こぶし》の石《いし》に触《ふ》るるに、一片《いっぺん》に起《お》こり、
盲《はや》き風《かぜ》の吹《ふ》くに、九囲《くい》に浮《う》かぶ。
陰《かげ》は潘岳《はんがく》の晋閣《しんかく》の上《うえ》に連《つら》なり、

色映劉王汾水流
籠山暗濕長年葉
帯日高韜短晷暉
紫府欲迎仙駕養
青天曽助鵬翼飛
朝為巫嶺神姫気
夜作銀河織女衣
富貴人間如不義
華封勧我帝郷意

色《いろ》は劉王《りゅうおう》の汾水《ふんすい》の流《なが》れに映《は》ゆ。
山《やま》を籠《こ》めて暗《くら》く長年《ちょうねん》の葉《このは》を湿《しめ》らせ、
日《ひ》を帯《お》びて高《たか》く短晷《たんき》の暉《ひかり》を韜《つつ》む。
紫府《しふ》は欲《のぞ》みて仙駕《せんが》を迎《むか》へて養《やしな》ひ、
青天《せいてん》は曽《かつ》て鵬翼《こうよく》を助《たす》けて飛《と》ぶ。
朝《あした》には巫嶺《ふれい》の神姫《しんき》の気《いき》と為《な》り、
夜《ゆうべ》には銀河《ぎんが》の織女《しょくじょ》の衣《きぬ》と作《な》る。
富貴《ふうき》は人《ひと》の間《あいだ》では不義《ふぎ》の如《ごと》く、
華封《かほう》は我《われ》に帝《みかど》の郷《さと》の意《こころ》を勧《すす》む。

端的に言って、ここに詠まれているのは、秋の空の雲である。そして、その大意は、次の如くであろう。

逆説的ながら、稔《みの》りの秋にこそ、最も悲しい気持ちになる。なぜなら、陽は西に傾きがちで、一年が終わりかけているから。山に登って川辺に佇《たたず》んだりして遠く故郷の楚の方角を眺めながら、ふと視線を移すと、寒空の雲は、遠くにも近くにも散らばっている。雲は、ほんの拳ほどの大きさの石に触れただけで、一面に湧き出して、疾風が吹けば、世界中に浮かぶものである。そして、雲は、潘岳の晋閣の上空にもあれば、汾水の流れの上空にもあって、閉じ込めた真っ暗な山の中では古い落ち葉を湿らせることもあれば、空の高いところで陽《ひ》の光を吸い込んで秋の短い昼を包むこともある。また、仙人は雲に乗せて修行者を受け容れて持て成し、青空は雲の翼を与えて鳳凰《ほうおう》が飛ぶのを助ける。雲は、朝には巫嶺の女神の吐く息でありながら、夕には星空の織姫の着る衣裳である。「富や名声を求めることを不誠実なことだ」と教えて、理想郷の住人は、私にも雲に乗って聖人が向かうべきところへと向かうように勧める。

雲に憧れる篁

右の一首から感じられるものは、「憂《うれ》い」と呼ぶべきであろうか。いや、それは、むしろ、「疲れ」と呼んだ方がふさわしいかもしれない。稔りの季節であるとともに、一年の終わりを意識しはじめる季節、それが秋であるが、そんな秋の下、空を漂う雲に思いを馳せて、というより、どこまでも自由に流れていく雲に憧れて、ついには、雲に乗って俗世を遠く離れたくなる――そんな心を詩に託した篁は、かなり疲れていたに違いない。

では、篁を苛《さいな》む疲れとは。

それは、もしかすると、期待に応えなければならないことへの疲れではないだろうか。

篁は、間違いなく、才能のある若者であった。だが、その才能のゆえに、彼は、常に重圧を感じていたはずである。自身も才人である父親の岑守からの期待、才能を見込んで分不相応な結婚を許してくれた舅の藤原三守からの期待、そして、一人前の活躍を心待ちにしてくれている嵯峨上皇からの期待、こうした期待が、篁には重くのしかかっていたことだろう。また、篁自身も、自分の才能に多大な期待を寄せていたはずである。

しかし、彼は、当初、自身を含む誰からも最も期待されていたであろう秀才試（方略試／対策）の及第を諦めてしまった。それは、前々節で触れたように、客観的に見れば、けっして悪い判断ではない。が、おそらく、他の誰でもない、篁自身が、官吏採用試験の受験を諦めたことで多くの期待を裏切ってしまったように感じていたのだろう。

しかも、彼が文章生と引き換えに手にした官職は、凡そ漢学者や漢詩人としての才など関係のなさそうな巡察弾正であった。篁自身、この先に漢学者あるいは漢詩人としての未来が開けているとは、全く期待できなかったはずである。

それゆえ、彼は、雲になりたかった。雲になって、心の赴くまま、どこまでも、どこまでも、空を漂ってみたかったのである。だが、自身が所詮は人の身であることを忘れないだけの理性の持ち主である彼は、自分が雲にはなれないこともよくわかっていた。そして、だからこそ、こう願ったのである。「雲に乗って、俗世を遠く離れ去りたい」と。

なお、右の詩を「巡察弾正になってからほどない頃」のものとするのは、一つには、その題に「同舎《どうしゃ》郎《ろう》に示《しめ》す」とあるからである。「同舎郎に示す」を現代語に訳すと、「同じ役所に勤める同僚に見せる」となるが、この「同じ役所に勤める同僚」が弾正台の同僚だとすれば、右の詩が賦されたのは、篁が巡察弾正になってからでなければなるまい。

また、問題の詩が作られた時期を限定できるのは、これを現代に伝えるのが『経国集《けいこくしゅう》』という漢詩集だからでもある。『経国集』というのは、所謂「勅撰漢詩集《ちょくせんかんししゅう》」であって、その編纂を命じたのは、淳和《じゅんな》天皇であった。そして、この『経国集』が完成したのは、篁の巡察弾正就任から三年ほど後の天長《てんちょう》四年（八二七）のことであったから、件の詩は「巡察弾正になってからほどない頃」に賦されたのでないと、何かと辻褄が合わないのである。

しかし、そう考えると、右の一首は、作られてほどなく、勅撰漢詩集に採用されるほどの評判を取ったことになるのだから、篁の才能は、やはり、並々ならぬものであった。

弾正少忠から大内記への栄転

例の甍伝によれば、小野篁は、巡察弾正就任の翌年となる天長二年（八二五）には、早くも弾正台の判官の弾正少忠に昇任していた。しかも、『公卿補任』によると、それは、同年の三月のことであったから、彼は、わずか半年で巡察弾正から弾正少忠へと進んだことになる。在任半年にして昇任してしまうとは、篁は、よほど優秀な巡察弾正だったのだろう。

ちなみに、巡察弾正の相当位階は正七位下《しょうしちいげ》であり、弾正少忠の相当位階は正六位下《しょうろくいげ》である。したがって、篁は、官職のうえで昇任を果たしたばかりか、位階のうえでも、たったの半年で、正七位下から正六位下へと、四段階も昇進したことになる。

が、それは、あり得ない。そして、平安時代がはじまる頃には、位階がインフレーションを起こしていて、位階に見合わない下級の官職を帯びることが、広く一般化しつつあったから、篁の位階は、巡察弾正在任中から従六位下《じゅろくいげ》や従六位上《じゅろくいじょう》ほどだったのかもしれない。

いずれにせよ、篁は弾正台において出世の第一歩を踏み出したわけだが、これは、どうにも不可解である。その職務からして、弾正台というのは、明法生の出身者が採用された方がよさそうな官司であった。ところが、篁はといえば、文章生の出身者なのである。

しかし、天長五年（八二八）、二十七歳になった篁は、その八月に大内記《だいないき》へと遷任して、ついに漢学の才に恵まれた者が就くべき官職に就くことになる。

大内記というのは、少内記《しょうないき》とともに、中務省《なかつかさしょう》に置かれた官職の一つであって、その職掌は、詔《しょう》勅《ちょく》や宣命《せんみょう》といった勅命を伝える文書を書き起こすことであった。そのため、大内記および少内記は、特に文筆に優れた者が就くべき官職と見做されていたのである。

また、大内記の相当位階は、正六位上《しょうろくいじょう》であった。したがって、篁は、遅くとも大内記に就任すると同時に、正六位上への昇進を果たしていたはずである。だが、右に「遅くとも」という断りを付けたように、篁の位階は、それ以前から既に正六位上に達していたかもしれない。先ほど触れたように、平安時代前期には、位階がインフレーション状態にあり、位階に見合わない下級の官職に就くことが、蔓延しつつあったのである。とすれば、篁についても、既に弾正少忠であった頃から正六位上の位階を持っていた可能性を考えなければなるまい。

なお、平安時代においては、位階がインフレーションを起こしていただけに、位階に見合わない上級の官職に就くなどということは、ほとんどあり得なかった。それゆえ、「篁は、遅くとも大内記に就任すると同時に、正六位上への昇進を果たしていた」と考えて、ほぼ間違いないだろう。

また、大内記小野篁の位階が大内記の相当位階である正六位上よりも高いものであった可能性であるが、これは、全く考える必要がない。なぜなら、正六位上の一つ上の位階は、従五位下であるが、篁が従五位下に叙されるのは、例の薨伝によれば、大内記就任から四年後の天長九年（八三二）のことだからである。これについては、節を改めて詳しく述べることになる。

栄転の背景

ところで、弾正少忠から大内記への遷任は、篁本人にしてみれば、当然、所謂「栄転」として歓迎すべきものであったろう。だが、これは、周囲に波風を立てかねない、やや危うい人事であった。

先にも少し触れたが、大内記と同じく中務省に所属して大内記と同じ職掌を持つ官職に、少内記がある。そして、その少内記から大内記へと昇任するというのが、本来の大内記就任のあり方であった。それゆえ、篁のように弾正台の判官から大内記へと遷任するなど、全くの例外だったのである。

しかも、篁が大内記に任命されたとき、同時に少内記も新たに任命されたというのでなければ、すなわち、少内記の人事に変更がないまま大内記にだけ人事異動があったのだとすれば、新任の大内記の篁は、新しく同僚になった少内記から、ひどく恨まれたり妬まれたりしたことだろう。その少内記は、自分こそが昇任して次の大内記になるものと期待していたかもしれないのである。彼にしてみれば、弾正少忠であった篁の大内記への遷任は、所謂「割り込み」もしくは所謂「横入り」のようなものだったに違いない。

では、弾正少忠であった篁を大内記に任命するという異例にして傍迷惑な人事は、どうして成立したのだろうか。

さて、ここで思い出さなければならないのが、本章の最初に触れた篁の強力な後ろ盾である。

篁が大内記となった天長五年（八二八）の三月、篁の舅（妻の父親）の藤原三守は、大納言へと昇任していた。しかも、その頃、左大臣《さだいじん》が欠員のままとなっており、三守よりも上位の議政官は、右大臣の藤原緒嗣《おつぐ》および先任の大納言の良峯安世《よしみねのやすよ》の二人だけであった。つまり、三守は、新任の大納言でありながらも、当時においては、議政官の第三席の地位にあったのである。そして、その三守にならば、大内記の人事に介入することも、そう難しくはなかったに違いない。

また、議政官に欠員の多かった天長五年の時点では、篁の父親の岑守も、参議でありながら、第九席の議政官であった。したがって、三守が篁を大内記に任命することを画策したのは、あるいは、この岑守であったかもしれない。もちろん、その場合、岑守は、大納言三守の助力が得られることを計算に入れていたことだろう。

さらに、篁の大内記への栄転の背後には、嵯峨上皇の働きかけがあったかもしれない。嵯峨天皇は、弘仁十四年（八二三）四月に退位しており、篁が大内記に任命された時点では、嵯峨上皇になっていた。だが、嵯峨上皇からの譲位で即位した淳和天皇は、大内記の人事くらいのことであれば、快く嵯峨上皇の意向を受け容れたことだろう。淳和天皇は、嵯峨上皇の弟であって、しかも、「薬子《くすこ》の変《へん》」あるいは「平城太上天皇《へいぜいだいじょうてんのう》の変《へん》」と呼ばれる政変における平城上皇と嵯峨天皇との兄弟の争いを教訓として、兄の嵯峨上皇との協調を望んでいたのである。そして、嵯峨上皇が篁の漢学者としての活躍を強く期待していたことは、既に第二章に見た通りである。

蔵人大内記

これは、件の薨伝には見えないことながら、小野篁は、天長五年（八二八）三月に弾正少忠から大内記へと栄転した後、天長七年（八三〇）の正月には、さらに蔵人に任命されていた。このことを記録しているのは、『公卿補任』だけであるが、これを疑う理由はない。

また、蔵人に任命されたといっても、それは、大内記から蔵人へと再び遷任したことを意味しない。蔵人というのは、おもしろい性質を持つ官職で、これだけを帯びることができないようになっていた。つまり、他に何か官職を持ったうえで、それと兼任するかたちでしか蔵人になれないことになっていたのである。したがって、篁は、大内記という官職を帯びつつ、蔵人をも兼ねて、「蔵人大内記《くろうどだいないき》」と呼ばれる身となったのであった。

そもそも、蔵人というのは、律令に規定された官職ではない。これが設けられたのは、あの「薬子の変」とも「平城太上天皇の変」とも呼ばれる政変の後なのである。

周知の如く、日本の律令制度は、中国の唐王朝《とうおうちょう》のそれを模倣したものであった。が、律令を制定した当時の日本の朝廷も、唐の律令制度の全てを受け容れたわけではなかった。そして、わが国の朝廷が唐からの受容を拒んだものの一つに、宦官《かんがん》の制度があった。

宦官というのは、男性器を切除された男性のことであるが、唐王朝以前から、中国の歴代王朝は、衣食住など、皇帝の一人の人間としての側面の世話を、この宦官に任せていた。宦官であれば、後宮《こうきゅう》に足を踏み入れても、間違いを犯すことがあり得なかったからである。

しかし、宦官を拒否する日本の朝廷は、中国では宦官が果たした役割を、女官《にょかん》に担わせた。そのため、わが国では、女官だけを職員とする官司が十二個も組織され、多数の女官が必要とされたのである。確かに、女官ならば、後宮で間違いを犯しはしなかっただろう。

ただ、女官の中から殊更に天皇の寵愛を得る者が出ることになると、それはそれで別の問題が起きた。そして、「薬子の変」または「平城太上天皇の変」は、そうした問題の典型であった。

嵯峨天皇の前の平城天皇の時代、女官の長である尚侍《ないしのかみ》を務めた藤原薬子《くすこ》は、天皇の寵愛を一身に集め、兄の仲成《なかなり》とともに、望むままに権力を濫用した。そして、彼女は、平城天皇が嵯峨天皇に譲位して平城上皇となっても、権勢に溺れた日々を忘れられず、仲成とともに、嵯峨天皇を廃して平城上皇を天皇に戻すことを画策して、政変を起こしたのである。

その結末は、周知の如くであるが、政変を鎮めた嵯峨天皇は、第二の薬子が出ることのないよう、女官から職掌の多くを取り上げ、それを新設の蔵人に与えた。つまり、蔵人は、衣食住など、天皇の一人の人間としての生活の世話を担当するべく設置された官職だったのである。蔵人は、その初めから、天皇に最も近く仕える官職であり、天皇の秘書のような存在であった。

なお、篁が蔵人に任命された時点での天皇は、淳和天皇である。だが、淳和天皇が篁を蔵人に選んだのは、必ずしも淳和天皇自身が篁を信任していたからとは限らない。それは、嵯峨上皇との協調関係を誇示するためであったかもしれないのである。篁が嵯峨上皇のお気に入りであることは、当時においては、誰もが知るところであったろう。

蔵人式部丞

実は、天長七年（八三〇）の小野篁は、正月に蔵人に任命されて蔵人大内記となっただけではなかった。同年の二月、彼は、大内記から式部少丞《しきぶしょうじょう》へと遷任して「蔵人式部丞《くろうどしきぶのじょう》」と呼ばれる身になっていたのである。

ここに篁が新たに就任した式部少丞は、式部省の判官であるが、式部省というのは、文官《ぶんかん》の人事に関わることを広く管掌する官司であった。「文官」というのは、近衛府《このえふ》・兵衛府《ひょうえふ》・衛門府《えもんふ》といった軍事官司の官人を意味する「武官《ぶかん》」と対になる言葉であって、概ね、一般的な官人を意味する。

さて、式部省は、例えば、官人たちの昇進に深く関わっていた。律令国家では、各々の官人たちの位階の昇叙《しょうじょ》は、各自の勤務評価によって決まることになっていたが、その勤務評価が妥当なものであるか否かは、式部省において判断されることになっていたのである。

それぞれの官人の働きぶりは、各々の所属する官司において評価されることになっていた。篁が経験した官職で説明するならば、弾正台の官人である弾正少忠や巡察弾正の勤務評価は、弾正台の長官である弾正尹によって下され、中務省の官人である大内記の勤務評価は、中務省の長官である中務卿《なかつかさきょう》によって下されたのである。そして、ここで下された評価は、各官司の長から式部省へと報告された。弾正少忠や巡察弾正の評価は、弾正尹によって式部省に伝えられ、また、大内記の評価は、中務卿によって式部省に伝えられたのである。すると、式部省においては、各官司から伝えられた各々の官人の勤務評価が適切なものであるかどうかの確認が行われたのであった。

もし、どこかの官司において、長官が自分に媚《こ》び諂《へつら》う部下について実績以上に高い評価を下していた場合、あるいは、長官が自分とは馬の合わない部下について実績以下の低い評価を下していた場合、その不当評価を指摘して、当該官司の長官に評価をやり直させるというのが、式部省の重要な職務の一つであった。式部省は、全ての官人たちが公正に評価されて、本当に昇進に値する官人が昇進できるようにしなければならなかったのである。

また、秀才試（方略試／対策）をはじめとする官吏採用試験を管掌したのも、式部省であった。官吏採用試験に関しては、出題も、採点も、同省の職務だったのである。それゆえ、そもそも、大学寮は、組織上、式部省の管下に置かれていた。

そして、そんな式部省の判官である式部《しきぶ》大丞《だいじょう》および式部少丞は、文章生出身の漢学者が就くべきものと見做された官職であるとともに、漢学者たちが就きたがる官職でもあった。少し後の時代のことになるが、紫式部《むらさきしきぶ》の父親にして平安時代中期を代表する漢学者・漢詩人の一人である藤原為時《ためとき》も、大丞か少丞かは不明ながらも、式部丞を務めたことがあった。

なお、その相当位階は、式部大丞で正六位下であり、式部少丞で従六位上であって、式部省の判官は、本来ならば、正六位上を相当位階とする大内記よりも下級の官職である。だが、右に見たような事情から、式部大丞・式部少丞は、名誉ある官職として位置付けられ、大内記と同等以上の官職として扱われていたのであった。

父親の死

ところで、薨伝には「天長九年の夏、篁は、父親を亡くした」とあって、これによれば、篁の父親の参議岑守が世を去ったのは、篁が三十一歳になる天長九年（八三二）だったことになる。が、『公卿補任』は、従四位下《じゅしいげ》の位階を持つ参議の岑守が薨《こう》じた日を、篁が二十九歳の天長七年（八三〇）の四月十七日のこととする。

天長年間の出来事に関しては、延暦十一年（七九二）から天長十年（八三三）までを記録する『日本後紀』こそが、最も信頼できる史料である。しかし、第二章でも触れたように、『日本後紀』は、その後半の全てを含む大部分が現代に伝わっていない。したがって、残念ながら、六国史《りっこくし》によって岑守の没年を確認することは、不可能となっている。

そこで、小野岑守の死に関する史料として、『文徳実録』の篁の薨伝か『公卿補任』かのいずれかを信じるとするならば、ここで選ぶべきは、史料の性質上、『公卿補任』であろう。公卿の地位にある者たちを年ごとに列挙する同書は、日単位もしくは月単位でならともかく、年単位では、公卿たちの死んだ時期を間違えるわけがないのである。それゆえ、本書では、岑守は天長七年に亡くなったものとして話を進めたい。

さて、篁の父親の岑守が他界したのは、天長七年四月十七日のことであったとして、その享年は、五十三であった。時代を考えれば、早死にということもなければ、長生きということもない、平均的な生涯だったのではないだろうか。

ただ、その死因は、普通のものではなかったらしい。『公卿補任』が参議岑守の死の経緯について記すところを、漢文の原文を読み下し文にして引用するならば、次の通りとなる。

出雲国造《いずものくにのみやつこ》の神宝《じんぽう》を献《たてまつ》るの日《ひ》、久《ひさ》しく朝堂《ちょうどう》に立《た》つに、病《やまい》の発《おこ》りて薨《みまか》る。

「国造《くにのみやつこ》」というのは、朝廷が律令国家となる以前の地方の責任者であり、建前としては朝廷によって任命された地方官であったものの、実質は古くからの現地の豪族であった。とはいえ、やがて、律令制が施行されると、国造の制度は廃止され、各地で国造を世襲していた地方豪族の多くは、律令制度の枠内で郡司《ぐんじ》を務めるようになるのであった。

しかし、「出雲国造」を世襲する出雲氏は、出雲国内の神々の祭祀《さいし》を一手に司《つかさど》っていたこともあり、律令制度の枠の外で、なおも「出雲国造」を世襲し続けることを特別に許された。ただし、朝廷が特別待遇の対象としていた出雲国造も、代替わりの度《たび》、都に上がり、朝堂院《ちょうどういん》（八省院）において、大極殿《たいごくでん》の高御座《たかみくら》に座す天皇に「出雲国 造 神賀詞《いずものくにのみやつこのかんよごと》」を捧げて神宝《じんぽう》を献ることを義務付けられた。これは、太古の服属儀礼のあり方である。

そして、岑守が死に至る病を得たのは、その儀礼の最中であったという。

このことは、当時において、あるいは、出雲の神々と関連付けて捉えられたのかもしれない。すなわち、当時の人々は、岑守の死を、出雲の神々の祟《たたり》によるものと見たかもしれないのである。そして、そう考えるのでもなければ、右に引用した『公卿補任』の記述の存在が説明できない。『公卿補任』は、普通、各自が落命した状況についてまで語ったりはしないものなのである。

服喪に明け暮れる篁

そうした事情があったためであろうか、岑守の死に対する篁の反応は、異常なものであったらしい。すなわち、篁の薨伝は、父親を亡くした折の篁の振る舞いを、こう伝えるのである。「篁は、父親の死を悼《いた》むにあたって、節度を越える振る舞いに及んだ」と。

ここに言う「節度を越える振る舞い」とは、どのようなものだったのだろうか。あくまでも「父親の死を悼むにあたって」の振る舞いであるから、そう派手なものではあるまい。岑守の死を悼んでいた以上は、岑守の名誉を汚すようなものではなかったはずである。

もしや、ここでの篁の「節度を越える振る舞い」は、服喪をめぐるものであったろうか。

恩義のある人や敬うべき人や血を分けた人を亡くした際に喪に服すというのは、東アジアにおいては、たいへんに重要なことであった。そして、そうした文化においては、その死を悼む気持ちが強ければ、それだけ喪に服す期間は長くあるべきであったし、また、喪に服す期間が長ければ、それだけ故人への想いが強いものと見做された。

しかし、誰も彼もが各々の恩人なり肉親なりを亡くす度に長期に渡って喪に服していたのでは、そんな文化を持つ社会は、停滞を余儀なくされるであろう。いや、それどころか、そのような社会は、そもそも、社会であることを維持できないかもしれない。

そこで、律令制度は、服喪の期間をも制度化した。つまり、律令国家では、喪に服すべき期間が、次に見る如くに、明確に定められていたのである。

【律令に定められた服喪期間】

◯天皇・実父・実母・夫・従者にとっての主人……一ヶ年
◯父方の祖父母・養父母……五ヶ月
◯父方の曽祖父母・母方の祖父母・父方の伯叔父・父方の伯叔母
妻・兄弟姉妹・夫の父母・嫡子（正妻の産んだ子）……三ヶ月

○父方の高祖父母（祖父母の祖父母）・母方の伯叔父・母方の伯叔母
父親が正妻としている継母・父親が正妻としていない継母
同居している継父・異父兄弟姉妹
庶子（正妻ではない女性の産んだ子）・嫡孫　……一ヶ月
○庶孫・父方の従兄弟姉妹・血縁のある甥・血縁のある姪　……七ヶ日

なお、古代人の服喪は、われわれの服喪よりも、ずっと真剣なものであった。古代の人々は、服喪期間中には、各種の祝い事はもちろん、朝廷の公務に従事することさえも避けたのである。したがって、当時、官職を持つ者は、喪に服す間、事実上の休職中となった。

が、これでは、かなり頻繁に朝廷が機能不全に陥ってしまう。そのため、遅くとも平安時代に入る頃には、たとえ一ヶ年の服喪と規定されている実の父母の死の場合でも、一ヶ月ほどで服喪を切り上げ、職務に復すようになっていた。

とすると、父の喪に服した折の篁の「節度を越える振る舞い」というのは、律令の規定の通り、休職をともなう服喪を、一ヶ年にも渡って続けたことだったのではないだろうか。

叙爵

それでも、薨伝によれば、式部少丞として蔵人を兼ねる蔵人式部丞であった篁は、天長九年（八三二）、三十一歳にして、ついに叙爵《じょしゃく》に与ることになる。叙爵とは、すなわち、従五位下《じゅごいげ》の位階に叙されることである。そして、『公卿補任』によると、それは、同年の正月のことであったというから、おそらく、篁は、恒例の新年の叙位の対象となったのだろう。

古代の日本人にとって、年が改まることは、世界が生まれ変わることであった。今もなお日本人が新年の訪れを祝うのは、そうした古代の感覚の名残であろう。また、古代の天皇は、生まれ変わった新しい世界の主人として、臣民たちに派手な振る舞いをした。そうした振る舞いの最も顕著なものが、「元日節会《がんじつのせちえ》」と呼ばれる天皇主催の宮中の大宴会である。

そして、「白馬節会《あおうまのせちえ》」と呼ばれる正月七日の行事の折、幾人かの人々に位階を賜与したのも、天皇の新年の振る舞いの一環であった。古代には、位階こそが最上の恩恵だったのである。したがって、篁は、新年のめでたさの余慶として従五位下に叙されたことになる。

ところで、従五位下に昇叙するというのは、奈良時代・平安時代の人々にとって、人生の根幹に関わるほどに重要なことであった。

律令国家は、三位以上の位階を持つ者を、「貴」と呼ぶ。この「貴」は、「貴人」を意味して、律令制下には、三位以上の位階を有する人々こそが、法律上の貴族として位置付けられたのである。また、律令国家は、四位・五位の位階を持つ者を、「通貴《つうき》」と呼ぶ。この「通貴」は、「貴人に通じる者」を意味して、律令制下には、四位・五位の位階を有する人々もまた、一応は法律上の貴族として位置付けられたのである。したがって、律令制のもとでは、従五位下に昇ることは、法律上の貴族の一員になることを意味したのであった。

そして、律令国家は、貴族＝従五位下以上の人々には、幾つかの特権を与えていた。

例えば、従五位下以上の位階の者と正六位上以下の位階の者とでは、その俸給に甚大な差があった。律令国家の官人たちの俸給は、絹・麻布・綿などの物品が支給されるものや、農地が割り当てられるものなど、実に多種多様であったが、ここでは、便宜的に全ての俸給を米穀に換算するとして、正六位上の年俸は二十七石というところであるのに対して、従五位下の年俸は四百石余りにもなった。さらに、従三位の位階を有していて位階相応の大納言の官職を帯びる者の年俸ともなると、三千六百石にもなったのである。

また、律令国家の貴族は、罪を犯した場合に適用される特権も有していた。すなわち、何か犯罪に手を染めたことが発覚したときにも、従五位下以上の位階を持つ者は、そのまま法に従って裁かれることはなく、まずはその旨が天皇に奏上されて、罰するか否かは天皇の裁可に任されたのである。しかも、罰せられることになった場合にも、罪状によっては、「贖銅《しょくどう》」と呼ばれる銅で支払う罰金刑を選択することもできたのであった。

こうしたことから、朝廷の官人たちにとって、従五位下に叙されることは、人生の大きな目標であったが、この目標を三十一歳にして達成してしまった篁は、式部少丞として、蔵人として、かなり優秀だったに違いない。

大宰少弐

かくして、小野篁は、天長九年（八三二）の正月七日、従五位下に叙されることによって、法律上の貴族の仲間入りを果たして、まさしく「平安貴族」と呼ばれる身となったのであったが、このあたりから、淳和天皇による篁の特別待遇が、さらに顕著なものとなる。

件の薨伝によれば、天長九年、従五位下に叙された篁が新たに与えられた官職は、大宰府の次官である大宰少弐《だざいしょうに》であった。

現在の沖縄県を除く九州地方は、平安時代には、「西海道《さいかいどう》」と呼ばれており、筑前国《ちくぜんのくに》・筑後国《ちくごのくに》・肥前国《ひぜんのくに》・肥後国《ひごのくに》・豊前国《ぶぜんのくに》・豊後国《ぶんごのくに》・日向国《ひゅうがのくに》・大隅国《おおすみのくに》・薩摩国《さつまのくに》の九ヶ国および壱岐島《いきのしま》・対馬島《つしまのしま》の二ヶ島が置かれていた。そして、この西海道の九ヶ国・二ヶ島は、都から遠くに位置したうえに、異国の近くに位置したことから、他の五十五の地方諸国とは異なる特別な扱いを受けた。

すなわち、西海道以外の諸国は、直接に都の朝廷によって統制されたのに対して、西海道の九ヶ国および二ヶ島は、筑前国に置かれる大宰府の指揮下に置かれたのである。それゆえ、当該の九ヶ国および二ヶ島は、例えば、都の朝廷に何かを上申しようとするにしても、直接に朝廷に上申することを許されず、まずは大宰府に上申して、大宰府に朝廷への上申を託さなければならなかった。また、同じ九ヶ国・二ヶ島は、中央に税を納めるにしても、直接に都に貢納することを認められず、まずは大宰府に納付して、大宰府に朝廷への納税を任せなければならなかった。

こうしたことから、大宰府という官司の持つ権限は、実に大きなものであった。かつて大宰府が「遠《とお》の朝廷《みかど》」と呼ばれたのも、実にもっともなことである。そして、それほどに重要な官司であったため、その長官である大宰帥《だざいのそち》は、皇子でなければ就任できない特別な官職とされた。九ヶ国・二ヶ島を支配下に置き、かつ、外交の窓口を務めもした大宰府は、天皇の親しい肉親によって統括されるべき官司と見做されたのである。

ところが、平安時代の現実として、大宰帥に任命されて実際に大宰府に赴任した皇子など、ただの一人もいなかった。おそらく、当時においては、皇子本人はもちろん、天皇も、貴族たちも、皇子ほどの貴人が都を離れてはるばる西海道に赴くことに、強い忌避感を持っていたのだろう。ここには、大宰帥という重職をめぐる、大いなる矛盾が見受けられる。

そして、こうした事情から、大宰府において本来の規定を超える大きな権限を持つことになったのが、次官の大宰大弐《だざいだいに》および大宰少弐であった。彼らは、次官でありながら、長官の大宰帥がけっして赴任しない状況下、事実上の長官として権限を行使したのである。

したがって、篁は、従五位下に昇進して早々に、たいへんな重職に任命されたことになる。しかも、大宰少弐の相当位階は、従五位下であったから、朝廷が篁を従五位下に昇叙したのは、彼を大宰少弐に任命するためであったかもしれない。『公卿補任』によれば、篁の大宰少弐就任は、天長九年正月の十一日のことであり、この正月に篁が従五位下に叙されたとき、彼が大宰少弐に任命されることは、既に内定していたのではないだろうか。

なかった。

なお、大宰少弐という官職をめぐって篁が受けた特別待遇は、単に同官に任命されたというだけでは

歴史に残る大仕事

件の薨伝は、篁の大宰少弐就任について、次のように伝える。「篁は、天長九年に大宰少弐に任命されたものの、勅命があって、都を離れて大宰府に赴任することを許されなかった」。これによると、篁の大宰少弐は、現地に赴任することのない遙任であった。すなわち、篁は、重要な官職である大宰少弐への任官を前提として従五位下への昇進を許されたのみならず、大宰府において非常に大きな責任を担うべき大宰少弐に任命されながら、特別に都に留まることを許されたのである。これは、かなりの特別待遇であろう。

ただ、この特別扱いは、単に篁が嵯峨上皇のお気に入りであったことだけに由来するわけではない。というのも、その頃、朝廷では、律令制度の根幹であった養老令《ようろうりょう》の公定注釈書である『令義解《りょうのぎげ》』の編纂が進められており、これに篁も深く関わっていたからである。

わが国の律令は、まず、大宝《たいほう》元年（七〇一）に最初のものが制定され、さらに、天平宝字《てんぴょうほうじ》元年（七五七）からは養老二年（七一八）に改定がはじめられたことで「養老律令」と呼ばれる改訂版が施行されたが、それでも、特に令《りょう》については、条文に曖昧な部分が少なくなく、平安時代までに多くの不都合が見出

されていた。そこで、淳和天皇は、天長五年（八二八）、右大臣清原夏野《きよはらのなつの》以下の十二名に命じて、令の注釈書を編纂させたのであり、そうして完成したものが、『令義解』であった。

しかし、この『令義解』は、単なる注釈書ではない。というのは、そこに見える令の条文の解釈には、法的な拘束力があったからである。それゆえ、同書の編纂は、新しい法典を作るのにも等しい困難な事業であって、これを成すために、当時において考えられる限りの最高の人材が集められた。すなわち、先の右大臣夏野の指揮のもと、大判事《だいはんじ》の興原敏久《おきはらのみくに》や明法博士《みょうぼうはかせ》の讃岐永直《さぬきのながなお》といった法律の専門家たちが議論を尽くし、文章博士の菅原清公《きよきみ》をはじめとする当時を代表する漢学者たちが文章を書き上げることで、『令義解』は完成したのである。

そして、この『令義解』の長文の序《じょ》を書いたのは、われらが小野篁であった。

法典においてであれ、漢詩集においてであれ、和歌集においてであれ、序というのは、その書物が生まれ来たった由来を語り、かつ、その書物が世にある意義を説き明かすものであって、言ってみれば、書物の顔である。ましてや、『令義解』は、勅命によって編まれた法律書であったから、その序を書くというのは、当時の人々から見ても、後世に名を残すような大仕事であった。

『令義解』が完成したのは、天長十年（八三三）のことであったから、篁は、三十二歳にして、それだけでも歴史に名が残るほどの仕事を成し遂げたことになる。しかも、それは、六十四歳の文章博士菅原清公を差し置いてのことであった。ちなみに、その清公は、われわれが学問の神さまと崇《あが》める菅原道真の祖父にあたる人物である。

「刑名は、天地と倶に興る」

せっかくなので、ここで、小野篁が筆を振るった『令義解』の序を読んでみよう。とはいえ、この序は、かなりの長文の漢文なので、ところどころを読み下し文にして紹介することにしたい。

さて、まずは冒頭である。

> 臣夏野等《しんなつのら》の言《もう》す。臣《しん》の聞《き》くに、春《はる》は生《う》み、秋《あき》は殺《ころ》すに、刑名《きょうみょう》は、天地《てんち》と倶《とも》に興《おこ》る。陰《かげ》を惨《うれ》ひ、陽《ひ》を舒《よろこ》ぶに、法令《ほうりょう》は、風霜《ふうそう》と共《とも》に並《なら》び用《もち》ゐる。之《これ》を犯《おか》すは必《かなら》ず傷《やぶ》るるは、蠟炷爛蛾《ろうちゅうらんが》の危《あやぶ》みの有《あ》り。之《これ》に触《ふ》るるは漏《も》りざるは、蛛糸黏虫《ちゅしでんちゅう》の禍《わざわ》ひを設《もう》く。

篁の書いた文章でありながら、「臣夏野等《しんなつのら》の言《もう》す」とはじまるのは、『令義解』の編纂責任者が右大臣の清原夏野だったからに他ならない。そして、右に読み下し文で引用した部分を現代語にするならば、こんな感じであろう。

> 臣下の清原夏野らが申し上げます。私めが聞きますに、春は万物を産み、秋は万物を殺すというのが、天地の理《ことわり》ですが、法というものは、その天地とともにはじまりました。陰を悲しみ、陽を喜ぶというのは、季節の理ですが、法というものは、その季節とともに用いられてきました。もし法

を犯せば間違いなく身を傷付けることになるというのは、灯《ともしび》の火に近付いた蛾《が》が焼け死ぬ危険と同じです。もし法に逆らえば逃れることができないというのは、虫が蜘蛛の糸に捕らえられる災難と同じです。

これによれば、世に法というものがあるのは、季節がめぐるのと同じくらい、当たり前のことであるらしい。このあたりは、礼を重んじて法を嫌った孔子《こうし》が読んだら、ひどく不快そうにすることだろう。が、右の序は、さらに続ける。法に反した者は、けっして無事では済まされず、けっして見逃されない、と。こうした法の容赦のなさも、孔子の嫌がるところであろう。
それはともかく、今度は、冒頭から少し先に進んだあたりを読んでみよう。

伏《ふ》して惟《おもんみ》れば、皇帝陛下《こうていへいか》は、道《みち》に五譲《ごじょう》よりも高《たか》く、勤《つと》めに三握《さんあく》よりも劇《いそが》し。金玉《きんぎょく》に類《るい》して法《ほう》を垂《た》れ、甲乙《こうおつ》を布《し》きて令《りょう》を施《ほどこ》す。

右に新たに引用した部分の現代語訳は、概ね次の通りである。
畏《かしこ》まりながら考えてみますに、天皇陛下は、人間性に関しましては、即位を五度に渡って辞退したという漢《かん》の文帝《ぶんてい》よりも優れていらっしゃいますし、政務に関しましては、議論のために三度に渡って洗髪を中断したという周公《しゅうこう》よりも熱心でいらっしゃいます。陛下は、金玉《きんぎょく》のような立派な法を制定なさり、秩序を立てて法を施行なさったのです。

ずいぶんとまた、天皇を持ち上げるものである。『令義解』の編纂を命じた天皇は、嵯峨上皇の弟の淳和天皇であるが、こうも持ち上げられては、多少は気恥ずかしかったのではないだろうか。ただ、ここで天皇を持ち上げているのは、この後、天皇には幾らかおもしろくないことを言おうとしているからである。

「名けて『令義解』と曰ふ」

では、何が「天皇には幾らかおもしろくないこと」なのか。そのあたりを見るためにも、さらに序の続きを読んでいこう。

猶《なお》も慮《おもんぱか》るに、法令《ほうりょう》の製作《せいさく》は、文《ふみ》の約《やく》にして、旨《むね》の広《ひろ》し。先儒《せんじゅ》の訓註《くんちゅう》も案拠《あんきょ》は一《ひと》つに非《あら》ず。或《あ》るひは、専《もは》ら家素《かそ》を守《まも》り、或《あ》るひは、固《かた》く偏見《へんけん》に拘《かかわ》る。一《ひと》つの孔《あな》の中《うち》に由《よ》るを肯《うけが》はず、争《あらそ》ひて二《ふた》つの門《かど》の表《そと》に出《い》でんと欲《ほっ》す。遂《つい》に、同《おな》じく聴《き》くの獄《うったえ》も、生《い》くる死《し》ぬるは相《あ》ひ半《なか》ばし、連《つ》れて案《あん》ずるの断《ことわり》も、出《い》づ入《い》るに科《か》を異《こと》にするに至《いた》る。

ここで言っているのは、律令の不備である。そして、これが天皇にとっておもしろくないことであることは、言うまでもあるまい。右の引用部分の現代語訳は、次の通り。

さらに考えてみますに、わが国で作られた律令は、文章が簡潔であるため、解釈の幅が広いのです。また、昔の学者たちによる律令の解釈は、それぞれに根拠となる思想が異なっています。ある学者は、ひたすら自家に伝わる説を守るばかりで、ある学者は、頑固に自分の意見に固執するばかりです。学者たちは、法の解釈を一つに統一することを拒み、争って二通りに解釈しようとします。ですから、ついには、二人の裁判官が同じ訴えを聞きながらも、罪人を生かすか殺すかの判断がばらばらになったり、二人の裁判官が相談して判決を下しながらも、罪人を牢に入れるか入れないかの判決が違ったりするようになるのです。

淳和天皇は、右に指摘された不備を補うべく、右大臣の清原夏野以下の十二名に公式の律令の注釈書の編纂を命じたのであったが、今まさに読み進めている序の半ばには、次の如く、十二名全員の名が挙げられる。また、ここに「数家の雑説を集めて」編纂すると言われる「一つの法の定準」こそが、淳和天皇の望んだ公式の律令の注釈書である。

爰《ここ》に臣等《しんら》をして数家《すけ》の雑説《ぞうせつ》を集《あつ》めて、一《ひと》つの法《のり》の定準《ていじゅん》を挙《あ》げしむ。臣《しん》の、謹《つつし》みて、参議従三位《さんぎじゅさんみ》行《ぎょう》

刑部卿《ぎょうぶきょう》兼《けん》信濃守《しなののかみ》臣《しん》南淵朝臣弘貞《みなぶちのあそんひろさだ》・参議《さんぎ》従四位下《じゅしいげ》守《しゅ》右大弁《うだいべん》兼《けん》行《ぎょう》下野守《しもつけのかみ》臣《しん》藤原朝臣常嗣《ふじわらのあそんつねつぐ》・正四位下《しょうしいげ》行《ぎょう》左京大夫《さきょうだいぶ》兼《けん》文章博士《もんじょうはかせ》臣《しん》菅原朝臣清公《すがわらのあそんきよきみ》・従四位下《じゅしいげ》行《ぎょう》勘解由長官《かげゆのかみ》臣《しん》藤原朝臣雄敏《ふじわらのあそんおとし》・従四位下《じゅしいげ》行《ぎょう》刑部大輔《ぎょうぶたいふ》兼《けん》伊予守《いよのかみ》臣《しん》藤原朝臣衛《ふじわらのあそんまもる》・正五位上《しょうごいじょう》行《ぎょう》大判事《だいはんじ》臣《しん》興原宿祢敏久《おきはらのすくねみくに》・正五位下《しょうごいげ》行《ぎょう》阿波守《あわのかみ》臣《しん》善道宿祢真貞《よしみちのすくねさねさだ》・大宰少弐《だざいしょうに》従五位下《じゅごいげ》臣《しん》小野朝臣篁《おののあそんたかむら》・従六位下《じゅろくいげ》行《ぎょう》左少史《さしょうし》兼《けん》明法博士《みょうぼうはかせ》勘解由判官《かげゆはんがん》臣《しん》讃岐公永直《さぬきのきみながなお》・従八位上《じゅはちいじょう》守《しゅ》判事少属《はんじのしょうぞく》臣《しん》川枯首勝成《かわがれのおびとかつなり》・明法得業生《みょうぼうとくごうしょう》大初位下《だいそいげ》臣《しん》漢部松長《あやべのまつなが》等《ら》と、輙《たやす》く明《さや》かなる詔《みことのり》に応《こた》へて、論《ろん》を弁《わきま》へて議《ぎ》を執《と》る。

そして、序の終わり近くに、その「一つの法の定準」が全十巻の構成となって『令義解』と名付けられたことが記される。

臣等《しんら》の、遠《とお》くは皐虞《こうぐ》に愧《は》ぢ、近《ちか》くは荀賈《じゅんか》に慚《は》づ。拙《つたな》きに牽《ひ》かれて稔《みのり》を歴《へ》て、僶俛《びんべん》して甫《はじ》めて畢《お》ふ。分《わ》かちて一十巻《かん》と為《な》して、名《なづ》けて『令義解《りょうのぎげ》』と曰《い》ふ。

皐虞《こうぐ》・荀勗《じゅんきょく》・賈充《かじゅう》といった中国の歴史上の法律家たちには合わせる顔がなさそうに遠慮しつつも、また、時間がかかったのは編纂者たちに才能がなかったためであるかのように謙遜しつつも、「名けて『令義解』と曰ふ」という一句は、何か誇らしげである。

仁明天皇の治世のはじまり

右に紹介した序は、現に『本朝文粋《ほんちょうもんずい》』に収められたように、後世の人々によって、名文として尊重されるところとなる。『本朝文粋』というのは、平安時代中期を代表する漢学者の藤原明衡《あきひら》によって編纂された名詩・名文集である。『令義解』の序が篁の漢学者としての名声を高めたことは、疑うべくもあるまい。

また、『令義解』が序をも備えて完成したのは、天長十年（八三三）二月十五日のことであった。というのは、『令義解』においては、篁が執筆した序の次に、全十巻の目録（目次）が見え、その次には、同書の編纂に携わった右大臣清原夏野以下の十二人の署名とともに、右の日付が見られるからである。

そして、その日付から十日余り後の同年同月二十八日のこと、『令義解』の編纂を命じた淳和天皇が、退位して淳和上皇になる。おそらく、淳和天皇としては、かなり以前から、その編纂を自ら指示した『令義解』の完成を見届けたところで、速やかに玉座を次に引き継ぐつもりだったのだろう。

こうして、おそらくは多くの人々にとっては不意のこととして、代替わりが行われたのであったが、淳和天皇からの譲位によって新しく帝位に即いたのは、嵯峨上皇の皇子で淳和天皇には甥にあたる皇太子正良親王《まさらしんのう》であった。彼は、即位して仁明《にんみょう》天皇となる。

さらに、この仁明天皇の皇太子に立てられたのは、仁明天皇の皇子ではなく、淳和上皇の皇子の恒《つね》貞《さだ》親王であった。しかし、弘仁元年（八一〇）生まれの仁明天皇には、自身の皇子がいなかったわけではない。仁明天皇第一皇子で後に文徳《もんとく》天皇となる道康《みちやす》親王は、天長四年（八二七）の生まれであり、仁明天皇が即位した時点では七歳になっていたのである。仁明天皇は、自身の皇子がいるにもかかわらず、従弟にあたる恒貞親王を皇太子に立てたのであった。

ただ、恒貞親王の立太子を決めたのは、仁明天皇ではない。それは、仁明天皇の父親の嵯峨上皇によって決められたことだったのである。これまでにも幾度か触れたが、平城上皇との争いを教訓として兄弟間の融和を重要視していた嵯峨上皇は、弟の淳和上皇が在位中には嵯峨上皇皇子の正良親王を皇太子としていた以上、正良親王が仁明天皇として即位したからには、今度は仁明天皇が淳和上皇皇子を皇太子としなければならない、と考えていたのであった。嵯峨上皇の念頭にあったのは、嵯峨上皇の直系と淳和上皇の直系とが交互に玉座に即く、所謂「両統迭立《りょうとうてつりつ》」を、永遠に続けることであったかもしれない。

しかし、淳和上皇はといえば、必ずしも自身の皇子が天皇になることを強く望んでいたわけではなかった。事実、彼は、仁明天皇に譲位した折、新たな皇太子には仁明天皇の皇子こそが立てられることを望んだのである。また、嵯峨上皇の意向によって淳和上皇皇子の恒貞親王が仁明天皇の皇太子になった後にも、淳和上皇が強く望んだのは、恒貞親王が自ら皇太子を辞退することであった。彼は、兄の嵯峨上皇とは違い、先々まで所謂「両統迭立」が続くなどとは、全く信じていなかったのだろう。

東宮学士

では、淳和天皇が退位して上皇となり、嵯峨上皇の息子の仁明天皇が即位して、淳和上皇の息子の恒貞親王が皇太子に立った天長十年（八三三）、われらが小野篁の身には、どのようなことが起きていただろうか。

例の『文徳実録』の薨伝によると、篁は、天長十年、東宮学士《とうぐうがくし》に任命されていた。また、『公卿補任』によれば、それは、同年の三月十三日のことであった。東宮学士というのは、皇太子（東宮）の学問の師であることを職掌とする官職である。したがって、これに任命された者は、皇太子の家庭教師を務めることになる。

皇太子の家庭教師といえば、第二章で見たように、篁の父親の岑守も、嵯峨上皇がいまだ皇太子（皇太弟）の神野《かみの》親王であったとき、その学問の師を務めていた。が、その折の岑守の官職は、春宮坊《とうぐうぼう》の判官である春宮少進《しゅんぐうしょうしん》であったから、岑守の場合、皇太子の事実上の家庭教師であったに過ぎない。

これに対して、篁は、東宮学士に任命されることで、公式に皇太子の学問の師となったのであった。しかも、東宮学士の相当位階は従五位上であったから、従五位下の篁の東宮学士就任は、特別に抜擢されてのことである。そして、このことは、篁が漢学者として非常に高く評価されていたことを意味する。彼は、この点では、父親を越えたわけである。

なお、篁が東宮学士として教育にあたった皇太子は、当然、淳和上皇の皇子の恒貞親王であった。しかし、篁といえば、嵯峨上皇の腹心だったはずである。それゆえ、篁が淳和上皇の皇子の家庭教師を務めるというのは、かなり奇妙なことに思われる。というのも、神野親王（嵯峨天皇／嵯峨上皇）にとっての岑守がそうであったように、皇太子の家庭教師を務めた者は、やがて、その皇太子が即位して天皇になった後にも、さらには、その天皇が退位して上皇となった後にも、腹心の臣として天皇なり上皇なりに仕えるものだったからである。恒貞親王の東宮学士に任命された篁は、普通に考えれば、いずれ恒貞親王が即位したときには、その新天皇の腹心となることを期待されていなかったはずがない。

ただ、篁を恒貞親王の東宮学士とする人事を発令したのは、建前としては仁明天皇であったうえに、実質としては嵯峨上皇であったろう。そうでなければ、これほど奇妙な人事が通用するわけがあるまい。

嵯峨上皇にしてみれば、このとき、恒貞親王の家庭教師に、わざわざ自身の側近である篁を選んだのである。そして、それもまた、嵯峨上皇としては、淳和上皇との協調を重んじればこそであった。おそらく、嵯峨上皇は、自身の腹心であるとともに評判の漢学者でもある篁を、恒貞親王の家庭教師として貸し出すことで、恒貞親王の後ろにいる淳和上皇に好意を示したかったのだろう。

所謂「両統迭立」を維持するうえで最も重要なのは、当事者である「両統（二つの血統）」の間の信頼関係であり、嵯峨上皇も、それを十分に承知していたに違いない。

弾正少弼

ただ、篁が東宮学士の任にあったのは、わずか十日余りのことでしかなかった。件の薨伝の記述は、天長十年（八三三）、東宮学士に任命された篁が、さらに弾正少弼《だんじょうしょうひつ》にも任命されたようにも読めるのだが、『公卿補任』に見る限り、篁は、同年三月十三日に東宮学士に任命されるも、同月二十四日に弾正少弼に転任させられたようなのである。

弾正少弼というのは、弾正台の次官である。したがって、篁は、天長二年（八二五）から同五年まで弾正少忠を務めて以来、数年ぶりに弾正台に復任したことになる。しかも、弾正少弼の相当位階は正五位下であったから、従五位下の位階しか持たない篁は、特別待遇で古巣に戻ったのであった。

しかし、一度は、大内記や式部少丞を歴任して、文章生出身者にふさわしい官途《かんと》を進みつつあった篁が、十日間だけの東宮学士を経て、再び明法生出身者が就くにふさわしい弾正台の官職に就いたことには、かなりの違和感がある。

確かに、篁の初任官は、弾正台の巡察弾正であり、そこから彼が昇任した官職は、弾正少忠であった。だが、それについては、まだまだ若い前文章生が、とりあえず欠員のあった官職に任命されただけのこととして理解することもできるだろう。これに対して、天長十年三月の時点の篁は、『令義解』の編纂に携わり、かつ、同書の序に筆を振るい、しかも、東宮学士に抜擢されたように、今や、時代を代表する漢学者の一人なのである。その篁が特別待遇を受けてまで弾正台の次官に就任したというのは、やはり、普通のことではない。

では、なぜ、今さら篁が弾正台に戻ることになったのだろうか。

現に若いときに巡察弾正や弾正少忠に任命されたことから考えても、篁には、もともと法の素養があったのだろう。変わり者の篁のことである、文章生でありながら、法にも関心を持って、その方面の勉強に力を入れたこともあったのではないだろうか。おそらく、漢学者であるはずの篁が、法の専門家たちとともに『令義解』の編纂に携わることになったのも、同様の事情によってであったろう。

なお、その『令義解』をめぐっては、篁と同じく漢学者でありながら同書の編纂者に選ばれた者として、正四位下の文章博士の菅原清公の名も見えているが、既に見たように、同書の序に筆を振るったのは、清公ではなく、篁であった。清公は、篁より格上の漢学者ではあったものの、律令の注釈書の序の執筆ということで、法に明るい篁に大役を譲らなければならなかったのではないだろうか。

また、もしかすると、篁が弾正少弼に任命されたのは、新たに編纂された『令義解』の有用性を、同書の編纂者が実地で検証する必要があったためかもしれない。せっかく編纂した注釈書も、法の現場で役に立たないのでは、存在意義を失ってしまうだろう。

あるいは、新任の弾正少弼には、法の現場において『令義解』を参照することの周知徹底を図る役割が期待されていたのかもしれない。ようやく編纂された注釈書も、法の現場で利用されないのでは、まさに宝の持ち腐れになってしまうからである。

遣唐副使

そうして天長十年（八三三）の春に弾正台の職務に戻った篁であったが、『公卿補任』によると、それから丸一年もない承和《じょうわ》元年（八三四）の正月十三日、美作介《みまさかのすけ》に転じている。この経歴は、例の甍伝には見えないのだが、それは、おそらく、この美作介が遙任であって、篁の経歴にほとんど影響がなかったためであろう。

右の美作介を遙任と推測するのは、『公卿補任』からは、美作介任命から半月後の同月二十九日、篁が遣唐副使《けんとうふくし》に任命されたことが知られるからである。この遣唐副使のことは、当然、甍伝にも見えるが、遣唐使の一団の副代表である遣唐副使は、かなりの大役であって、その人選は、ずっと以前から進められていたであろうから、遣唐副使に任命されることを予定されていた篁が、赴任を前提として国司《こくし》に任命されるなどということは、まずあり得まい。

ともかく、承和元年正月十三日以降、篁は、しばらくの間、遣唐副使に在任し続けるのであり、やがて、この任が、篁の人生に大きな転機をもたらすことになる。

さて、篁が遣唐副使に任命された遣唐使は、ときに「承和の遣唐使」と呼ばれる。そして、それは、三十年ぶりの遣唐使であるとともに、結果として「最後の遣唐使」と呼ばれることになった遣唐使であった。

この一つ前の延暦《えんりゃく》二十四年（八〇五）の遣唐使が派遣されたのは、桓武《かんむ》天皇の治世の末年のことである。したがって、桓武天皇と仁明天皇との間の天皇たちは、誰も遣唐使を派遣しなかったことになるが、その天皇たちというのは、奇《く》しくも、桓武天皇を父親とする三兄弟の平城天皇・嵯峨天皇・淳和天皇であった。

そして、三代の天皇たちが、合わせて三十年にも渡って遣唐使を派遣しなかったということは、その当時、遣唐使を派遣することには、あまり意味がなくなっていたのではないだろうか。遣唐使の派遣が無理をともなうというのは、もとよりのことであったが、当該期には、その無理を押すことが割に合わないと考えられるほどに、遣唐使が魅力のないものになっていたのかもしれない。

では、なぜ、仁明天皇は、その父親や伯叔父たちが派遣しなかった遣唐使を、今さらのように派遣したのだろうか。
これに関しては、仁明天皇自身の個性こそが、最も大きな要因であったかもしれない。というのは、この天皇は、かなりの贅沢好きだったらしいからである。
このあたりについては、三善清行《みよしのきよゆき》の「意見十二箇条《いけんじゅうにかじょう》」の証言に注目するべきであろう。三善清行というのは、篁が活躍した時代より百年ほど後の平安時代中期の初頭に活躍した漢学者であり、「意見十二箇条」というのは、その清行が醍醐《だいご》天皇に奉じた政策献言書であるが、その序文には、漢文の原文を読み下して引用するなら、次の如き一文が見られるのである。

仁明天皇《にんみょうてんのう》の位《くらい》に即《つ》きて、尤《なお》も奢靡《しゃび》を好《この》み給《たま》ふ。

篁が遣唐副使に任命されたのは、畢竟《ひっきょう》、仁明天皇の好む贅沢を実現するためであった。

第六章　小野氏の先人たち

小野妹子と二つの「最初の遣隋使」

小野妹子《おののいもこ》は、けっして小野氏の始祖ではない。しかし、かつては皇妃を輩出することで大和朝廷《やまとちょうてい》に重きを成した和邇《わに》氏が、悲しいほどに存在感を失っていったのとは対照的に、その枝族に過ぎなかったはずの小野氏が、律令国家《りつりょうこっか》の権力の中枢に加わる重要氏族に成り上がったのは、間違いなく、妹子の活躍があってこそであった。それゆえ、この妹子が、後世の小野氏たちにとって、最も重要な先人であったことは、疑うべくもあるまい。

そして、その妹子の活躍というのは、周知の如く、わが国の朝廷が初めて派遣した遣隋使《けんずいし》としてのそれである。

ただ、遣隋使をめぐっては、不明なことが多く、誤解されていることも少なくない。

『日本書紀《にほんしょき》』によれば、妹子が最初の遣隋使として出発したのは、推古《すいこ》天皇十五年（六〇七）の七月三日であった。同書は、原漢文を読み下して紹介するならば、次の如くに記す。

大礼《たいれい》小野臣妹子《おののおみいもこ》を大唐《だいとう》に遣《つかわ》す。鞍作福利《くらつくりのふくり》を以《もっ》て通事《おさ》とす。

ここに「大唐《だいとう》」と見えるのは、『日本書紀』の編纂された時代の中国の王朝が唐王朝《とうおうちょう》であったがゆえの間違いであって、正しくは、当然、「大隋《だいずい》」である。また、「大礼《たいれい》」というのは、隋に派遣された当時の妹子の位であり、大礼は所謂「冠位十二階《かんいじゅうにかい》」の第五番目であったから、この時点では、妹子の地位は、それほど重いものではなかったことになる。

なお、右の記述では、あたかも妹子と通訳（「通事」）の鞍作福利《くらつくりのふくり》との二人だけが派遣されたかのようであるが、まさかそんなことはあるまい。当然、このときの遣隋使も、妹子を代表として、少なくとも数十人の使節団として派遣されたはずである。だが、その頃には、まだ外交使節について詳しい記録を残すことが重要視されておらず、結果、『日本書紀』が編纂されるまでに、妹子・福利を除く使節団員のことはわからなくなっていたのだろう。

しかし、それ以上の問題として、どうやら、右の小野妹子と鞍作福利とを中心とする推古天皇十五年の遣隋使は、第一回の遣隋使ではなかったようなのである。

このように言うのは、隋王朝の歴史書である『隋書《ずいしょ》』に、これも原漢文を読み下し文にして引用するならば、次のような記述が見られるからに他ならない。

開皇《かいこう》二十年、倭王《わおう》の、姓《かばね》は「阿毎《あま》」、字《あざな》は「多利思比孤《たりしひこ》」、「阿輩雞彌《あわきみ》」と号《ごう》すは、使《つか》ひを遣《つかわ》して闕《みかど》に詣《まい》らしむ。

「開皇《かいこう》」というのは、隋王朝の年号であって、開皇二十年というと、日本の推古天皇八年（六〇〇）に該当する。そして、同年に倭王が隋王朝の宮殿（「闕」）に使者を派遣したというのが、右に引用した『隋書』の言うところであるが、この使者は、間違いなく、推古天皇十五年の遣隋使に先立つ遣隋使であり、こちらこそが、本当の最初の遣隋使である。

もちろん、この真の第一回遣隋使については、『日本書紀』は何も語らない。だが、状況から見るに、本当に本当の最初の遣隋使である推古天皇八年の遣隋使にも、小野妹子の参加があったのではないだろうか。この第一回遣隋使でも妹子が代表を務めたかどうかはわからないが、その使節団の中に妹子がいたことは、想定されるべきであるように思われる。

本当の「最初の遣隋使」の収穫

推古天皇八年（六〇〇）の遣隋使についての『隋書』の記述の続きの幾分かを、またも原漢文を読み下し文にして紹介すると、次の如くとなる。

開皇《かいこう》二十年、倭王《わおう》の、姓《かばね》は「阿毎《あま》」、字《あざな》は「多利思比孤《たりしひこ》」、「阿輩雞弥《あわきみ》」と号《ごう》すは、使《つか》ひを遣《つかわ》して闕《みかど》に詣《まい》らしむ。上《うえ》の所司《しょし》をして其《そ》の風俗《ふうぞく》を訪《おとな》はしむるに、使者《ししゃ》の言《い》ふやう、「倭王《わおう》は、天《てん》を以《もっ》て兄《あに》と為《な》し、日《ひ》を以《もっ》て弟《おとうと》と為《な》す。天《てん》の未《いま》だ明《あ》けざる時《とき》に出《い》でて、政《まつりごと》を聴《き》きて跏趺《かふ》して坐《ざ》し、日《ひ》の出《い》づるに便《すなわ》ち理務《りむ》を停《と》めて、云《い》ふやう、『我《わ》が弟《おとうと》に委《ゆだ》ぬ』と」と。高祖《こうそ》の曰《いわ》く、「此《これ》は太《おお》いに義理《ぎり》の無《な》し。是《これ》に於《お》いて訓《おし》へて之《これ》を改《あらた》めしめよ」と。

これによると、隋の皇帝（「上」）は、担当の官人を通じて、日本からの使者に当時の日本の習慣（「風俗」）を尋ねたという。そして、これに対して、日本の使者は、凡そ、次のように答えたのであった。

日本の天皇（「倭王」）は、天を兄と見做し、太陽を弟と見做しております。そして、まだ天が明るくならないうちに起き出て、政務を執って胡坐《あぐら》で座り、太陽が昇ると執務を終わりにして、こう言うのです、「この後のことは、わが弟の太陽に任せる」と。

しかし、日本の使者の言うところは、「文帝《ぶんてい》」の呼び名で知られる隋の初代皇帝（「高祖」）には、どうにも奇異なものに思えたらしい。いや、奇異なものどころか、誤ったものに思えたのだろう、文帝は、日本からの使者の扱いについて、自身の臣下に対し、次のように命じたのだという。

これは、全く以て間違っている。この機会に正しく教えて間違った習慣を改めさせせよ。

結局、当時においてはアジアの最先進国であったばかりか世界の最先進国であった中華帝国の皇帝からすれば、辺境の小国に過ぎない日本（「倭」）の習慣（「風俗」）など、蛮族の蛮習でしかなかったのだろう。彼は、日本の天皇のことも、蛮族の酋長《しゅうちょう》くらいにしか思っていなかったに違いない。

そして、このような顛末となったがゆえに、日本の朝廷は、真の第一回目の遣隋使をなかったことにしたのだろう。自国の王の習俗が、他国の王によって、「これは、全く以て間違っている。この機会に正しく教えて間違った習慣を改めさせせよ」などと評されたのである。こんなことをわざわざ官製の史書に記したがる政府はないだろう。『日本書紀』が編纂される時点においてか、あるいは、それ以前においてか、ともかく、わが国の朝廷は、推古天皇八年の遣隋使を、意図的になかったものとしたのである。

しかし、中国側の認識がわかったことは、日本側には大きな収穫だったのかもしれない。

当時の日本は、中国の王朝から見れば、間違いなく、辺境の小国に過ぎず、蛮習を持つ蛮族の国でしかなかっただろう。しかも、そのことを、日本の朝廷も、少なからず認識していたに違いない。が、その認識も、まだまだ甘かったのである。そして、文帝の言葉は、自分たちの後進性のほどを、当時の朝廷の首脳部に、痛切に思い知らせたのであった。

日本の朝廷が認める「最初の遣隋使」の役割

中国とは大海原によって厳しく隔てられていた古代の日本は、中国との関係において、どうしても、朝鮮半島の国々に後れを取らざるを得なかった。そして、この後れは、そのまま文化の後進性でもあったが、これは、当時の日本の朝廷にとって、深刻な問題であったろう。例えば、儒教の伝来にしても、仏教の伝来にしても、全ては朝鮮半島を経由してのことであったから、わが国は、文化において朝鮮半島の国々よりも後れていることを、否応なしに、自覚させられていたはずなのである。

だからこそ、推古天皇の朝廷は、推古天皇八年（六〇〇）、最初の遣隋使を送り出したのであった。朝鮮半島諸国の仲介なしに、最先進国の中国と直接につながろうとする試みとして。

が、この試みは、成功したのだろうか。それは、何とも言えない結果に終わったのである。というのも、その最大の成果が、大きな恥をかくとともに、自らの後進性を痛切に思い知ることだったからである。

そして、それから七年を経た推古天皇十五年（六〇七）、推古天皇の朝廷は、再び遣隋使を送り出す。もちろん、この使節に関しては、前回の失敗を教訓として、今度こそは隋の皇帝に侮られないように、万全の準備がなされたはずであった。そして、これこそが、『日本書紀』に「大礼《たいれい》小野臣妹子《おののおみいもこ》を大唐《だいとう》に遣《つかわ》す。鞍作福利《くらつくりのふくり》を以《もっ》て通事《おさ》とす」と見える、日本側の主張としては最初のものとなる遣隋使なのである。

なお、この最初の遣隋使という建前の二度目の遣隋使の代表に小野妹子が選ばれたのは、まず何より、彼が前回の遣隋使の一員だったためであったろう。推古天皇の朝廷は、同じ失敗を繰り返さないためには、やはり、前回の失敗の当事者を登用するべきだと考えたのではないだろうか。

ところが、推古天皇十五年の遣隋使も、隋の第二代皇帝の煬帝《ようだい》を怒らせることになる。そう、よく知られた「日出《ひい》づる処《ところ》の天子《てんし》、書《しょ》を日没《ひぼっ》する処《ところ》の天子《てんし》に致《いた》す。恙無《つつがな》きや」という親書をめぐる一件である。

推古天皇の朝廷は、蛮族の酋長と侮られないよう、中華帝国の皇帝と対等な存在として、「天子」を称して親書をしたため、結果、煬帝の大きな怒りを買ってしまったのであった。『隋書』を読み下して引用するならば、親書に腹を立てた煬帝は、次のように言い放ったという。

蛮夷《ばんい》の書《しょ》、無礼《ぶれい》なる者有《ものあ》り。復《ま》た以《もっ》て関《かん》する勿《な》かれ。

がんばって背伸びをした日本の朝廷であったが、かえって「蛮夷《ばんい》」と蔑《さげす》まれることになり、かつ、「このような親書は二度と取り次ぐな（「復た以て関する勿かれ」）」と言わせるほどに、相手を怒らせてしまったのであった。この度の遣隋使も、成功にはほど遠い。

ちなみに、かつては、煬帝が激怒したのは、親書の「日出づる処」「日没する処」という部分だと理解されていたが、現在では、日本側が中国側と対等に「天子」の号を使ったことこそが煬帝を刺激したというように理解されている。

大徳小野妹子

ときに、推古天皇十五年（六〇七）の遣隋使をめぐっては、もう一つ、当時の日本の外交上の後進性を示す珍事が起きていた。

小野妹子が隋王朝の使者である裴世清《はいせいせい》とともに難波津《なにわつ》に帰り着いたのは、推古天皇十六年（六〇八）

六月十五日のことであった。だが、このとき、妹子は、隋の国書を携えておらず、それゆえに、「書《しょ》を失《うしな》ふ罪《つみ》」に問われかねなかったのである。『日本書紀』を読み下して引用するならば、次のような騒ぎになったのであった。

是《これ》に、群臣《ぐんしん》の議《はか》りて曰《いわ》く、「夫《そ》れ、使《つかい》たる人《ひと》は死《し》すると雖《いえど》も、旨《むね》を失《うしな》はず。是《こ》の使《つかい》は、何《なん》ぞ怠《おこた》りて大国《たいこく》の書《しょ》を失《うしな》ふや」と。則《すなわ》ち、流刑《るけい》に坐《ざ》す。

推古天皇の臣下たちは、妹子が国書を紛失したと見做して、彼を流刑に処すことまでを詮議《せんぎ》したという。確かに、外交使節が国書を失くしたとなれば、厳罰は避けられまい。

が、実のところ、隋の国書は、後日、裴世清によって推古天皇の前で読み上げられた。しかも、その全文が、『日本書紀』に記載されているのである。国書が日本に届いていたことは、間違いない。そして、それを推古天皇の前で読み上げたのが、裴世清であったように、問題の国書を携えていたのは、隋王朝の使者の裴世清であった。結局、妹子が国書を持っていなかったことをめぐって起こった騒ぎは、全くのから騒ぎだったのである。

当時の東アジアにおける洗練された外交儀礼としては、国書というのは、国書を出した側の使節が責任を持って運ぶものであった。だからこそ、隋の親書も、裴世清が携えていたのである。ところが、外交儀礼に不慣れな当時の日本の朝廷は、おそらくは日本国内で通用していた習慣を敷衍《ふえん》して、国書は自分の側の使節が持ち帰るものだと、勝手に決め込んだのだろう。それゆえ、妹子が国書を持っていなかったことが、無意味に騒ぎ立てられることになったのではないだろうか。

なお、『日本書紀』によれば、その折、妹子も妹子で、親書を持っていないことをめぐって、「途中、百済《くだら》に立ち寄ったとき、百済人に盗まれた」という趣旨の弁明をしており、これもまた、混乱の原因になったのかもしれない。だが、妹子が適当な作り話をしたのは、外交の常識を説いて田舎者の同胞たちに恥をかかせることを憚《はばか》ってのことであったろう。

いずれにせよ、二度の遣隋使派遣を経験してもなお、わが国の後進性は、依然、明白なままであった。それゆえ、それからほどなく、裴世清を送還する使者も兼ねる第三回の遣隋使が派遣されることになるのであったが、この使節団には、多くの留学生が同行したという。日本の朝廷も、先進文化を学ぶことに、いよいよ本腰を入れることにしたのである。そして、この日本側の主張では第二回のものながらも事実としては第三回となる遣隋使の代表を務めたのも、小野妹子に他ならない。

こうして、遣隋使として功績を積んだ妹子は、ついには大徳《だいとく》にまで昇り詰めることになる。大徳は、所謂「冠位十二階」の最上位であって、律令国家の位階の正一位《しょういちい》・従一位《じゅいちい》に相当するが、そこまでの高位に昇り得た小野氏は、ついに妹子ただ一人であった。

小野妹子の息子の墓

現在の京都御所は、かつての平安京の北東の角に位置するが、その京都御所の北端から少し東に行ったあたり、そこで賀茂川《かもがわ》と高野川《たかのがわ》とが合流する。北東から流れ下った高野川が、この地点において北西から流れ下る賀茂川に流れ込むのである。そして、その合流地点から高野川をしばらく遡ったところに崇導《すどう》神社が鎮座する。そこは、現在においては、京都市左京区上高野《かみたかの》西明寺《さいみょうじ》山町《やまちょう》の一角であり、平安時代においては、山城国《やましろのくに》愛宕郡《おたぎぐん》小野《おの》郷《ごう》の一角である。また、この崇導神社の境内には、小野氏の氏神を祀る小野神社が鎮座する。

崇導神社の祭神はといえば、社名から容易に察せられるように、死後に「崇道天皇《すどうてんのう》」の号を贈られた早良親王《さわらしんのう》である。この皇子は、桓武《かんむ》天皇の同母弟であり、かつ、同天皇の皇太弟であって、やがては天皇として即位するはずであった。だが、延暦《えんりゃく》四年（七八五）、彼は、玉座を自身の皇子に譲ることを望む桓武天皇の陰謀によって、重罪人に仕立て上げられ、淡路国《あわじのくに》へと移配される途中で落命する。そして、その後、新たに皇太子に立てられた桓武天皇皇子の安殿《あて》親王が重く病み臥《ふ》すことになった他、疫病が流行したり洪水が起きたりといった災害が続くと、桓武天皇の朝廷は、さまざまな凶事を早良親王の祟《たたり》によるものと見做して、延暦十九年（八〇〇）、同親王に「崇道天皇」の号を追贈したのであった。

そんな早良親王（崇道天皇）を祀る崇導神社が小野郷に創建されたのは、同社の社伝によれば、貞《じょう》観《がん》年間（八五九－八七七）のことであった。貞観年間というと、早良親王の霊をはじめとする六座の霊たちを鎮めるため、平安京内の神泉苑《しんせんえん》において、朝廷主催の御霊会《ごりょうえ》が催されたのが、貞観五年（八六三）の五月三日のことであったから、崇導神社もまた、早良親王の霊を改めて鎮めるために創建されたものだったのではないだろうか。

それはともかく、ここで崇導神社の話をはじめたのは、同社の境内に小野妹子の息子の小野毛人《えみし》の墓があるからである。

その墓の位置は、現在、大正《たいしょう》三年（一九一四）に建てられた石碑によって容易に知られるが、毛人の墓は、それが築かれた後、やがて忘れられて、久しく誰にも顧みられないまま放置されていた。しかし、江戸時代の初めの慶長《けいちょう》十八年（一六一三）のこと、この墓は、再び毛人の墓として認識されることになる。すなわち、同年、付近の住民が、夢の中で告げられたままに、その地を掘り返したところ、問題の墓が発見されたのである。さらに言えば、そのときに見付かったものは、一つの石室と一枚の金属板とであり、その金属板には、毛人の墓誌が刻まれていたのであった。

なお、江戸時代後期の儒学者《じゅがくしゃ》の松崎慊堂《まつざきこうどう》が、江戸時代中期の儒学者の伊藤東涯《いとうとうがい》（伊藤仁斎の息子）の『盍簪録《がいせんろく》』を引用するかたちで、『慊堂日暦《こうどうにちれき》』に記すところによれば、右の発掘があった後、発掘者の村が廃《すた》れるということがあり、これを祟《たたり》によるものと考えた人々は、墓誌の金属板を石室に戻し、墓全体を埋め戻してしまったらしい。しかし、その後、問題の墓に盗掘者が入り、墓誌の金属板が盗難に遭ったため、回収された金属板は、国宝として公的な管理下に置かれることになり、現在は京都国立博物館の収蔵物となっている。

小野毛人

問題の金属板は、まず鋳銅製である。その大きさは、長さが約59cmで、幅が約6cmであって、その厚さは、３㎜となる。また、この銅板は、両面に墓誌が刻まれた後に、全体に金メッキが施されている。
この銅板の裏側に小野毛人の墓誌として刻まれていた文字は、次の通りである。

小野毛人朝臣之墓　　営造歳次丁丑年十二月上旬即葬

【小野毛人墓誌（拓本）】

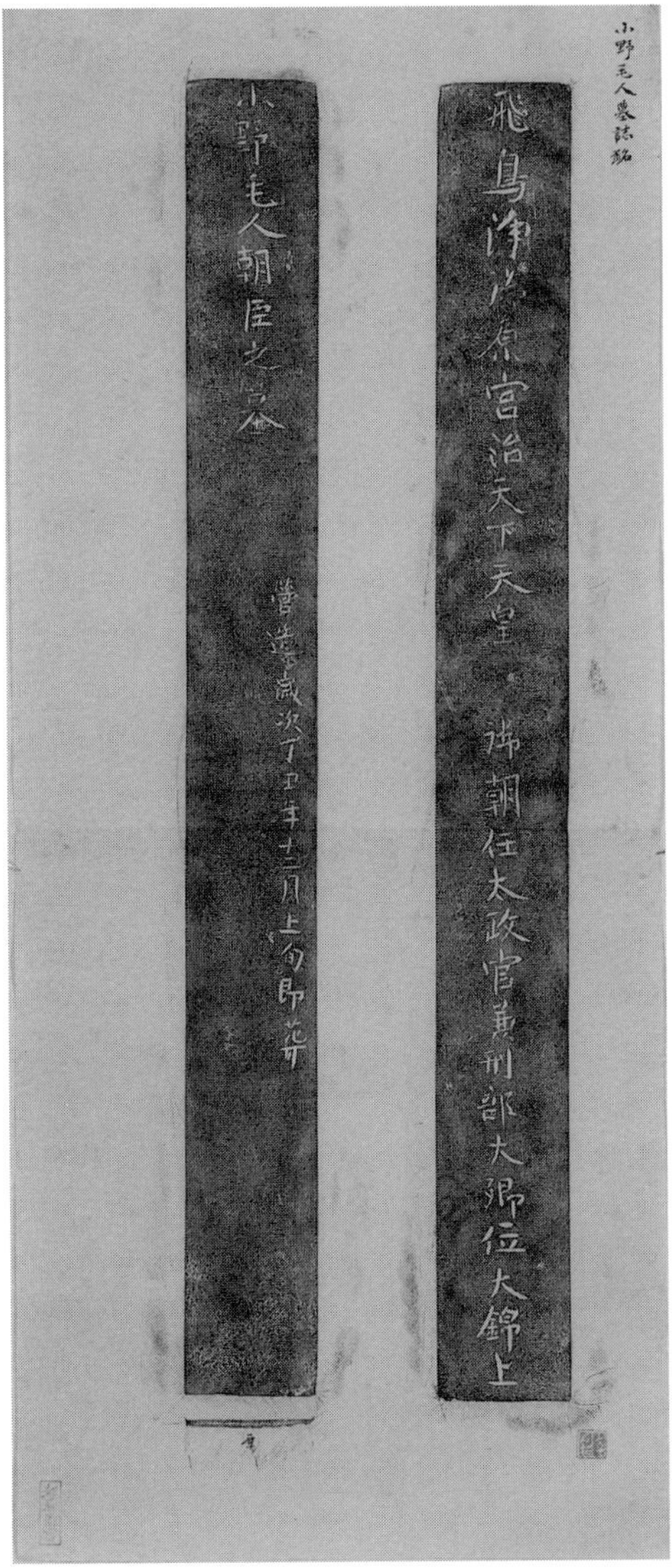

国宝 金銅小野毛人墓誌（崇道神社蔵・京都国立博物館提供）

これは、「小野毛人朝臣《おののえみしあそん》の墓《はか》。営《いとな》み造《つく》る歳次《さいじ》は丁丑年《ひのとうしのとし》十二月上旬《じょうじゅん》にして、即《すなわ》ち葬《ほうむ》る」と読み下されるが、これによると、毛人の墓が造営されたのは、天武《てんむ》六年（六七七）十二月上旬のことであった。したがって、毛人の没年月日は、それ以前の某日ということになろう。

次に件の銅板の表面に刻まれた墓誌であるが、それは、次の如くである。

飛鳥浄御原宮治天下天皇　御朝任太政官兼刑部大卿位大錦上

これを読み下すと、「飛鳥浄御原宮《あすかのきよみはらのみや》に天《あめ》の下《した》を治《しろしめ》す天皇《すべらぎ》の御朝《みかど》に、太政官兼刑部大卿《だいじょうかんけんぎょうぶだいきょう》に任《にん》じ、大錦《たいきん》上《じょう》に位《くらい》す」となるが、「飛鳥浄御原宮に天の下を治す天皇」というのは、天武天皇のことである。そして、右の墓誌によれば、小野毛人は、天武天皇の朝廷において、太政官《だいじょうかん》と刑部大卿《ぎょうぶだいきょう》とを兼ねていたらしく、最終的に大錦上《たいきんじょう》の位にまで昇進していたらしい。

大錦上というのは、天智《てんじ》天皇三年（六六四）に制定された所謂「冠位二十六階《かんいにじゅうろっかい》」の第七位であって、律令国家の位階の正四位上《しょうしいじょう》に相当する。とすると、毛人は、その父親の妹子には遠く及ばないものの、それなりには出世していたことになる。律令国家においてならば、四位の官人は、しばしば重要な官司の長官を務めていたからである。

ただ、詳しくは後述するが、毛人が大錦上を授かったのは、死後のことであったらしい。それは、死後に追贈された位だったようなのである。そして、彼の生前の最高位は、小錦中《しょうきんちゅう》であった。これは、所謂「冠位二十六階」の第十一位で、律令国家の位階の正五位下《しょうごいげ》にあたる。これが、妹子の大徳からさらに遠ざかることは、言うまでもあるまい。

とはいえ、律令国家の正五位下は、やや重要な官司の長官に任命されていたから、毛人の出世は、やはり、それなりのものではあったことになろう。特に、毛人の場合、その世代からして、かつては「大化《たいか》の改新《かいしん》」と呼ばれて今は「乙巳《いっし》の変《へん》」と呼ばれる政変に遭遇したうえに、所謂「壬申《じんしん》の乱《らん》」にも巻き込まれたはずであり、身を寄せる側を誤って失脚・没落することなく、そこそこには出世したのだから、たいしたものである。

なお、毛人は、「太政官《だいじょうかん》」と呼ばれる官職を帯びていたようだが、この太政官は、律令国家における官司としての太政官ではない。それは、あくまでも一つの官職であって、その名称からして、律令国家の議政官《ぎせいかん》のようなものだったのではないだろうか。

また、毛人は、太政官と兼任するかたちで、「刑部大卿《ぎょうぶだいきょう》」という名称の官職にも就いていたようだが、これは、その名称からして、司法関係の官職であろう。そして、このことは、やがて小野篁が文章生《もんじょうしょう》の出身でありながら弾正台《だんじょうだい》や刑部省《ぎょうぶしょう》の職務に就くこととなることと、少なからず関係があるのかもしれない。

中納言小野毛野

実のところ、右に紹介した小野毛人の墓誌は、毛人が妹子の息子であることには全く言及していない。そして、毛人が妹子の息子であることの証拠は、毛人の息子の毛野《けぬ》の薨伝《こうでん》に見られるのである。

この小野毛野の薨伝は、『続日本紀《しょくにほんぎ》』の和銅《わどう》七年（七一四）四月十五日条に含まれるが、その全文を読み下し文にして紹介するならば、次の如くとなる。

中納言《ちゅうなごん》従三位《じゅさんみ》兼中務卿《けんなかつかさきょう》勲三等《くんさんとう》小野朝臣毛野《おののあそんけぬ》の薨《みまか》る。小治田朝《おはりだのみかど》の大徳《だいとく》妹子《いもこ》の孫《まご》、小錦中《しょうきんちゅう》毛人《えみし》の子《こ》なり。

『文徳実録《もんとくじつろく》』の篁の薨伝に比して、恐ろしく短いものではあるが、ここに、妹子―毛人―毛野という三代の関係を見ることができよう。毛野は、小治田宮《おはりだのみや》を皇居とした推古天皇に仕えた大徳妹子の孫であって、かつ、毛人の息子であるというのだから、毛野の父親の毛人は、当然、妹子の息子ということになる。

また、先に毛人の生前の最高位を小錦中としたが、その根拠もまた、右の薨伝である。『続日本紀』に含まれる薨伝の言うところであるから、その信憑性は、十分に高い。とすれば、毛人の墓誌にあった大錦上については、やはり、死後に追贈されたものと見るのが妥当であろう。

そして、この追贈を朝廷に働きかけたのは、毛野だったのではないだろうか。

右の薨伝によれば、毛野は、最終的に、位階を従三位《じゅさんみ》にまで進め、官職も中納言《ちゅうなごん》にまで進めていたのであって、その父親の毛人よりもずっと出世していた。だが、当時の東アジアで広く受け容れられていた儒教の価値観からすれば、息子が父親よりも遥かに出世するというのは、手放しでよろこべることではなかった。当然、奈良時代の朝廷の官人たちの間でも、息子が父親の地位を越えることは、親孝行であるよりも、むしろ、親不孝に近いものと見做された。

それゆえ、奈良時代や平安時代において、父親を大きく越えて出世した官人は、父親が健在である場合には臨時の叙位や臨時の除目《じもく》として、父親が既に故人である場合には故人への追贈として、少しでも高い位階なり少しでも重要な官職なりを父親に与えるよう、朝廷に懇願したのであった。そして、それは、けっしてめずらしいことではなかった。

もちろん、そうした努力も、息子の地位が高ければ高いほど、実を結びやすかったわけだが、従三位の中納言の毛野であれば、その望むところを通すことは、そう難しくはなかったのだろう。現に、毛人は、正五位下相当の小錦中で卒した後、正四位下相当の大錦上を追贈されたのである。

とはいえ、さすがに、従三位の中納言では、亡き父親に三位に相当する位階や中納言に相当する官職を追贈させるまでには、朝廷を動かし得なかったのだろう。従三位の中納言が朝廷からの追贈を実現させ得る限界は、実際に毛人が追贈を受けた正四位下相当の位階だったのかもしれない。

遣新羅使小野毛野

小野毛野が初めて史料に登場するのは、遣新羅使《けんしんらし》としてである。

『日本書紀』によれば、持統《じとう》天皇九年（六九五）七月二十六日、小野毛野は、その九月に出帆する遣新羅使の代表として、持統天皇よりの下賜《かし》に与っている。この折の毛野の位は、直広肆《じきこうし》であったが、これは、天武天皇十四年（六八五）に定められた所謂「冠位《かんい》四《し》十《じゅう》八階《はちかい》」の第十六位で、律令国家の従五位下に相当する。とすると、毛野は、幾らか重要な仕事を任されるような位に昇ってほどなく、遣新羅使の代表という大役を与えられたことになる。

【冠位四十八階】

正　大壱《しょうだいいち》	勤大壱《きんだいいち》	追大壱《ついだいいち》
正広壱《こういち》	勤広壱	追広壱
正大弐《だいに》	勤大弐	追大弐
正広弐《こうに》	勤広弐	追広弐
正大参《だいさん》	勤大参	追大参
正広参《こうさん》	勤広参	追広参
正大肆《だいし》	勤大肆	追大肆
正広肆《こうし》	勤広肆	追広肆
直大壱《じきだいいち》	務大壱《むだいいち》	進大壱《しんだいいち》
直広壱	務広壱	進広壱
直大弐	務大弐	進大弐
直広弐	務広弐	進広弐
直大参	務大参	進大参
直広参	務広参	進広参
直大肆	務大肆	進大肆
直広肆	務広肆	進広肆

そして、当時の遣新羅使にかけられていた期待は、非常に大きなものであった。

持統天皇というと、所謂「壬申の乱」に勝利して律令制の導入を図りながらも志《こころざし》半《なか》ばで崩じた天武天皇の皇后であり、同天皇の遺志を継いで即位した女帝である。ゆえに、彼女が新羅《しんら》に使節を送るのは、律令制に関する情報を収集しようとしてのことであったろう。

ただ、律令制を学ぼうというのであれば、当時は既に唐王朝が成立していた中国に使節を派遣した方が、ずっと効率がよさそうなものである。だが、天武天皇の後継者である持統天皇には、そうはできない事情があった。

天武天皇の兄の天智天皇は、天智天皇四年（六六五）から天智天皇八年（六六九）までの五年間に、実に三回も遣唐使《けんとうし》を派遣している。そして、それは、所謂「白村江《はくすきのえ》の戦《たたか》い」で悪化した唐との関係を修復しようとしてのことであったろう。

これに対して、天武天皇は、一度たりとも遣唐使を送らなかった。おそらく、彼としては、どうにも、唐を信頼することができなかったのだろう。そして、それは、天武天皇の朝廷の外交の指針となり、さらには、持統天皇の朝廷にも引き継がれたのである。

なお、所謂「白村江の戦い」が、日本・百済の連合と唐・新羅の連合との間の戦いであったことからすれば、新羅もまた、日本にとっては、おいそれと友好関係を期待できるような相手ではなかったはずであろう。

ところが、新羅は新羅で、当時、いざというときの保険として、日本との友好関係を必要としていた。

新羅は、唐の援助のもとに西の百済・北の高句麗《こうくり》を滅ぼして朝鮮半島を統一したものの、唐と直接に国境を接することになったことで、唐の侵攻を恐れなければならなくなってしまったのである。現に、日本は、天武天皇四年（六七五）から持統天皇九年までの約二十年の間に、二十回余りも新羅の使節団の訪問を受けている。

もちろん、こうした新羅の動向は、日本にとって、まさに「渡りに舟」であった。当時の日本は、所謂「白村江の戦い」に敗れて友好国の百済を失ったために、東アジアにおいて孤立しかけていたのである。それゆえ、先にも触れた天武天皇四年から持統天皇九年までの二十年ほどの間に、日本もまた、少なくとも七回も遣新羅使を送るのであった。

そうした重要な遣新羅使の代表に小野毛野が選ばれたのは、もちろん、一つには、彼が小野妹子の孫だったためだろうが、もしかすると、いま一つに、毛野の父親で詳細な経歴が不明なままの毛人もまた、遣唐使あるいは遣新羅使を経験していたためかもしれない。

筑紫大弐小野毛野

新羅から戻った毛野は、「筑紫大弐《つくしだいに》」と呼ばれる官職を与えられる。

なお、『続日本紀』は、文武《もんむ》天皇四年（七〇〇）十月十五日、筑紫大弐に任命された毛野の位を、直《じき》広参《こうさん》と伝える。毛野は、帰朝後、筑紫大弐に任官するに先立って、直広参への昇進を果たしていたのだろう。これは、遣新羅使の労に対する褒賞としての昇進であろうか。ちなみに、直広参は、律令国家の位階では、従五位上もしくは正五位下に相当する。

ところで、小野毛野が任命された筑紫大弐は、概ね、律令国家において大宰府《だざいふ》の次官とされた大宰大弐《だざいだいに》のようなものであろうか。『続日本紀』によれば、毛野が筑紫大弐に補されたのと同日、直大壱《じきだいいち》の石上麻呂《いそのかみのまろ》が「筑紫総領《つくしのそうりょう》」という名称の官職を与えられているが、こちらは、律令国家が大宰府の長官として設けた大宰帥《だざいのそち》の原型となる官職であろう。

ただ、律令制が定まる以前の朝廷において、「大宰《だざい》」という用語は、必ずしも筑紫《つくし》（九州）の統治にのみ関わるものではなかった。

元来、「大宰」という言葉は、和語としては「おほみこともち」と読まれて、支配の難しい地域において数ヶ国の統治に責任を負う官職を意味した。そして、そうした官職としての「おほみこともち」は、「大宰」と表記される他、「総領」とも表記され、また、筑紫（九州）に置かれた他、吉備《きび》や周防《すおう》や伊予《いよ》にも置かれた。事実、『続日本紀』によると、石上麻呂と小野毛野とがそれぞれ筑紫総領と筑紫大弐とに任命された日、直広参の波多牟後閇《はたのむごえ》が周防総領《すおうのそうりょう》に任命され、また、直広参の上毛野小足《かみつけぬのおたり》が吉備総領《きびのそうりょう》に任命されているのである。

それでも、筑紫総領の石上麻呂が直大壱であるのに対して、周防総領の波多牟後閇・吉備総領の上毛野小足が直広参に過ぎないことに明らかなように、同じ「おほみこともち（大宰／総領）」の中でも特に重要視されていたのが、筑紫総領であった。所謂「冠位四十八階」において、直大壱は第九位であり、直大参は第十三位である。そして、律令国家は、筑紫の大宰（総領）だけを残して、これを大宰府という官司にまで拡充したのであった。

したがって、小野毛野の筑紫大弐は、筑紫担当の「おほみこともち」の次官であって、律令国家の大宰大弐に相当することになる。また、そこから逆に類推すると、筑紫大弐の職掌には、筑紫の国々の統治の他、来朝した異国の人々への対応が含まれていたことだろう。すなわち、筑紫大弐は、外交官でもあったはずなのである。そして、そう考えるならば、遣新羅使の経験のある毛野が筑紫大弐に選ばれたのも、実にもっともなことである。

こうして外交を中心に功績を積んだ毛野は、大宝《たいほう》二年（七〇二）、大宝律令《たいほうりつりょう》が施行されると、従四位《じゅしい》下《げ》に叙され、さらには、参議《さんぎ》に任命されて議政官の一人となる。一九九七年の四月、奈良県天理《てんり》市で遺跡が確認された古代寺院は、慶雲《きょううん》四年（七〇七）、文武天皇の病気の平癒を祈って毛野が建てた願興寺《がんこうじ》であったが、ここから、当時の毛野の勢いを窺い知ることができよう。そして、彼は、元明《げんめい》天皇の和銅元年（七〇八）には中納言へと昇任して、その翌年には従三位へと進むのであった。

妹子の子孫で、妹子に最も近い出世を遂げたのは、やはり、この毛野であったろう。

小野馬養

小野氏には、ちょっとおもしろい手柄で出世した人もいる。

文武天皇の時代に「慶雲《きょううん》」という少し変わった年号がある。「慶雲」とは、すなわち、「めでたい雲」であるが、『続日本紀』によれば、大宝四年（七〇四）五月十日、この年号への改元が行われたのは、

「西楼《さいろう》」の上に慶雲が現れるという出来事を承《う》けてのことであった。

後世の『延喜式《えんぎしき》』の規定ではあるが、「慶雲」の具体像は、「烟《けむり》の如《ごと》くして烟《けむり》に非《あら》ず。雲《くも》の如《ごと》くして雲《くも》に非《あら》ず」というものであるらしい。また、『延喜式』は、「慶雲」を「大瑞《だいずい》」と位置付ける。「大瑞」とは、要するに、「すばらしい吉兆」である。

そんな慶雲の出現に遭った文武天皇の朝廷は、大赦《たいしゃ》・社会的弱者の救済事業・免税などを行い、さらに、朝廷に仕える人々に褒美を与えたうえで、改元に踏み切る。そして、これらに合わせて、慶雲を最初に見付けた褒美として、位階を従七位上《じゅしちいじょう》から従六位下《じゅろくいげ》へと三階梯も進められたうえに、絁十疋《あしぎぬじゅっぴき》・絲二十絇《いとにじゅうけん》などの下賜に与ったのが、小野馬養《うまかい》であった。

この馬養が最初に登場する史料は、『続日本紀』の大宝三年（七〇三）正月二日の朝廷の人事に関する記述であり、そこでは、従七位上の馬養が、南海道《なんかいどう》の巡察使《じゅんさつし》に任命されている。この巡察使の職務は、『続日本紀』によると、諸国の統治を視察して、誤謬《ごびゅう》や違法行為を摘発することであった。それは、当然、旅暮らしを前提とする厳しい仕事であったろう。

しかし、馬養が南海道巡察使に在任したのは、長くても一年余りに過ぎず、彼は、翌年の五月に例の慶雲を発見したときには、式部少丞《しきぶしょうじょう》の任にあった。そして、慶雲発見の功績によって特別な昇進を果たした後の馬養は、『続日本紀』によると、和銅元年（七〇八）正月十一日、ついに従五位下に叙される。残念ながら、この間の官歴はわからない。だが、従五位下に叙されて以降は、帯剣寮長《たいけんりょうちょう》官《かん》や造平城《ぞうへいじょう》京司次《きょうしじ》官《かん》といった平凡な官職を歴任している。

そんな馬養がやや小野氏らしい官職にあったことが見えるのは、『続日本紀』の和銅三年（七一〇）正月一日の記述である。それによれば、元明天皇が大極殿《だいごくでん》で朝賀《ちょうが》（新年の挨拶の儀式）に臨んだとき、左右の将軍たち・副将軍たちが、騎兵たちおよび隼人《はやと》たち・蝦夷《えみし》たちを従えて朱雀門《すざくもん》を出た朱雀大路《すざくおおじ》の両側に整列したのであったが、このとき、右の副将軍の任にあったのが、馬養であった。隼人を従えていたことからして、左右の将軍というのは、左衛門督《さえもんのかみ》・右衛門督《うえもんのかみ》であり、左右の副将軍というのは、左衛門佐《さえもんのすけ》・右衛門佐《うえもんのすけ》であろうが、衛門府《えもんふ》が隼人の管理のみならず蝦夷の管理をも管掌していたとすれば、衛門府の次官《すけ》というのは、幾らかは外交を専門とする小野氏らしい官職であろう。

そして、『続日本紀』によると、この馬養も、元正《げんしょう》天皇の養老《ようろう》二年（七一八）三月二十日、遣新羅大使に任命されて、いよいよ本当の意味での外交に携わることになる。しかも、それは、遣新羅大使として、すなわち、使節団の代表としてであった。

なお、小野氏には信頼のおける系図が存在せず、毛野に続く系譜がはっきりしないのだが、右の馬養は、活躍した時期からすると、毛野の息子かもしれない。また、そうでないとしても、毛人の孫である可能性や妹子の曽孫《ひまご》である可能性は、想定されるべきだろう。

小野牛養

馬養と同じ世代に属すると思《おぼ》しき小野氏に、牛養《うしかい》がいる。彼は、馬養の兄弟を思わせる名を持ちながらも、牛養を含む上述の小野氏たちとは、だいぶ異なる経歴をたどった。

小野牛養の初見史料は、『続日本紀』の霊亀《れいき》二年（七一六）正月五日の叙位の記事である。彼は、そこで、正六位上から従五位下へと昇進している。となると、この牛養も、ここまでに幾つかの官職を経験しているはずだが、残念なことに、具体的にはわからない。また、従五位下に叙されて以降の牛養についても、最初の数年間の動向は全くわかっていない。

そして、牛養の官歴がはっきりしはじめるのは、聖武《しょうむ》天皇の神亀《じんき》元年（七二四）五月二十四日のこと、「鎮狄将軍《ちんてきしょうぐん》」に任命されてからである。

この「鎮狄将軍」は、『続日本紀』に「従五位上小野朝臣牛養《じゅごいじょうおののあそんうしかい》を鎮狄将軍《ちんてきしょうぐん》に為《な》し、出羽《でわ》の蝦狄《えみし》を鎮《しず》めしむ」と見える如く、出羽国《でわのくに》の蝦夷を静かにさせることを任務とする武官《ぶかん》であった。『続日本紀』によれば、この年の三月、陸奥国《むつのくに》から、蝦夷が反乱を起こして陸奥大掾《むつのだいじょう》の佐伯児屋麻呂《さえきのこやまろ》を殺した旨の言上があり、翌四月の七日には、陸奥国を鎮定するべく、藤原不比等《ふじわらのふひと》の息子の式部卿《しきぶきょう》宇合《うまかい》が持節大将《じせつだいしょう》軍《ぐん》（征夷持節大使《せいいじせつたいし》）に任命され、かつ、坂東《ばんどう》九ヶ国の計三万の兵士たちが出動の準備をさせられたのであったが、これも間に合わず、問題の蝦夷の反乱は、陸奥国から出羽国へと飛び火してしまったのだろう。

しかし、当時の朝廷が牛養に期待したのは、必ずしも、反乱を武力によって平らげることではなかったかもしれない。すなわち、「鎮狄将軍」という無骨な肩書を与えられてはいても、牛養が果たすべき役割は、交渉による宥和《ゆうわ》だったかもしれないのである。

事実、明けて神亀二年（七二五）の閏正月、陸奥国の俘囚《ふしゅう》（投降した蝦夷）たちは、七百人以上が筑紫などに強制移住させられており、宇合以下、陸奥国に遠征した約千七百名が表彰されているものの、牛養以下、出羽国に遠征した者たちは、特に表彰に与ってはおらず、また、出羽国の蝦夷たちは、何の懲罰も受けていないのである。出羽国をめぐっては賞も罰もなかったのは、反乱が交渉によって穏やかに片付いた結果なのではないだろうか。

もし、そうだとすれば、牛養は、小野氏の一員にふさわしく、優れた外交手腕を持っていたことになるだろう。

しかし、この牛養は、ついに遣唐使や遣新羅使を務めることはなく、鎮狄将軍の任を解かれた後には、正五位下に叙され、かつ、右中弁《うちゅうべん》に任命されていた。長屋王《ながやおう》に「私《ひそ》かに左道《さどう》を学《まな》びて国家《こっか》を傾《かたぶ》けんと欲《ほっ》す」との嫌疑がかけられたのは、天平《てんぴょう》元年（七二九）の二月のことであったが、このとき、長屋王の私宅を訪れて尋問を行った者の一人として、『続日本紀』には「右中弁正五位下小野朝臣牛養《うちゅうべんしょうごいげおののあそんうしかい》」が見えるのである。

右中弁といえば、左大弁《さだいべん》を筆頭とする弁官《べんかん》の一つであり、実質的に太政官を運営していた事務方のエリートの官職に他ならない。そして、そんなエリートコースに乗った牛養は、やがては、光明皇后《こうみょうこうごう》の皇后宮大夫《こうごうぐうだいぶ》に抜擢され、かつ、平城京の造営を監督する催造司監《さいぞうしかん》を兼ねるなど、権力の中枢に近いところで、輝かしい官歴を重ねたのであった。

小野老

馬養や牛養は、現代の日本人からすれば、かなり奇妙な名前であるが、彼らと同世代の小野氏には、さらに変わった感じの「老《おゆ》」という名を持つ者もいる。

この老は、元正天皇の養老三年（七一九）に従五位下に叙されると、翌年に右少弁《うしょうべん》に任命される。だが、老の場合、そのままエリートコースに乗って牛養のように政権中枢に近付くことはなく、聖武天皇の神亀五年（七二八）の四月に大宰少弐《だざいしょうに》に任命されて大宰府に赴任するのであった。しかも、彼は、その間に従四位下にまで昇進したり大宰大弐《だざいだいに》に昇任したりはするものの、ついに、足かけ十年にも渡って、大宰府の官人を務め続けるのであった。

そんな老は、大宰大弐・大宰少弐に外交官の要素があったことからすれば、いかにも小野氏の一員らしい生き方をしたことになろう。だが、彼の場合、その人生をより強く特徴付けるのは、そうした小野氏らしさではなく、実のところ、幾つかの和歌なのである。

あをによし　奈良《なら》の都《みやこ》は　咲《さ》く花《はな》の　薫《にお》ふがごとく　今盛《いまさか》りなり

この一首は、おそらく、たいていの日本人が一度は目にするなり耳にするなりしていようが、これを読んだのは、大宰少弐小野老であった。柿本人麻呂《かきのもとのひとまろ》や大伴家持《おおとものやかもち》ほどではないにしても、彼もまた、万葉歌人を代表する一人なのである。

ちなみに、右の和歌は、『万葉集《まんようしゅう》』には次のようなかたちで収録されている。

大宰少弐小野老朝臣歌一首

青丹吉　寧楽乃京師者　咲花乃　薫如　今盛有

ここから知られるように、当時、奈良は「寧楽」とも書かれた。「寧《やす》らかで楽《たの》しい」とは、何ともめでたい地名である。

また、高等学校の古典の授業では、その奈良の枕詞として説明される「あをによし」であるが、『万葉集』の原文を見ての通り、「あをに」は「青丹」であって、かつては奈良の近辺で「青丹」と呼ばれるくすんだ緑色（「青」）の顔料（絵具）の原料となる土（「丹」）が採取されたために、「青丹吉（あをによし）」が奈良の枕詞になったとも言われている。が、「青」を古代の日本人が「青」と呼んだ緑色と理解し、「丹」を古代の日本人が「丹」と呼んだ朱色と理解して、「緑や朱で彩られた建物が立ち並んでいてすばらしい」と解釈した方が、「青丹吉（あをによし）」を奈良の枕詞にする甲斐がありそうなものである。

それはともかく、老は、大伴家持の父親であり著名な万葉歌人でもある大伴旅人《たびと》と、公私に渡って懇意にしていたかもしれない。というのも、老が大宰少弐であった時期に、旅人もまた、長官の大宰帥《だざいのそち》として大宰府に勤務していたからである。しかも、二人の付き合いの中から、次の素直に温かい一首が生まれていたのであった。

梅《うめ》の花《はな》　今咲《いまさ》けるごと　散《ち》り過《す》ぎず　わが家《え》の園《その》に　ありこせぬかも

これは、天平二年（七三〇）正月、大宰帥旅人が梅花の宴を催した折、旅人の住む大宰帥公邸の庭において、老が詠んだものである。その心は、「梅の花よ、今咲いているまま、散り果てることなく、私の家の庭に留まってほしい」といったところであろう。

小野国堅

ところで、右の大宰帥大伴旅人主催の梅花の宴には、小野老の他に、もう二人の小野氏が参加していた。その一人は、件の宴席において次の如くに詠んだ小野国堅《くにかた》である。

妹《いも》が家《え》に　雪《ゆき》かも降《ふ》ると　見《み》るまでに　ここだも乱《まが》ふ　梅《うめ》の花《はな》かも

国堅の和歌の意味するところは、「妻を残してきた都の自宅の屋根にも雪が降り積もっていることを想像してしまうほどに、この筑紫の地において雪と見間違えたのは、みごとに咲き乱れる梅の花であるよ」という感じであろうか。どうやら、彼は、単身赴任で大宰府に赴いていたようである。だが、国堅の場合、何か官職を得て筑紫に下向したわけではなかったらしい。

右の一首が現代に伝わったのは、言うまでもなく、『万葉集』に収められたためである。そして、その『万葉集』は、件の梅花の宴で詠まれた三十数首を、その詠み手の位階・官職の序列に従って並べ、かつ、それぞれの詠み手の身分を明示している。例えば、大宰少弐の小野老が詠んだ「梅の花／今咲けるごと／…」の歌であれば、大宰大弐の紀男人《きのおひと》が詠んだ歌の次に置かれ、かつ、その詠み手は「少弐《しょうに》小《お》野大夫《ののたいふ》」であることが示されている。「大夫《たいふ》」というのは、五位の位階を持つ人物のことであり、この時点で大宰少弐であって「小野大夫」と呼ばれ得る人物は、老の他には考えられない。

では、国堅の和歌は、どこに位置するかというと、後ろから三番目である。しかも、その詠み手は、「小野氏国堅《おののうじくにかた》」と記されるばかりで、そこに官職は見えない。とすれば、少なくともこの時点での国堅は、何ら公式の肩書を持っていなかったことになろう。

そして、そんな国堅が都に妻を残してまで筑紫に下向したのは、さらには、大宰帥主催の宴席に加わり得たのは、彼が親類の大宰少弐老に私的に仕える身であったためなのではないだろうか。五位の位階を持つとなれば、当時においては、かなり立派な身分であるから、現代においてなら「執事《しつじ》」と呼ぶような、自分の家の中のことをあれこれと切り盛りする私的な従者が、どうしても必要であった。したがって、五位以上の官人たちは、都から地方へと下向するにあたっても、所謂「執事」のような私的な従者をともなっていたに違いない。そして、それについては、老とても例外ではなかったはずである。

なお、そんな国堅も、天平十一年（七三九）までには、大初位下《だいそいげ》の位階と写経司史生《しゃきょうしししょう》の官職とを得ることになる。これは、今は所謂「正倉院文書《しょうそういんもんじょ》」の一つとなっている写経司関連の古文書によって知られるところであるが、写経司というのは、国家のための写経を職務とする官司であり、史生《ししょう》というのは、長官《かみ》・次官《すけ》・判官《じょう》・主典《さかん》の所謂「四等官《しとうかん》」の下に置かれた下級事務官である。したがって、国堅の場合、公式の地位を得たとはいっても、それは、これまでに見てきた小野氏たちのそれとは、全く比べようもない。

とはいえ、小野氏の全てが五位以上の確かな地位を手に入れられたわけがないのである。国堅が妹子の系譜に列なるかは不明だが、妹子の子孫に限ったとしても、奈良時代の半ばともなれば、その多くは、国堅のように、低い地位に甘んじていたことだろう。

小野田守

さて、天平二年（七三〇）に大宰帥大伴旅人が大宰府の自邸で催した梅花の宴に参加した三人の小野氏たちの最後の一人は、その宴の中で次の和歌を詠んだ小野田守《たもり》である。

霞《かすみ》立《た》つ　長《なが》き春日《はるひ》を　挿頭《かざ》せれど　いや懐《なつ》かしき　梅《うめ》の花《はな》かも

この一首の心は、「霞が立つ春の日長を、おまえを頭に挿して楽しんでいるけれど、さらに離れ難くなってしまった梅の花だよ」というものであろう。老のように宴の主催者に配慮するでもなく、国堅のように妻を心配するでもなく、ただただ春の日を楽しんでいるような詠みぶりからしても、これを詠んだ田守は、老や国堅とは世代を異にしており、天平二年の時点では、まだまだ若者であったことが想像される。

なお、『万葉集』は、この一首の詠み手を「小野氏淡理《おののうじたもり》」と表示する。「淡理」という表記は、『万葉集』

の編者か同集の元になった資料の編者かが「たもり」に適当に漢字を当てたものであろうが、ここからもまた、天平二年当時の田守が、いまだ若かったことが窺えるとともに、いまだ取るに足りない身であったことが窺えよう。『万葉集』がただ「小野氏《おののうじ》」とする田守は、公式の肩書を持たない若者だったのである。

では、なぜ、そんな田守が大宰府にいたのかといえば、それは、後学のために老に付き従っていたためであろう。田守については、毛野の息子とする説もあるが、世代を考えるならば、むしろ、老の息子と見た方がよい。あるいは、馬養か牛養かの息子ということも考えられるが、いずれにせよ、田守は、妹子の玄孫《やしゃご》（孫の孫）の一人ではないだろうか。

この田守が最初に登場する史料は、『万葉集』を除けば、『続日本紀』の天平十九年（七四七）正月二十日の叙位をめぐる記述である。この叙位で、彼は、正六位上から従五位下へと加階されている。馬養・牛養・老の叙爵は、それぞれ、和銅元年（七〇八）・霊亀二年（七一六）・養老三年（七一九）のことであったから、この三人を同世代と見て、彼らの誰かを田守の父親とする推測は、そう間違ってはいまい。

また、叙爵して以降の田守の官歴は、まさに妹子の血統の小野氏にふさわしいものであった。すなわち、『続日本紀』によると、彼は、まず、聖武天皇の天平感宝《てんぴょうかんぽう》元年（七四九）の閏五月に大宰少弐に任ぜられ、次いで、孝謙《こうけん》天皇の天平勝宝《てんぴょうしょうほう》五年（七五三）の二月、遣新羅使の代表である遣新羅大使に任命されたのである。しかも、彼の場合、これも『続日本紀』によるが、新羅から帰朝すると、天平勝宝六年（七五四）の四月、再び大宰少弐に任命され、さらに、淳仁《じゅんにん》天皇の天平宝字《てんぴょうほうじ》二年（七五八）の九月より前に、今度は遣渤海使《けんぼっかいし》の代表の遣渤海大使に任命されていた。田守は、遣新羅使として新羅に渡っただけではなく、遣渤海使として渤海にも赴いたのである。

ただ、『続日本紀』も、天平宝字二年十月二十八日、九月に帰朝した遣渤海大使小野田守が従五位上に叙されたことを記し、また、同年十二月十日、田守が遣渤海使として渤海で聞き知った唐王朝の中国の情勢について奏上したことを記すものの、それ以降の田守については何も教えてくれない。それゆえ、残念ながら、これ以降の田守の動向はわからない。

遣新羅使の失敗と遣渤海使の成功

右に紹介した小野田守の経歴について、一つ、気になるのは、遣渤海使の任を果たして帰朝した後には、その功績を賞して従五位下から従五位上への加叙があったにもかかわらず、それ以前、遣新羅使として新羅に赴いて帰朝したときには、何ら褒賞に与ることがなかったらしいことである。そもそも、遣唐使であれ、遣新羅使であれ、遣渤海使であれ、帰朝後には褒賞があるというのが、当時としては一般的なことであったから、新羅から帰国した田守が従五位下に据え置かれたことは、けっして普通ではない。

だが、どうやら、こうなったのは、田守が率いる天平勝宝五年（七五三）の遣新羅使は、新羅に渡りはしたものの、外交使節の役割を果たすこともなく帰朝したためのようなのである。

高麗《こうらい》王朝が編纂した朝鮮半島諸国の歴史書である『三国史記《さんごくしき》』の「新羅本紀《しんらほんぎ》」は、景徳王《けいとくおう》十二年（七五三）八月のこととして、田守の遣新羅使について、「日本国《にほんこく》の使《つかい》の至《いた》るに、慢《おこた》りて礼《れい》の無《な》ければ、王《おう》は之《これ》に見《あ》はず。乃《よ》りて、廻《かえ》る」と記す。これによれば、田守の使節団は、態度が悪かったとのことで、当時の新羅王の景徳王に面会を拒否されたらしい。そして、この通りであったとすれば、確かに、田守は遣新羅大使の役目を全うしたことにはなるまいし、そんな田守が褒賞に与れるわけはあるまい。

とはいえ、こうなったのは、必ずしも田守の率いる遣新羅使だけに非があってのことではなかった可能性がある。

『続日本紀』は、天平勝宝六年（七五四）の正月三十日のこととして、同四年に派遣されて帰朝を果たした遣唐副使大伴古麻呂《こまろ》の復命があったことを記すが、その折に古麻呂が奏上したところでは、彼を含む遣唐使の一団は、唐において、唐の天宝《てんぽう》十二年（七五三）の正月元日の儀式に参列した折、新羅より座次が下であることに異を唱えて、ついには、日本が新羅から朝貢を受ける立場にあることを根拠に、新羅より上の座次を勝ち取っていたのであった。

こんなことがあったとすれば、その年に新羅を訪れた日本の使節団が新羅王に面会を断られるのも、当然のことであろう。田守の遣新羅使は、遣唐使のとばっちりで任務に失敗したといったところであろうか。

しかし、そんな田守も、遣渤海大使としては、十二分に役割を全うすることができた。

『続日本紀』は、田守が遣渤海大使に任命された月日や彼の使節団が日本を発った月日については、何も伝えない。だが、その『続日本紀』も、天平宝字二年（七五八）の九月十八日に遣渤海使が帰朝したことは記しており、また、先にも触れたが、同年十二月十日、遣渤海大使田守以下が渤海で知り得た中国の近況を奏上したことも記している。そして、ここで田守たちによってもたらされた情報は、朝廷にとって実に重要なものであった。

というのも、当時の中国では、所謂「安禄山《あんろくざん》の乱《らん》」が起きており、唐王朝が滅亡の危機に瀕していたからである。もし唐王朝が倒れるとなれば、日本を含む東アジア諸国の力関係が激変することは避けられまい。中国の政変や戦乱に関する情報は、当時の朝廷にとって、まさに不可欠のものだったのである。

小野石根

古代において外洋の航海が大きな危険をともなうものであったことは、今さら言うまでもあるまい。それでも、ここまでに紹介した妹子の子孫たちは、遣新羅使としてであれ、遣渤海使としてであれ、大海に船出しても、必ず無事に帰朝していた。

が、そんなに都合のいいことは、いつまでもは続かない。

『続日本紀』から淳仁天皇の天平宝字元年（七五七）に従五位下に叙されたことが知られる小野石根《いわね》は、田守と同じく妹子には玄孫（孫の孫）にあたる世代の小野氏であり、老の息子とも伝えられる人物である。そして、この石根は、光仁《こうにん》天皇の宝亀《ほうき》八年（七七七）の六月、本来は遣唐使の副代表の遣唐副使であったところを、遣唐大使（持節大使）の佐伯今毛人《さえきのいまえみし》が直前になって病気を理由として出航を拒否したため、大使代行（持節副使）として唐王朝の中国に渡り、皇帝に謁見を賜るなどの任務を無事に果たす。しかし、彼は、不運にも、帰りの航海において嵐に見舞われて、あえなく海に呑まれたのであった。

この不運な石根は、そもそも、遣唐副使に任命されたことからして、運がなかったのかもしれない。

というのも、彼の場合、大宰少弐を経て遣新羅大使や遣渤海大使を務めた田守などとは異なり、もともとは外交とは関係のない官職ばかりで経歴を重ねていたところを、唐突に遣唐使に任命されたからである。

『続日本紀』によれば、遣唐副使就任の直前まで石根が帯びていた官職は、宝亀五年（七七四）三月任命の右中弁と宝亀六年（七七五）十一月任命の中衛中将《ちゅうえちゅうじょう》と任命時期不明の鋳銭長官《じゅせんちょうかん》とであった。このうち、右中弁は、左大弁を筆頭とする弁官の一つであって、朝廷の中枢の太政官を実質的に運営する事務方のエリートの官職である。また、中衛中将というのは、要するに、天皇の親衛隊《しんえいたい》の副司令官で、武官のエリートの官職である。したがって、右中弁と中衛中将とを兼ねていた石根は、本来、中央のエリートであり、おそらくは、いずれは左大弁なり中衛大将《ちゅうえたいしょう》なりを経て参議や中納言へと出世していくはずの人材であった。そして、それゆえに、彼は、国家の大事である貨幣の発行に責任を持つ鋳銭長官をも兼ねていたのであろう。

そんな石根が唐突に遣唐副使として命懸けの任務に就かなければならなくなったのは、他人の怠慢のとばっちりを受けてのことに他ならない。

これも、その経過を『続日本紀』でたどってみると、本来の遣唐副使は、大伴益立《ますたて》であった。そして、この益立を含む遣唐使の一団は、宝亀七年（七七六）の夏、一度は唐に向けて出帆する。が、遣唐大使の佐伯今毛人は、順風を得られないとの理由で船団を博多津《はかたのつ》に寄港させ、かつ、大宰府に留まって良風の吹く翌年まで使節団の再出発を延期すべきことを奏上する。そして、この奏上が認められると、今毛人は、副使以下を大宰府に待機させたまま、自分だけ都に戻るという無責任な挙に出るが、その後、なぜか更迭されたのは、任務に忠実に大宰府に留まった益立であった。想像するに、益立は、今毛人の怠慢を朝廷に訴えたものの、遣唐使の任務に消極的でありつつも保身には積極的であった今毛人の逆襲に遭って、遣唐使の一団から排除されてしまったのではないだろうか。

小野滋野

『続日本紀』には、光仁天皇の宝亀十年（七七九）四月二十一日のこととして、次のように見える。

遣唐使《けんとうし》副使《ふくし》従五位下《じゅごいげ》大神朝臣末足《おおみわのあそんすえたり》に正五位下《しょうごいげ》を、判官《はんがん》正六位上《しょうろくいじょう》小野朝臣滋野《おののあそんしげの》・従六位上《じゅろくいじょう》大伴宿《おおとものすく》祢《ね》継人《つぐひと》に並《なら》びに従五位下《じゅごいげ》を、録事《ろくじ》正六位上《しょうろくいじょう》上毛野公大川《かみつけぬのきみおおかわ》に外従五位下《げじゅごいげ》を授《さず》く。

ここで加階に与っている面々は、いずれも、小野石根が代理の遣唐大使として率いた遣唐使の一団の主要人員である。また、この加階は、遣唐使の使命を果たして帰朝したことに対する褒美に他ならない。そして、ここに明らかなように、石根の遣唐使は、代表代理の石根を失ったものの、その多くは、生きて日本に帰り着いていたのである。

総員で五百人以上にもなる遣唐使の一団は、普通、四隻の船に分乗して往来するものであった。特に、その主要人員は、大使が第一船に、副使は第二船に、判官は第三船に、録事は第四船にと、いざというときのために必ず別々の船に乗らなければならなかった。そのため、遣唐使が丸ごと全滅するということは、まずあり得ない。

事実、石根の遣唐使団の場合も、第一船と第四船とが帰路の途中で遭難したものの、第二船と第三船とはどうにか帰国できたのであり、その結果、右の『続日本紀』の引用に見えるように、副使と判官とは、褒賞を授かったのである。しかも、嵐の中で大破して代理大使の石根を失った第一船にしても、四十人以上が船の残骸にしがみついて生還を遂げており、漂流して耽羅島《たんらじま》（済州島）に流れ着いたという第四船にしても、島民たちに襲われながらも、四十人以上が帰朝している。

こうして見ると、唐突に遣唐副使に任命されて大使の代理まで押し付けられたうえに落命に至ったという石根は、よほど運がなかったのだろうか。

ところで、その不運な石根のもとで遣唐判官を務めながらも無事に生きて帰った小野滋野《しげの》は、おそらく、妹子には来孫《らいそん》（曽孫の孫）にあたる小野氏の一人であろう。記録に残っている限り、大使でも副使でもなく判官として外交使節を務めた小野氏は、この滋野だけであるが、これは、彼が石根の属す世代よりも一つ下の世代に属していたためである。

しかし、そうして従五位下に叙される以前の若い頃に遣唐判官として外交使節を経験した滋野であるが、その後、再び外交の最前線に立つことはなかった。

普通に考えれば、若くして遣唐使を務めた者であれば、しかも、小野氏の一人であれば、従五位下に叙された後には、遣唐使に限らず、遣新羅使であれ、遣渤海使であれ、今度は大使なり副使なりとして歴任してもよさそうなものであろう。あるいは、遣唐使を務めた小野氏であれば、大宰少弐として大宰府に赴任して、やがては大宰大弐になるというかたちでもよい、朝廷の外交政策に十分に貢献できたに違いない。

それにもかかわらず、滋野については、そうした経歴が記録されていない。帰朝して以降の滋野の官歴として判明しているのは、わずかに豊前守《ぶぜんのかみ》を務めたことくらいなのである。もしかすると、彼は、いろいろな可能性を秘めながら早世してしまったのかもしれない。

小野永見

滋野と同じく妹子の来孫（曽孫の孫）にあたると思《おぼ》しき小野氏に、征夷副将軍《せいいふくしょうぐん》を務めた永見《ながみ》がいる。

この永見の官歴については、室町時代に編纂された系図集の『尊卑分脈《そんぴぶんみゃく》』に収められた小野氏の系図から、陸奥介《むつのすけ》を務めたことが知られ、また、『日本三代実録《にほんさんだいじつろく》』の貞観二年（八六〇）五月十八日条に見える従五位上小野恒柯《つねえだ》の卒伝《そつでん》から、従五位下の征夷副将軍であったことが知られるが、これ以上のことはわからない。

なお、右に触れた小野恒柯の卒伝に永見が登場するのは、彼が恒柯の祖父だったためである。同じ卒伝から、恒柯の父親が出羽守《でわのかみ》正五位下の滝雄《たきお》であったことも知られるから、平安時代に入ってからの小野氏には、永見—滝雄—恒柯という系譜があったことになる。

また、征夷副将軍永見は、篁の祖父でもあった。すなわち、『尊卑分脈』によると、篁の父親の参議正四位下岑守《みねもり》の父親は、征夷副将軍と出羽介《でわのすけ》とを務めた永見だったのである。

さらに言えば、第三章で少しだけ登場した左中弁と摂津守《せっつのかみ》とを兼ねる野主《のぬし》も、永見の息子であり、一説には、野主こそが永見の長男であったらしい。また、岑守については、永見の三男との説もあり、滝雄については、岑守の兄とする説があるから、野主・滝雄・岑守の順に永見の息子だったということであろうか。

わからないことだらけの永見については、その没年もわからないのだが、どうやら、彼は、征夷副将軍と陸奥介とを兼任したまま、陸奥国の陣中で他界したらしい。というのは、勅撰漢詩集《ちょくせんかんししゅう》の『凌雲《りょううん》集《しゅう》』が、漢詩人・漢学者として平安時代初期を代表する賀陽豊年《かやのとよとし》の作として、次の一首を収めているからである。

傷野将軍
蝦夷構乱久　択将属名賢
屈指馳三略　揚眉出二権
鬉頭勲未展　馬革志方宣
完士何難遭　徒悲凶問伝

野《や》将軍《しょうぐん》を傷《いた》む
蝦夷《えみし》の乱《らん》を構《かま》へて久《ひさ》しければ　将《しょう》を択《えら》ぶに名賢《みょうけん》に属《ゆだ》ぬ。
指《ゆび》を屈《ま》げて三略《さんりゃく》を馳《は》せ　眉《まゆ》を揚《あ》げて二権《にけん》を出《い》だす。
鬉頭《けいとう》の勲《いさおし》も未《いま》だ展《の》べぬに　馬革《ばかく》の志《こころざし》を方《まさ》に宣《の》ぶ。
完士《かんし》は何《なん》ぞ遭《あ》ひ難《がた》きに　凶問《きょうもん》の伝《つた》はるを徒《いたずら》に悲《かな》しぶ。

この詩は、「野将軍を傷む」という題の示す通り、征夷副将軍小野永見の死を悼《いた》むものであって、その心は、次の如くであろう。

蝦夷の反乱が長く続いているので、征討軍の将軍には優秀な永見が選ばれた。戦場の永見は、さまざまな戦略を駆使し、みごとに兵たちを指揮した。永見は、戦場に赴く前から、戦死することを覚悟していた。永見の如き立派な人は滅多にいないのに、その戦死の報を聞いて悲しまねばならない。

おそらく、永見が征夷副将軍を務めたのは、桓武天皇の時代の蝦夷との戦争においてであったろう。そして、その上官の征夷大将軍が、かの坂上田村麻呂《さかのうえのたむらまろ》であったとすれば、永見の陣中の死は、田村麻呂が征夷大将軍の任にあった延暦十六年（七九七）から同二十年（八〇一）までのことだったのではないだろうか。

「田家」

ところで、永見の征夷副将軍は、必ずしも武力によって蝦夷を屈服させることだけを任務としていたわけではあるまい。

蝦夷たちは、蝦夷として一つの大きな国家を形成していたわけではなく、当然のことながら、その戦力を一枚岩の蝦夷軍として統一していたわけでもなかった。彼らは、おそらく、小さな部族ごとに、それぞれの意思を決定していたのである。

それゆえ、朝廷が派遣した征夷軍としては、戦って相手を打ち負かすというかたちの他に、一つ一つの部族と交渉して、部族ごとに和平を結んだり投降させたりするというかたちででも、蝦夷の反乱を鎮めることが可能であった。事実、有名な阿弖利爲《あてるい》が征夷大将軍坂上田村麻呂に降伏を申し出たのは、他の有力な部族が朝廷軍と戦わないことを選んだことで、孤立無援となってしまったためであった。

とすると、小野氏の永見の征夷副将軍は、やはり、戦闘指揮官であるよりも、むしろ、交渉担当官であったかもしれない。当時において、蝦夷との交渉は、一種の外交であったから、その担い手には、奈良時代以前から朝廷の諸外国との外交を最前線で担ってきた小野氏こそが適任であったろう。そして、永見について、殊更に蝦夷との戦争における武勲が語られることがないのは、そうした事情があったためなのではないだろうか。

なお、小野永見には、小野篁との関係で特に注目するべき点が、もう一つある。

先に賀陽豊年の「野将軍を傷む」という漢詩を紹介したが、この詩が詠まれたのは、永見と豊年との間に確かな友情が存在したためであった。そして、この二人の関係は、ときに漢詩を通じて育まれたものであったらしい。そう、実のところ、永見もまた、漢詩を嗜む身だったのである。しかも、彼は、勅撰集に作品を残すほどの優秀な漢詩人であった。

次に紹介するのは、『凌雲集』に見える永見の作品である。

田家
結庵居三径　灌園養一生
糟糠寧満腹　泉石但歓情
水裏松低影　風前竹動声
聊輸太平祝　独守小山亭

田家《でんか》
庵《いおり》を結《むす》びて三径《さんけい》に居《お》り、園《その》に灌《そそ》ぎて一生《いっしょう》を養《やしな》ふ。
糟糠《そうこう》の寧《いずくん》ぞ腹《はら》を満《み》たさん、泉石《せんせき》は但《いたずら》に情《なさけ》を歓《よろこ》ばすのみ。
水《みず》の裏《うら》に松《まつ》は影《かげ》を低《た》れ、風《かぜ》は前《まえ》の竹《たけ》の声《こえ》を動《うご》かす。
聊《いささ》かに太平《たいへい》の税《ちから》を輸《い》だし、独《ひと》り小山《こやま》の亭《やど》を守《まも》る。

これを現代語にするならば、こんな感じであろうか。

小道が三つある小さな家に住んで、畠に水を撒いて生涯を送る。
粗食では満腹になるはずもなく、風景も心を豊かにするだけ。
池の水面には松が映《は》え、風が軒先の竹を吹き抜けて鳴る。
少しばかり平和の代価の税を納め、ひっそりと岡の上の小さな家に暮らす。

この「田家」と題する詩は、江戸時代前期に三百余首の名詩を集めて成立した『本朝一人一首《ほんちょういちにんいっしゅ》』にも見えるように、後世にも評価が高い。やがて篁において大成することになる漢詩人・漢学者の風を小野氏に持ち込んだのは、明らかに、篁の祖父の永見であった。

小野岑守

篁の父親の岑守は、第二章で触れたように、漢学や漢詩をこよなく愛する嵯峨《さが》天皇の詩友であった。また、彼は、右に紹介した永見の詩や賀陽豊年の詩を収める『凌雲集』の編者でもある。永見と篁とをつなぐ岑守は、間違いなく、一級の漢学者であって、なおかつ、一流の漢詩人であった。

さらに、妹子には昆孫《こんそん》（曽孫の曽孫）にあたる岑守は、妹子の子孫にふさわしく、朝廷の外交政策を担う官職を歴任してもいる。

岑守が嵯峨天皇の命によって陸奥守を務めたことは、これも第二章に見た通りである。嵯峨天皇の時代の蝦夷は、もはや、大きな戦争の相手ではなくなっていたものの、まだまだときに不穏な動きをする存在であったから、蝦夷の盤踞《ばんきょ》する陸奥国の行政に責任を負う陸奥守にとっては、蝦夷を相手とする外交が大きな仕事の一つとなっていた。

また、岑守が参議に任命されてついに公卿《くぎょう》の末端に列なる身となったのは、弘仁《こうにん》十三年（八二二）の三月二十二日のことであったが、『公卿補任《くぎょうぶにん》』によれば、彼は、同日、大宰大弐にも任命されている。妹子の昆孫は、今度は、大宰府において、唐や新羅や渤海などから訪れる人々を相手とした外交に従事することになったのである。

とはいえ、そんな岑守も、ついぞ、外交使節に登用されることはなかった。すなわち、彼は、遣唐使にも、遣新羅使にも、遣渤海使にも、一度も任命されなかったのである。もちろん、これは、嵯峨天皇の外交政策がかなり閉鎖的なものであったことと、無関係ではあるまい。実のところ、嵯峨天皇は、十余年の在位期間中、一度だけ遣渤海使を送った他は、全く外交使節団を派遣していないのである。そして、その背景には、「薬子《くすこ》の変《へん》」とも「平城太上天皇《へいぜいだいじょうてんのう》の変《へん》」とも呼ばれる政変の後遺症や桓武天皇の蝦夷戦争の後遺症など、さまざまな問題があったわけだが、そうした問題がなく、もし、嵯峨天皇が積極的に外交使節団を派遣していたなら、岑守もまた、二度三度と海を渡っていたかもしれない。

ただ、現実には、そのような機会が岑守に訪れることはなく、その代わりというべきか、彼は、大宰大弐として大宰府にあった間、内政をめぐって、大きな治績を上げている。すなわち、律令制の根幹を成す班田収授制《はんでんしゅうじゅせい》が機能不全に陥っていた当時、朝廷にとって最大の問題は、税収の不安定さにあったが、弘仁十四年（八二三）二月二十一日付太政官奏《だじょうかんそう》によれば、この問題を解消すべく、大宰大弐岑守の大宰府は、朝廷に対して、「貧しい人民の全てに少しずつの公有農地を貸し与えて税を徴収するのをやめて、少数の豊かな者たちだけに広大な公有農地の経営を請け負わせて農地の利用料を徴収しよう」と提言したのである。

この提言の如くに運営される公有農地を、現代の歴史学者たちは「公営田《くえいでん》」と呼ぶが、公営田を推し進めようとする右の大宰府の提言は、言ってみれば、班田収授制の放棄を促すものであり、律令制度を裏切るものであった。とはいえ、その後、朝廷が多少なりとも財政を立て直すのは、公営田が全国に広がったからに他ならない。

岑守は、何かと逸材の多い妹子の子孫たちの中でも、まさに特筆すべき逸材であった。

第七章　遣唐使小野篁

仁明天皇の夢

仁明《にんみょう》天皇というのは、最も端的には「叡哲聡明《えいてつそうめい》」と言い表されるような天皇であったらしい。六国《りっこく》史《し》の一つで文徳《もんとく》天皇の貞観《じょうがん》十一年（八六九）に完成した『続日本後紀《しょくにほんこうき》』は、嘉祥《かしょう》三年（八五〇）三月に享年四十一にして崩じた仁明天皇の人柄を評するにあたって、まず最初に「叡哲聡明」という言葉を置くのである。

知力に優れていて道理に明るいのが、「叡哲」であって、また、優れた知力を持っていて理解が早いのが、「聡明」であるから、仁明天皇という天皇は、かなりの賢君であったことになる。そして、その賢君ぶりの具体像はというと、原漢文を読み下して引用するならば、『続日本後紀』は、仁明天皇を次のように賞讃している。

帝《みかど》は、叡哲《えいてつ》にして聡明《そうめい》なり。衆芸《しゅうげい》を苞綜《ほうそう》するも、最《もっと》も経史《きょうし》に耽《ふけ》りて、講誦《こうじゅ》して倦《う》まず。能《よ》く漢音《かんおん》を練《ね》りて其《そ》の清濁《せいだく》を弁《わきま》ふ。柱下漆園《ちゅうげしつえん》の説《せつ》も、群書治要《ぐんしょちよう》の流《りゅう》も、凡《およ》そ、厥《そ》れ、百家《ひゃっか》に通覧《つうらん》せざる莫《な》し。兼《か》ねて文藻《もんそう》を愛《あい》し、書法《しょほう》を善《よ》くして、淳和天皇《じゅんなてんのう》の草書《そうしょ》を学《まな》ぶに、人《ひと》は別《わか》つ能《あた》はざる也《なり》。亦《また》、弓射《きゅうしゃ》に工《たく》みにして、屢《たびたび》も射場《いば》に御《おわ》す。鼓琴吹管《こきんすいかん》に至《いた》りては、古《いにしえ》の虞舜《ぐしゅん》・漢成《かんせい》の両帝《りょうてい》も之《これ》に過《す》ぎざる也《なり》。意《こころ》を医術《いじゅつ》に留《と》め、尽《ことごと》く方経《ほうきょう》を諳《そらん》ずれば、当時《とうじ》の名医《めいい》も敢《あ》えて抗論《こうろん》せず。

つまり、仁明天皇という賢君は、政治・哲学・歴史・文学をはじめとする、あらゆる分野の書物を読み漁《あさ》るとともに、弓射・音楽・医術など、あらゆる技芸も身につけていたのであった。これは、確かに、「叡哲にして聡明なり」と評するしかあるまい。

こんな天皇であったから、仁明天皇の時代には、嵯峨天皇の時代に劣らず、参加者たちが漢詩を作ることを余興とする宴の詩宴が、かなり頻繁に行われた。そして、そうした空気の中、漢学者や漢詩人が重く用いられ、中国風の文物が持《も》て囃《はや》されて、広く東アジアで通用するような宮廷文化が、華麗に咲き誇っていた。

だが、それは、国家のあり方を考えた場合、必ずしもいいことではなかった。

仁明天皇の時代の朝廷は、かなりの程度に贅沢が過ぎたのである。第五章でも少し触れたように、平安時代中期を代表する漢学者の三善清行《みよしのきよゆき》は、延喜《えんぎ》十四年（九一四）、やがて「意見十二箇条《いけんじゅうにかじょう》」と呼ばれるようになる政策提言書の中で、仁明天皇の好んだ贅沢を弾劾する。原漢文の同書を読み下し文にして引用するならば、清行は、平安時代中期に至って朝廷の財政が破綻した原因の一つとして、「仁明天《にんみょうてん》皇《のう》の位《くらい》に即《つ》きて、尤《もっと》も奢靡《しゃび》を好《この》み給《たま》ふ」ことを挙げ、かつ、その「奢靡《しゃび》（贅沢）」のあり方を、「後房《こうぼう》・内寝《ないしん》の飾《かざ》り、飫宴《よえん》・歌楽《かがく》の儲《もう》け、麗靡煥爛《れいびかんらん》にして、古今《ここん》に冠絶《かんぜつ》せり」と評するのである。これを信じるならば、仁明天皇の朝廷は、殿舎《でんしゃ》の装飾といい、宴会の趣向といい、空前絶後の華麗さを誇ったことになる。

しかも、そんな贅沢好きの仁明天皇は、いま一つ、他とは比べものにならないほどの贅沢の実現を悲願としていた。すなわち、漢学や漢詩を愛して中国風の文物に親しむ仁明天皇としては、是が非でも、自身の代に遣唐使《けんとうし》を送り出したかったのである。三十年ほど途絶えていた遣唐使の再開は、仁明天皇の抱いていた最も大きな夢であった。

任命される承和の遣唐使たち

仁明天皇の夢が具体的に動きはじめたのは、承和《じょうわ》元年（八三四）のことであった。『続日本後紀』によると、同年の正月十九日、藤原常嗣《ふじわらのつねつぐ》が「持節大使《じせつたいし》」に任命されるとともに、小野篁が「副使《ふくし》」に任命されたのである。

ここで常嗣が拝命した「持節大使」は、「遣唐持節大使《けんとうじせつたいし》」「入唐大使《にっとうたいし》」「遣唐大使《けんとうたいし》」などとも呼ばれる官職で、要するに、遣唐使の一団の代表に他ならない。そして、篁が拝命した「副使」は、言うまでもなく、「入唐副使《にっとうふくし》」とも「遣唐副使《けんとうふくし》」とも呼ばれる使節団の副代表であった。

また、遣唐使の一団を一つの官司（役所）と見た場合、遣唐大使と遣唐副使とは、それぞれ、その官司の長官と次官とと見ることができるが、実のところ、遣唐使という官司には、律令国家《りつりょうこっか》の普通の官司と同様、長官と次官との他に、判官《はんがん》と主典《さかん》とも置かれていた。その判官・主典は、それぞれ、「入唐《にっとう》判官《はんがん》」「遣唐判官《けんとうはんがん》」や「入唐録事《にっとうろくじ》」「遣唐録事《けんとうろくじ》」と呼ばれ、それらは、承和の遣唐使をめぐっても、長官（遣唐大使）・次官（遣唐副使）が任命されたのと同じ日に任命されている。

ただ、『続日本後紀』は、遣唐判官・遣唐録事については、それぞれ四人・三人が任命されたことを記すのみで、誰が拝命したかは記していない。遣唐判官や遣唐録事は、遣唐使であっても、ずいぶんと軽い扱いを受けるものだったのだろう。

これに対して、遣唐大使の常嗣および遣唐副使の篁についてであれば、遣唐使に任命された時点での位階や官職までが、詳しく記録されている。すなわち、『続日本後紀』によれば、承和元年正月十九日の時点で、藤原常嗣は、従四位上《じゅしいじょう》の位階を持ち、参議《さんぎ》の任にあるとともに、右大弁《うだいべん》および相模守《さがみのかみ》を兼ねていたのであり、また、小野篁は、従五位下《じゅごいげ》の位階を持ち、弾正少弼《だんじょうしょうひつ》の任にあるとともに、美作介《みまさかのすけ》を兼ねていたのである。

そして、ここに明らかなように、常嗣といい、篁といい、五位以上の位階を持つ身であり、法律上の貴族であった。殊に、常嗣の場合には、公卿《くぎょう》の一人であり、朝廷の政策を詮議《せんぎ》する議政官《ぎせいかん》の一人でさえあった。『続日本後紀』が常嗣・篁を丁重に扱ったのは、実に当たり前のことであった。

それにしても、公卿を遣唐大使に任命するとは、この度《たび》の遣唐使をめぐっての仁明天皇の力の入れ具合が察せられるというものであろう。常嗣の前任の遣唐大使というと、桓武《かんむ》天皇の延暦《えんりゃく》二十三年

（八〇四）の遣唐使の代表であって、それは、奇《く》しくも、常嗣の父親の葛野麻呂《かどのまろ》であったが、遣唐大使を拝命した時点での彼の官職は、大宰大弐《だざいだいに》でしかなかった。また、その前任の遣唐大使となると、光仁《こうにん》天皇の宝亀《ほうき》八年（七七七）の遣唐使の代表で、仮病を使って副使に責任の全てを押し付けた、あの佐伯《さえきの》今毛人《いまえみし》であるが、この卑怯者も、遣唐大使を拝命したときには、左大弁《さだいべん》に過ぎなかったのである。

もしかすると、小野篁が遣唐副使として加わることになった遣唐使は、仁明天皇にとって、夢は夢でも、「一世一代の夢」とでも言うべきほどのものであったのかもしれない。

陸で働く遣唐使たち

とはいえ、仁明天皇の大きな夢を背負わされた承和の遣唐使が唐に向けて船出するのは、大使・副使の任命から二年以上も後のことであった。実のところ、常嗣や篁が遣唐使に任命された承和元年（八三四）正月十九日の時点では、彼らが乗るべき船は、影も形もなかったのである。

そもそも、「造船使《ぞうはくし》」と呼ばれる遣唐使船の製作担当者が任命されたのは、その年の二月二日のことであった。すなわち、仁明天皇の朝廷は、まず遣唐使船に乗る者を決めて、その後に遣唐使船を造る者を決めたわけである。ちなみに、『続日本後紀』によれば、このとき、造船使の長官に任命されたのは、正五位下《しょうごいげ》の位階を持つ丹墀貞成《たじひのさだなり》であり、同じく次官に任命されたのは、外従五位下《げじゅごいげ》の位階を持ち主税《ちからの》助《すけ》の官職を帯びる朝原嶋主《あさはらのしまぬし》であった。

また、同じ日、「遣唐装束司《けんとうしょうぞくし》」と呼ばれる遣唐使船の内装・装飾の担当者も任命されている。これも『続日本後紀』によると、この任を拝命したのは、従四位下《じゅしいげ》の位階を持ち左中弁《さちゅうべん》の官職を帯びる笠仲守《かさのなかもり》と従五位下の位階を持ち右少弁《うしょうべん》の官職を帯びる伴成益《とものなります》とである。左中弁であれ、右少弁であれ、弁官といえば、実質的に太政官《だじょうかん》を運営するエリートの官職であるが、そんな立場の仲守・成益が遣唐装束司に選ばれたのは、やはり、遣唐使船の装飾が朝廷の威信を示すものだったからであろう。

いずれにせよ、遣唐大使の藤原常嗣も、遣唐副使の小野篁も、遣唐使船が完成するまでの間は、陸での仕事に明け暮れたに違いない。そして、彼らの「陸での仕事」の大半は、当然、デスクワークであったが、その仕事量は、膨大なものだったはずである。

例えば、遣唐大使・遣唐副使は、まず何より、配下の人選に忙殺されたことだろう。一回の遣唐使の派遣において海を渡った人々の数は、総勢で六百を超えるものであったが、しかも、それらの人々は、その職掌において、三十以上もの専門分野に分かれていたのである。さまざまな職種の人員を、合わせて六百人以上もそろえなければならないとなると、その仕事量が並々ならぬものになったであろうことは、言うまでもあるまい。

【『延喜式』に見える遣唐使の人員】

大使　副使　判官　録事　史生（下級事務官）
知乗船事（航海長）　船師（航海士）　挟杪（航海士）　水手長（船員）　水手（船員）
船匠（船大工）　柂師（舵大工）

留学生　請益生（専門書収集担当）　学問生（短期留学生）
留学僧　学問僧（仏典収集担当）　還学僧（短期留学僧）
訳語（中国語通訳）　新羅訳語（朝鮮語通訳）　奄美訳語（琉球語通訳）
音声長（楽人）　音声生（楽人）　画師（画家）
玉生（宝石細工師）　鍛生（鍛冶職人）　鋳生（鋳造職人）　細工生（木工職人）
射手（弓兵）　傔従（護衛兵）　傔人（護衛兵）　医師　雑使（雑用係）
主神（神道祭祀担当）　陰陽師（卜占・呪術担当）　卜部（卜占・呪術担当）

遣唐使に選ばれるということ

ところで、遣唐使に選ばれた人々というのは、そのことをどう受け止めたのだろうか。また、遣唐使に選ばれた人の家族たちは、それをどのように受け止めたのだろうか。

こうした情緒に関することは、残念ながら、歴史学者が信頼を寄せる六国史や古文書からはなかなか読み取ることができないものである。そして、こういうときこそ、文学作品が重要な意味を持つのであるが、ここでは、平安時代中期、『源氏《げんじ》物語《ものがたり》』が誕生する以前には貴族社会において最も広く愛読されていた『宇津保《うつほ》物語《ものがたり》』を紐解いてみたい。

『宇津保物語』の冒頭に位置する俊蔭巻《としかげのまき》の主人公である清原俊蔭《きよはらのとしかげ》は、漢学に優れていて左大弁と式《しき》部大輔《ぶたいふ》とを兼官していた清原某《きよはらのなにがし》が、ある皇女との間に儲けた男子であったが、この俊蔭は、父親に負けない漢学の才を持っていた。いや、七歳にして見よう見まねで漢詩を作り、しかも、来朝していた異国の人と漢詩のやり取りをしていたというから、彼は、父親を超える漢学の天才だったのだろう。そして、そんな才人であったがゆえに、この俊蔭は、十六歳のとき、遣唐使の一人に選ばれることになるのであった。

俊蔭の遣唐使拝命を、『宇津保物語』は、次のように語る。

> 父母《ぶも》、「眼《まなこ》だに二《ふた》つあり」と思《おも》ふほどに、俊蔭十六歳《としかげじゅうろくさい》になる年《とし》、唐土《もろこし》船《ぶね》出《い》だし立《た》てらる。こたみは、殊《こと》に才賢《ざえかしこ》き人《ひと》を選《えら》びて、大使《たいし》・副使《ふくし》と召《め》すに、俊蔭《としかげ》召《め》されぬ。父母《ぶも》悲《かな》しむこと、さらに譬《たと》ふべき方《かた》なし。

ここに見える「眼《まなこ》だに二《ふた》つあり」というのは、平安時代の定型句であったらしく、右の引用においては、「誰もが大切にする目玉でさえ、二つあるものである。けれども、この子（俊蔭）は、一人しかいない掛け替えのない存在である」といった意味合いで使われている。俊蔭の両親が俊蔭をどれほど大切にしていたかは、ここに端的に表されていよう。

そして、そんな両親は、俊蔭が遣唐使に選ばれると、「さらに譬《たと》ふべき方《かた》なし（どうやっても喩《たと》えることなどできない）」というほどに、深く悲しむのであった。そこには、息子が若くして遣唐使に選ばれたことをよろこんだり誇ったりという気持ちは、皆無であったらしい。彼らは、ただただ悲しんだのである。この二人の心情は、次のように描写される。

一生《いっしょう》に一人《ひとり》ある子《こ》なり。容貌《かたち》・身《み》の才《ざえ》、人《ひと》に優《すぐ》れたり。朝《あした》に見《み》て夕《ゆうべ》の遅《おそ》なはるほどだに、紅《くれない》の涙《なみだ》を落《お》とすに、遥《はる》かなるほどに、相《あ》ひ見《み》むことの難《かた》き道《みち》に出《い》で立《た》つ。父母《ぶも》・俊蔭《としかげ》が悲《かな》しび思《おも》ひやるべし。三人《みたり》の人《ひと》、額《ひたい》を集《つど》へて、涙《なみだ》を落《お》として、出《い》で立《た》ちて、つひに船《ふね》に乗《の》りぬ。

俊蔭の両親は、日々、俊蔭が勤めに出ている日中には彼の顔を見られないということにさえ、血の涙を流すほどに、俊蔭を溺愛していた。その俊蔭が海を越えてはるか彼方の異国に赴こうというのであるから、二人の悲しみは本当に深いものであった。彼らは、俊蔭が旅立つまでの毎日を、俊蔭と額を合わせて泣き暮らしたのであった。

もちろん、俊蔭自身もまた、悲しんでいた。彼も、父母と別れて唐《とう》へと赴かなければならないことを、深く深く悲しんでいたのである。

遣唐使たちの仕度料

右に見た『宇津保物語』は、単に、俊蔭が唐に渡ることによって親子がしばらく離れ離れになることをめぐる悲しみのみを描くかのようである。だが、遣唐使たちや遣唐使の家族たちを悲嘆させたのは、しばしの離別だけではあるまい。

遣唐使たちや遣唐使の家族たちは、ときとして、しばしの別れを経験するだけでは済まされず、永遠の離別を体験させられることにもなった。例えば、前章で紹介したように、海に消えた小野石根《おののいわね》と、彼の家族たちとは、二度と互いの顔を見ることがなかったのである。また、『宇津保物語』の俊蔭も、乗っていた船が沈んで「波斯国《はしこく》」と呼ばれる全くの異境に流されてしまい、やむなくそこで長い歳月を過ごした後、三十九歳にして帰朝したときには、彼の両親は既に他界していたのであった。

　とすれば、『宇津保物語』に描かれる親子三人の悲しみにも、もう二度と互いの顔を見られないかもしれないことを覚悟しての悲しみが含まれているのだろう。そして、現実の遣唐使たちやその家族たちは、誰も彼もが、そうした悲しみを抱いていたに違いない。

　それゆえに、遣唐使を派遣する朝廷は、遣唐使に選ばれた人々に、手厚い恩典を与えた。

　例えば、遣唐使に選ばれた人々には、次に整理したように、入唐の仕度料が、かなり気前よく与えられることになっていたのである。

【『延喜式』に見える遣唐使たち（一部）の仕度料】

大使	絁六〇疋	綿一五〇屯	布一五〇端	綵帛一一七疋	貲布二〇端
副使	絁四〇疋	綿一〇〇屯	布一〇〇端	綵帛七八疋	貲布一〇端
判官	絁一〇疋	綿六〇屯	布四〇端	綵帛一五疋	貲布六端

録事	絁六疋	綿四〇屯	布二〇端	綵帛一〇疋	貲布四端
史生	絁四疋	綿二〇屯	布一三端		
知乗船事	絁五疋	綿四〇屯	布一六端	綵帛五疋	貲布二端
訳語	絁五疋	綿四〇屯	布一六端	綵帛五疋	貲布二端
学問僧	絁四〇疋	綿一〇〇屯	布八〇端	綵帛一〇疋	
還学僧	絁二〇疋	綿六〇屯	布四〇端	綵帛一〇疋	

ここに「絁《あしぎぬ》」と見えるのは、普通の絹織物である。本来の「絁」は、「悪《あ》し絹《ぎぬ》」であって、品質の悪い絹織物であったが、時代とともに絹織物の品質が向上したためであろう、平安時代前期には、ほどほどの品質の絹織物が「絁」と呼ばれていた。これに対して、右に「綵帛《さいはく》」と見えるのは、模様の織り込まれた綾織物《あやおりもの》であり、高級絹織物である。

古代において「綿《わた》」と呼ばれていたのは、木綿《もめん》（コットン）ではない。日本に木綿が入ってくるのは、中世も後半に入ってからのことであって、古代の日本人が「綿《わた》」と呼んだのは、絹糸に紡ぐ前の蚕の繭《まゆ》である。木綿と区別するために「真《ま》綿《わた》」と呼んでもいい。

そして、古代人が「布《ぬの》」と言えば、それは、麻布のことであった。したがって、「貲布《さいみ》」と呼ばれているのも麻布であるが、これは、織りの粗い麻布のことである。

さまざまな恩典

遣唐使たちに用意されていた恩典は、仕度料だけではない。なお、これ以降、特に断らない限り、承和の遣唐使に関する記述は、全て『続日本後紀』を根拠とする。

承和元年（八三四）五月十三日、遣唐大使の常嗣が備中権守《びっちゅうごんのかみ》を兼任することになるとともに、合わせて九人の遣唐判官・遣唐録事・知乗船事《ちじょうせんじ》についても、いずこかの国司《こくし》を兼任することになるが、これも、遣唐使に対する恩典であった。大使常嗣の備中権守にせよ、計九人の判官・録事・知乗船事の某国司にせよ、遙任《ようにん》を前提とする兼任であって、兼任する国司の給料を得させて各々の給与収入を増やすための方便だったのである。承和二年（八三五）正月七日、遣唐副使の篁も備前権守《びぜんごんのかみ》を兼任することになるが、これも、右の方便であったろう。

また、承和二年十二月三日、旅人たちのために大宰府《だざいふ》の付近に設けられた「続命院《ぞくみょういん》」と呼ばれる宿泊施設への朝廷からの経済援助が決定されるが、これも、遣唐使への経済的な恩典の一つである。というのも、この続命院が、元来、篁の父親の岑守によって創建されたものであったからに他ならない。

しかし、遣唐使たちが享受した恩典は、経済的なものだけではない。承和二年正月七日、副使の篁は、従五位上《じゅごいじょう》へと昇進する。そして、同年十二月二日には、本来は従四位上の大使常嗣を仮に正二位《しょうにい》として扱うことと、本来は従五位上の副使篁を仮に正四位上《しょうしいじょう》として扱うこととが決定される。しかも、それからほどない承和三年（八三六）正月七日、大使常嗣は、本来の位階を正四位下《しょうしいげ》へと引き上げられ、副使篁も、本来の位階を正五位下へと引き上げられる。官人たちにとって、位階の昇叙は、給与収入の増加にも劣らない恩典であったろう。

この位階をめぐる恩典は、遣唐使本人のみならず、遣唐使の関係者にも及んだ。承和三年の四月三十日、遣唐大使常嗣の母親の菅野浄子《すがののきよこ》が、「浄子《きよこ》は是《これ》は遣唐大使《けんとうたいし》藤原朝臣常嗣《ふじわらのあそんつねつぐ》の母氏《ぼし》なり。旧《ふる》き例《ためし》に准《なずら》へて之《これ》を叙《じょ》す」として、無位であった身に、いきなり従五位下の位階を与えられたのである。また、同年五月二日、小野氏の氏神も、「遣唐副使《けんとうふくし》小野篁《おののたかむら》の申《もう》すに依《よ》る也《なり》」として、やはり無位であった身に、いきなり従五位下の位階を与えられている。

なお、これに先立つ承和元年二月二十日、近江国《おうみのくに》滋賀郡《しがぐん》小野郷《おののごう》の小野神社《おののじんじゃ》に関して、小野氏の五位以上の位階を持つ人々は朝廷の許可なしに春秋の例祭《れいさい》に参列することが認められたが、これも、遣唐副使の篁への宗教的な恩典であった。当時、五位以上の人々が朝廷に無断で畿内《きない》（山城国・大和国・摂津国・河内国・和泉国）を出ることは、固く禁じられていたため、小野氏の五位以上の人々は、ずっと不自由を感じていたのである。

さらに、承和の遣唐使たちには、仏教をめぐる恩典も用意されていた。すなわち、承和二年二月七日の日付を持つ太政官符《だじょうかんぷ》が、大使・副使・判官・録事に限定してではあるものの、「遣唐使《けんとうし》に度者《どしゃ》を賜《たま》ふべき事《こと》」を命じているのである。ここで遣唐使の幹部たちが与えられた「度者」とは、正式に出家するには朝廷による審査および許可を必要とした当時において、任意の人物を出家させられる権限であった。これを与えられた録事以上の遣唐使たちは、一族の者を出家させて、専ら自身の航海の無事を仏に祈らせたことだろう。

激励の謁見／壮行の饗応

承和三年（八三六）二月九日、大使・副使・判官・録事・知乗船事・訳語《おさ》・還学僧《かんがくそう》といった遣唐使の主《おも》だった面々は、仁明天皇の謁見を受ける栄誉に浴する。その場となったのは、内裏《だいり》の正殿の紫宸殿《ししんでん》であった。当日、仁明天皇は、紫宸殿の南面に座して、大使以下の遣唐使たちは、紫宸殿の南庭に整列して、謁見を賜ったのである。もちろん、この謁見の主旨は、天皇が直々に遣唐使たちを激励することにあった。

とはいえ、平安時代においては、天皇が臣下に直接に言葉をかけることはない。このときも、天皇から遣唐使たちへの言葉は、「詔《みことのり》」として、参議の橘氏公《たちばなのうじきみ》が読み上げたのであった。そして、遣唐使たちはといえば、ただただ読み上げられる詔を畏《かしこ》まって承《うけたまわ》るばかりであって、遣唐使としての決意を表明するようなことはないのである。

そして、詔があって後、遣唐使たちには、「禄《ろく》」と呼ばれる褒美が、それぞれの地位に応じて与えられた。例えば、大使の禄は、彩帛《さいはく》百疋《ひき》と貲布《さいみ》二十端《たん》とであり、副使の禄は、彩帛八十疋と貲布十端とであって、ここで禄として与えられたものは、概ね、先に見た遣唐使たちの仕度料のうちの彩帛と貲布とに相当するようである。とすると、遣唐使たちのうち、仕度料として彩帛と貲布とを与えられることになっている面々だけが、謁見の対象だったのかもしれない。

さて、同じ年の四月二十四日、右の謁見から二ヶ月半ほど後、今度は、やはり紫宸殿において、天皇から遣唐使たちへの餞《はなむけ》としての饗宴《きょうえん》が催された。これは、言ってみれば、壮行の饗応である。

この饗宴においては、大使の常嗣が、仁明天皇の許しを得て、「寿《よごと》」を奏上した。ここに言う「寿」とは、すなわち、祝辞である。また、常嗣は、寿を奏上した後、これまた天皇の許しを得て、天皇に酒杯を献上してもいる。

この他、右の宴席においては、仁明天皇から、五位以上の位階を持つ参加者たちに対して、「餞《はなむけ》を入《にっ》唐使《とうし》に賜《たま》ふ」という題で漢詩を賦《ふ》すことが命じられていた。漢詩を詠みながらの宴であるから、どれほど酒肴を楽しむことができたのか、まず疑問に思わざるを得ないところだが、常嗣が天皇に酒杯を献じて逆に酒杯を賜った頃には、詩を作るべき人々は既に皆も詩を作り終えて天皇に献上していたという。ここで篁が賦した漢詩は、残念ながら、今に伝わらないが、彼が「餞を入唐使に賜ふ」を題にどんな詩を詠んだのか、非常に気になるところである。

また、遣唐使を壮行しようという仁明天皇は、ただ人々に漢詩を作るように命じるばかりでなく、自らも詩を作り、その御製《ぎょせい》を大使の常嗣に賜った。残念ながら、この御製の漢詩もまた、現代に伝わらないが、その御製を賜った常嗣は、それを懐に入れて自宅に帰ったらしいから、件の御製がどんなものであったかは、篁も知らないのかもしれない。

さらに、この壮行の饗宴の終わりには、大使常嗣が衣裳とともに砂金二百両を授かり、副使篁が衣裳とともに砂金百両を授かったのであった。

用意周到な仁明天皇

ところで、今回の遣唐使の派遣に並々ならぬ意欲を持っていた仁明天皇は、遣唐使たちの士気を高めるべく、さまざまな恩典を与えることと並行して、遣唐使たちの航海を無事なものとするために、周到な準備を進めてもいた。

まず、承和元年（八三四）三月十六日、肥後守《ひごのかみ》の粟田飽田麻呂《あわたのあきたまろ》に引率を命じて、大宰府に滞在していた「唐人《もろこしびと》」の張継明《ちょうけいめい》を都に喚び寄せている。

ここに言う「唐人」は、あくまでも自称であって、本当に唐王朝の中国に出自を持つ者であったかは怪しいものだが、間違いなく異国からの訪問者ではあったのだろう。とはいえ、それは、公務を帯びた異国の外交使節などではなく、あくまでも私的な利益のために活動する商人あたりだったのではないだろうか。

それでも、この「唐人」の張継明は、唐王朝の中国についても、新羅《しんら》や渤海《ぼっかい》についても、また、これから遣唐使たちが漕ぎ出す東シナ海についても、都の貴族などではけっして持ち得ないような情報を持っていたに違いない。そして、仁明天皇が張継明を都に召喚したのは、まさに、そうした情報を収集するためだったはずである。

さらに、承和二年（八三五）三月十二日、仁明天皇は、大宰府に命令して、遣唐使のために、百領の「綿甲《わたこう》」・百口の「冑《かぶと》」・四百腰の「袴《はかま》」を用意させている。

ここに言う「綿甲」は、鎧《よろい》の一種であって、絹布製もしくは麻布製の表と裏との間に真綿や金属片を入れた作りになっている。また、ここで「冑」と呼ばれているのは、お馴染みの頭部の防具である。そして、「袴」というのも、綿甲や冑とともにわざわざ準備させたのであるから、当時の貴族たちが普段から穿いていた袴とは異なるものであろう。それは、戦闘用の特別な袴であったろうか。ただ、綿甲・冑が百人分であるのに、袴だけは四百人分であることには、幾らか疑問がないではない。

それはともかく、ここで仁明天皇が遣唐使のために甲冑《かっちゅう》をそろえさせたのは、おそらくは、新羅人の海賊を警戒してのことであった。この頃の朝廷は、新羅が国家として日本に侵攻してくるとは考えていなかったようだが、頻繁に日本近海を出入りする新羅船を海賊と見做して神経を尖らせていたのである。

承和二年三月十四日、仁明天皇の朝廷は、大宰府からの申請に許可を与えているが、この折、大宰府が申請したのは、壱岐島《いきのしま》の住民三百三十人を徴発して、彼らに武装して島内の十四ヶ所の重要地点を警備させることであった。壱岐島は、本土から離れたところに位置したうえに、その地形が険しかったこともあって、そこに住む人の数は、けっして多くはなかった。それゆえ、大宰府に言わせれば、「新羅商人《しんらのあきびと》」が頻《しき》りに姿を見せていた当時、もし彼らが壱岐島に災いをもたらしたとしたら、その事態への対処は、大宰府にも困難なことだったのである。大宰府は、「新羅商人」に海賊の疑いをかけていたのであった。

そうした状況下、仁明天皇にしてみれば、遣唐使を武装させるのは、実に当然のことであったろう。

最初の船出

さて、承和三年（八三六）二月一日、平安京の北の郊外にあたる北野《きたの》の地において、「遣唐使《けんとうし》の為《ため》に天神地祇《てんじんちぎ》を祠《まつ》る」ということが行われた。平安時代の朝廷が屋外で祭祀を執り行うというのは、非常に稀なことであったが、これは、要するに、仁明天皇が遣唐使の航海の無事を祈って神々を祀らせたのである。そして、ここで祀られた神々は、「天神地祇」と言うからには、八百万もいるとされる日本の神々の全てだったはずであり、右の祭祀は、かなり大がかりなものであったに違いない。ここからも、仁明天皇の遣唐使にかける熱意のほどを窺うことができよう。

それから数日後の同月七日、今度は、「遣唐使《けんとうし》の幣帛《へいはく》を賀茂大神社《かもだいじんじゃ》に奉《たてまつ》る」ということがあった。ここで賀茂社《かもしゃ》（「賀茂大神社」）が登場するのは、上賀茂社《かみがもしゃ》と下賀茂社《しもがもしゃ》との上下両社から成る賀茂社が、平安京の鎮守だったからに他ならない。『源氏物語《げんじものがたり》』においても、都に居場所を失って自ら摂津国《せっつのくに》の須磨《すま》の地へと立ち退こうとする主人公が、都を離れる直前に賀茂社に挨拶をしているように、同社に祀《まつ》られる神格は、平安京こそを故郷と考えていた平安貴族たちにとって、それぞれの氏族の氏神にも劣らない身近な神格だったのである。

この後、遣唐使たちは、既に紹介した仁明天皇の謁見や仁明天皇主催の壮行の宴を経験して、四月二十九日、ようやく、その代表たる大使常嗣・副使篁が、仁明天皇より節刀《せっとう》を賜ることになる。

「節刀」と呼ばれる刀剣は、天皇より全権を委任されたことの証である。『続日本紀《しょくにほんぎ》』の桓武天皇の時代の記述には、しばしば、蝦夷《えみし》との戦争の脈絡で節刀が登場するが、これを天皇から授かった将軍は、戦争に関して天皇から全権を委任されたことになるのであり、かつ、配下の兵士たちの全員について、その生殺与奪《せいさつよだつ》の権利を持つことになるのであった。

そして、この節刀は、遣唐使の派遣にも、そのまま取り入れられた。少し話を先取りすることになるが、五月十三日、いよいよ唐に向けて出航しようとする遣唐使たちに向かって、太政官が次のように宣告したのも、まさにそれゆえのことである。

陛下がおっしゃるには、『遣唐判官以下について、勅命に従わないことがあれば、その罪の軽重に応じて、死罪以下の罰を与えよ』と言って、大使・副使に節刀を与えたのだ。各自、それを承知して、懸命に公務を果たせ」とのことである。

この宣告に明らかなように、天皇より節刀を授かった遣唐大使・遣唐副使は、少なくとも建前としては、配下の遣唐判官以下の遣唐使たちの全員について、生殺与奪の権利を行使することができた。また、ここに、遣唐大使が「遣唐持節大使《けんとうじせつたいし》」とも呼ばれた理由が判明しようが、さらに、ここから察せられるように、実は、遣唐副使も、ときに「遣唐持節副使《けんとうじせつふくし》」と呼ばれたのであった。

それはともかく、遣唐使たちは、大使・副使が天皇より節刀を賜った以上、もはや、都に留まることを許されなかった。彼らは、四月二十九日のうちに、摂津国の難波津《なにわつ》へと向かい、五月十三日に至って、ついに、唐へと向けて船出したのである。

最初の遭難

しかし、遣唐副使の小野篁は、その年の七月の下旬に至っても、いまだ日本にいた。彼が乗っていたのは、四艘《そう》の遣唐使船のうちの第二船であったが、その第二船は、七月二日、他の三艘とともに、筑《ちく》前国《ぜんのくに》の博多津《はかたのつ》を出航したものの、西からの風に押し戻されると、船団からはぐれ、単船で肥前国松浦《まつら》郡《ぐん》の別島に漂着していたのである。しかも、その船は、破損していたこともあって、一ヶ月近くも、流れ着いた別島から動けずにいたのであった。

このとき、西風に負けて遭難したのは、篁の第二船ばかりではない。まず、遣唐大使藤原常嗣の乗る第一船も、遣唐判官菅原善主《すがわらのよしぬし》の乗る第四船とともに、風に流されて、肥前国の海岸に戻っていた。そして、この第一船・第四船にも、やはり、少なからぬ破損が見られたらしい。また、遣唐判官丹墀文雄《たじひのふみお》の乗る第三船はというと、西の風に吹き戻されるうち、船団からはぐれたばかりか、舵《かじ》が壊れて操船不能となり、かつ、浸水がはじまって沈没も時間の問題と見られるほどの損傷を被ったという。それゆえ、判官文雄は、英断を下して、第三船の全員に、それぞれに船を解体して筏《いかだ》を作り、何とか生き残るように命じたのであった。

その結果、ある者たちは対馬島《つしまのしま》へと流れ着き、他のある者たちは肥前国へと流れ着いて、どうにか、二十八人が生き延びる。が、総員で百四十人以上にもなる第三船の乗員は、その大半が帰らぬ人となった。また、同船の責任者であった遣唐判官の丹墀文雄も、その帰らぬ人々の一人に数えられることにな

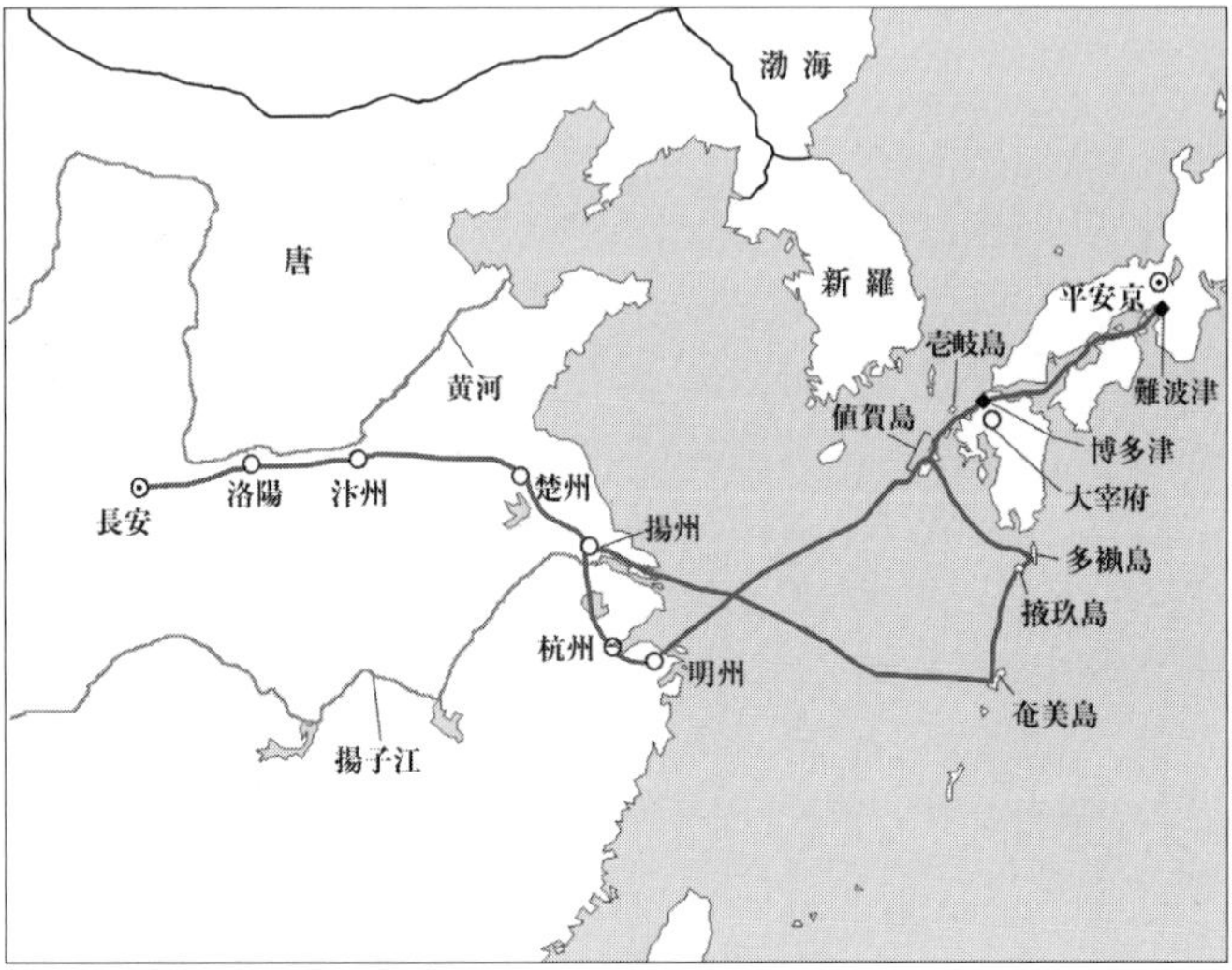

【遣唐使船の航路】

る。彼らは、承和の遣唐使の最初の犠牲者である。

実のところ、今回の遣唐使船団は、出港して間もなくから、災難に見舞われていた。すなわち、五月十三日に難波津を出た同船団は、早くも十八日の夜に暴風雨に遭遇していたのである。その暴風雨は、都においても倒壊しない家がなかったと伝えられるほどに強烈なものであったから、おそらくは、台風であったろう。旧暦の五月半ば過ぎといえば、現代の暦では七月に近い頃であるから、台風の直撃があったとしてもおかしくはあるまい。

しかし、仁明天皇は、あくまで遣唐使の派遣に固執した。五月二十二日、「遣唐使の為に」として、朝廷から天智《てんじ》天皇陵《てんのうりょう》・光仁《こうにん》天皇陵・桓武天皇陵・神功《じんぐう》皇后陵へと供物が捧げられるが、これは、ある意味、「遣唐使を諦めはしない」という仁明天皇の意思表示であった。

そんな仁明天皇は、博多津を出た遣唐使船団が強い西風に吹き散らされて行方不明になってさえも、自身の夢の実現をごり押しする。

まず、第一船・第四船の消息を把《つか》むや、勅符《ちょくふ》を下して、大使以下の人々の苦難をねぎらいつつも、やはり、「船の修理が終わるのを待って、渡海を成し遂げよ」と命じるのであった。また、第二船の漂着先が判明したときにも、仁明天皇は、「忠義と貞節とを忘れない者には、必ず神の加護があるものだろうに、どうしたことか」との皮肉を交えつつ、「大宰府に戻り、船の修理と物資の補充とを済ませたら、大使たちとともに国命《こくみょう》を果《は》たせ」と命じる。最後の「国命を果たせ」の部分は、『続日本後紀』の漢文の一節をそのまま読み下したものであるが、この言葉からは、仁明天皇の意気込みを感じることができないだろうか。

東シナ海の商人たちの間で名声を博する小野篁

承和三年（八三六）八月二日、大宰府で待機する遣唐大使藤原常嗣のもとに届いた仁明天皇の勅符は、損傷した遣唐使船の修理が終わるまでの遣唐使たちの身の置きどころについて、都の住人は都に帰らせ、諸国から徴発された者は諸国に帰らせることを命じる。

本来、一度は船出した遣唐使たちは、大宰府に留まって船の補修の完了を待つべきであった。だが、右の勅符が言うに、当時、大宰府管下の西海道《さいかいどう》諸国は、著しく疲弊しており、六百人余りにも上る遣唐使たちを養い続けることは、大宰府には困難だったのである。第三船の人員のほとんどが失われたため、この時点での承和の遣唐使団の人数は、五百人ほどに減っていたわけだが、しかし、それでもなお、何を産み出すわけでもない五百人を何ヶ月にも渡って養い続けることは、大宰府にとって、たいへんな負担であったに違いない。

そうして、大使常嗣・副使篁は、九月十五日、久しぶりに都に戻る。そして、彼らは、その日のうちに、例の節刀を仁明天皇に返還するのであった。先に見たように、節刀というのは、重い意味を持つものであったから、おそらくは、遠征が延期されたり中断されたりした場合、ただちに天皇に返還するというのが、節刀の正しい扱い方だったのだろう。

ところで、遣唐副使の任にあった小野篁は、今回の遣唐使団の渡海の失敗と関連して、思わぬところから、自身の名声の大きさを知ることとなる。

承和三年の四月・五月・閏五月の出来事をめぐっては、『続日本後紀』には少なからぬ混乱があるため、同書には閏五月十三日のこととして記録されているものの、実際には四月十三日のことと推測されるのだが、仁明天皇の朝廷は、遣唐使船が風波に流されて新羅に漂着するかもしれないことに配慮して、遣唐使船団が難波津を出るに先立ち、遣新羅使《けんしんらし》を派遣して、もしもの場合の遣唐使船および遣唐使の保護を新羅に要請していた。

幸か不幸か、今回の遣唐使船団は、新羅に流れ着くどころか、日本の領海を出ることさえできなかったわけだが、常嗣や篁が勅符に従って帰洛した翌月、遣新羅使の紀三津《きのみつ》までが、帰還命令もなしに、勝手に帰朝してしまう。当然、これは、朝廷の問題視するところとなり、十二月三日に都に戻った三津は、査問にかけられる。そして、そこで注目されたのが、三津が持ち帰った新羅の執事省《しつじしょう》から日本の太政官への連絡書（「牒《ちょう》」）であった。

それによれば、新羅は、三津を偽りの遣新羅使と疑っていた。というのも、新羅が独自に入手した情報では、「小野篁《おののたかむら》は、帆《ほ》を飛ばして已《すで》に遠《とお》し」と、小野篁の乗る遣唐使船は、新羅に漂着するどころか、飛ぶような速さで新羅を遠ざかっていたはずだからである。

が、それは、全く事実に反する情報であった。これを、日本の朝廷は、「商帆《しょうはん》の浮説《ふせつ》」という言葉を使い、東シナ海を往来する商人たちの流した噂と断じるとともに、そんなものを信じた新羅を非難する。また、体裁を重んじる朝廷は、異国の商人たちの風説の中心人物が副使に過ぎない篁であったことにも、強い不快感を示したのであった。

とはいえ、この一件からは、小野篁の名声が、この時点で、唐の商人たちや新羅の商人たちにも知れ渡るほどの、環東シナ海的・汎東アジア的なものであったことが知られよう。

承和四年正月の内宴

さて、そうこうするうち、年は改まって承和四年（八三七）となる。

そして、同年の正月二十日には、宮中において、「内宴《ないえん》」と呼ばれる饗宴が催された。内宴というのは、公卿《くぎょう》の一部・殿上人《てんじょうびと》の一部に加えて少数の漢学者・漢詩人だけが召される天皇主催の宴であり、毎年の正月の恒例行事である。

この内宴においては、主催者たる天皇から題が出されて、参加者の全員が漢詩を賦した。承和四年正月の内宴では、「花欄《からん》に鶯《うぐいす》を聞《き》く」の題で漢詩が賦されたという。

残念ながら、この宴の中で賦された詩は、今に伝わらない。が、平安時代中期に名詩・名文の選集として編纂された『本朝文粋《ほんちょうもんずい》』に、「早春《そうしゅん》に宴《うたげ》の清涼殿《せいりょうでん》に侍《はべ》りて鶯花《おうか》を翫《もてあそ》びて製《せい》に応《おう》ずる詩《し》の序《じょ》」という題を与えられて収録されている漢文の名文は、まさに承和四年の内宴において賦された漢詩のために書かれた序《じょ》（詩序《しじょ》）であった。

「序」あるいは「詩序」と呼ばれるのは、詩会なり詩宴なりが催されたおり、そこで詠まれる漢詩の序として書かれる散文である。承和四年の内宴においても、詩が詠まれた以上は、序（詩序）が書かれたはずであり、その折に書かれた序こそが、おそらくは、右の『本朝文粋』所収の「早春に宴の清涼殿に侍りて鶯花を翫びて製に応ずる詩の序」なのである。そして、この序を書いたのは、われらが小野篁に他ならない。

ただ、この序に付けられている「早春に宴の清涼殿に侍りて鶯花を翫びて製に応ずる詩の序」という題は、作者の篁が付けたものではなく、それどころか、承和の世を生きた誰かの付けたものでさえないだろう。この題を考えたのは、後世の誰かであって、それが、『本朝文粋』が編纂される時代までに定着していたものと思われる。

それはともかく、この序の内容であるが、まずは、前半部のさらに前半だけを、原漢文を読み下し文にして紹介すると、次の如くとなる。

夫《そ》れ、上月《かみつつき》の中《うち》に内宴《ないえん》の有《あ》るは、先来《さきごろ》の旧貫《ふるきならいなり》也。則《すなわ》ち、大内《おおうち》の深秘《しんぴ》にして、路寝《ろしん》の宴安《えんあん》なり。威《い》厳《げん》は咫尺《しせき》にして、顧眄《こべん》も密邇《みつじ》なり。是《これ》を以《もっ》て、元老《げんろう》の執卿《せいけい》と雖《いえど》も、其《そ》の事《こと》に預《あず》かり侍《はべ》る者《もの》は、僅《わず》かに十《とお》より以還《いかんなり》也。時《とき》に、制詔《せいしょう》の有《あ》りて、「才人《さいじん》に及《およ》ぼせ」てへれば、文《ふみ》を知《し》る人《ひと》の一二《いちに》も、其《そ》の雲《うん》漢《かん》に上《のぼ》るを得《う》る焉《なり》。蓋《けだ》し、明王《みょうおう》の其《そ》の内《うち》を慎密《しんみつ》にする所以《ゆえん》にして、豈《あ》に其《そ》の脂膏《しこう》を屯《とど》むべき者《もの》ならん乎《や》。

なお、これを現代語に直すならば、こんな感じであろう。

さて、正月に内宴があるのは、昔からの慣例です。それは、宮中の秘密で、ご寝所での娯楽です。陛下は間近にいらして、ご覧になることもすぐ側《そば》です。そのため、古参の公卿であっても、内宴に侍ることができる者は、十人といいません。一方、陛下のお言葉がありまして、「漢詩文を得意とする者も召せ」とのことでしたので、漢学や漢詩に優れた者が一人もしくは二人、ご寝所に昇ることができたのです。とはいえ、内宴に侍ることを許される者の数が少ないのは、陛下が私的な催しを控えめになさるからでして、どうして陛下が恩恵を垂れることを渋っていたりするでしょうか。

篁にとっての漢詩

小野篁の「早春に宴の清涼殿に侍りて鶯花を翫びて製に応ずる詩の序」は、まずは内宴というものの在《あ》り方について説明すると、次いで、漢詩というものの存在意義を説く。次に原漢文を読み下し文にして引用するのは、「早春に宴の清涼殿に侍りて鶯花を翫びて製に応ずる詩の序」の前半部の後半である。

> 臣《しん》の聞《き》くに、「聖人《せいじん》は、常《つね》の心《こころ》は無《な》く、物《もの》に取《と》りて心《こころ》と為《な》す。至理《しり》は、常《つね》の感《かん》は無《な》く、時《とき》に随《したが》ひて興《おこ》る」と。故《ゆえ》に、栄凋《えいちょう》の人《ひと》を動《うご》かすは、猶《なお》も色象《しきぞう》の鏡《かがみ》に在《あ》るがごとし。事《こと》は化《け》に随《したが》ひて暗《ひそ》かに遷《うつ》り、心《こころ》は主《ぬし》の無《な》くして虚《むな》しく映《うつ》す。況《いわん》や、曖昧《あいまい》の中《うち》に在《あ》りて、瑩払《えいふつ》の道《みち》を思《おも》ふをや。借《か》りて風月《ふうげつ》に託《たく》して、其《そ》の鬱陶《うっとう》を記《しる》し、一日《いちじつ》の足《た》るを求《もと》めて、百年《ひゃくねん》の溢《み》つに当《あ》つる、亦《また》以《ゆえ》の有《あ》る者《もの》ならん乎《や》。

ずいぶんとまた、難しく面倒なことを語りはじめたものである。

それでも多少は取り付きやすいのは、終わりの方の「借りて風月に託して、其の鬱陶を記し」というところ以降であろうか。「借りて風月に託して、其の鬱陶を記し」とは、要するに、漢詩を賦すことである。風や月といった景物を詠むようにしながら、そこに自らの不満や不服をも詠み込み、そうして心の底で蟠局《とぐろ》を巻く暗いものや黒いものを吐き出すのが、篁にとっての漢詩なのだろう。

そして、これに続く「一日の足るを求めて、百年の溢つに当つる」であるが、「一日の足る」は、漢詩を賦して一日を楽しむことであり、「百年の溢つ」は、漢詩を賦して百年を楽しむことである。したがって、「一日の足るを求めて、百年の溢つに当つる」の意味するところは、「漢詩を楽しみとして一日を過ごすことができるなら、漢詩を楽しみとして百年を過ごすこともできる」ということになる。

また、「亦も以の有る者ならん乎」というのは、右のような考えを肯定する一句である。「漢詩を楽しみとして一日を過ごすことができるなら、漢詩を楽しみとして百年を過ごすこともできる」という考えに対して、「そんなふうに考えることにも、十分な理由があるのではないだろうか」とうなずくのであった。これを踏まえて、全体を現代語にすると、こんなところであろうか。

私めが聞きましたところ、「聖人というものは、自身の心を持たず、人々の心を心とする。また、至上の道理というものは、いつでも誰にでも同じように感じられるわけではなく、そのときそのときに応じて感じられる」とのことです。そのため、繁栄や凋落《ちょうらく》が人の心を動かすのは、まるで物の姿が鏡に映っているようなものです。事物は、周囲の変化に応じて、いつの間にか変わってゆき、心情は、全く受け身に、事物が変わっていくのを無駄に感じるだけです。ましてや、複雑な世の中にあっては、心を自ら磨くことを考えなければ、何も理解できないでしょう。風や月を題材として、心の中の鬱屈《うっくつ》したものを漢詩に詠み、一日の満足を求めて、百年の十分と見做す、これも、理由のあることなのではないでしょうか。

内宴の華やかさ

小難しい漢詩論の次に来るのは、この日の内宴の華やかさの描写である。篁の「早春に宴の清涼殿に侍りて鶯花を翫びて製に応ずる詩の序」の後半部の前半を読み下しで引用すると、次の如くになるが、ここには、内宴の情景が描かれている。

若《も》し、乃《すなわ》ち、赤春《せきしゅん》は祥《きざし》を効《いた》し、青史《せいし》は事《こと》を勒《ろく》す。宿花《しゅくか》の開《ひら》く夜《よる》、初鶯《しょおう》の命《めい》ずる暁《あかつき》、日《ひ》は暖《だん》を扶《たす》けて以《もっ》て和《わ》を敷《し》き、気《け》は仁《じん》を有《も》ちて以《もっ》て殺《ころ》す無《な》し。鳥《とり》の踏《ふ》みて花《はな》は落《お》ち、声《こえ》の近《ちか》くして香《かおり》は遠《とお》し。二者《にしゃ》の性《さが》の有《あ》るを見《み》るに、一時《いちじ》に在《あ》りて共《とも》に春《はる》なり。而《しか》りて復《また》、楚艶《そえん》の細腰《ほそごし》にして燕余《えんよ》の弱骨《じゃくこつ》は、身《み》は錦綺《きんき》に奢《おご》りて性《さが》は糸竹《しちく》に敏《さと》し。比鳥《ひちょう》は、問《と》ひ難《がた》く、人《ひと》の目《め》を羞《は》ぢて双《なら》び行《ゆ》き、修蛾《しゅうが》は、猜《そね》まれ、主《あるじ》の恩《おん》を恃《たの》みて独《ひと》り進《すす》む。袖《そで》は急《きゅう》に心《こころ》は緩《ゆる》く、曲《きょく》は過《す》ぎて媚《こび》は留《とど》まる。余日《よじつ》の怡蕩《いとう》、其《そ》れ何《なん》ぞ害《そこな》はん哉《や》。

この部分の前半には、きれいな対句表現が見られる。色鮮やかな「赤春」と「青史」との対といい、いずれも春を象徴する「宿花」と「初鶯」との対といい、何ともわかりやすい。話の中心は、「赤春」「青史」の対にはなく、「宿花」と「初鶯」との対に置かれる。

しかし、「宿花」も「初鶯」も等しく春の象徴であることが確認されると、話題は、春の宴である内宴へと移ってゆく。そして、ここで描写される内宴の中心は、腰が細く華奢な舞姫である。彼女の舞はすばらしく、その舞が終わった後にも十分な余韻が残る。

ただ、篁は、忘れずに付け加える。「舞姫に見惚れたりするのは、あくまで休日の楽しみであって、けっして毎日のことではありませんぞ。だから、何も問題はないのです」と。

概ねの内容としては、右に見た通りなのだが、もう少し原文に添った現代語訳を試みるとするならば、こんなところであろう。

さて、春は吉兆を示し、歴史家は出来事を記します。春には、夜を越して咲き続ける花が咲く夜があり、初めて鳴く鶯《うぐいす》が声を発する朝があって、太陽は暖かさをもたらして和やかさをもたらし、春の気は思いやりがあるので生き物を死なせたりはしません。鳥が踏めば花は落ち、鳥の鳴き声が近くに聞こえても花の香りは遠くから漂うだけです。花と鳥とがそれぞれに持つ特性を見ても、同じ時期に現れる両者は、いずれも春の象徴なのです。そうはいっても、もっと素敵なのは、腰が細くて華奢な舞姫が、豪華な衣裳をまとって音楽に合わせて舞う姿です。雄雌のつがいで一組の翼しか持たないという鳥は、どちらが雄でどちらが雌かも区別が付かず、他人の目を避けながら並んで飛び、細長いうつくしい眉を持った女性は、他の女性たちから妬《ねた》まれても、帝の恩顧を頼りに独りで生きるのです。舞姫は、袖を激しく振りながらも、ゆったりと舞って、音楽が終わって彼女の舞が終わっても、彼女の艶やかさが残っています。本日の楽しみは、あくまでも本日の楽しみです。

何か問題があるでしょうか。

この日の内宴がこんなものであったとしたら、ずいぶんと暢気《のんき》なものである。この半年前、仁明天皇の夢をかなえるべく海に出た遣唐使たちは、ひどい苦難に遭い、その二割ほどもが生命を落としていたのである。

「沙浪に一度も去らば、鶯花は幾春ぞ」

承和四年（八三七）正月の内宴に違和感を感じたのは、私だけではないらしい。実のところ、その内宴の席にあった小野篁も、参加を許されたことを名誉に思いながらも、その宴が華麗なものであればあるほど、違和感を感じずにはいられなかったのである。彼の「早春に宴の清涼殿に侍りて鶯花を翫びて製に応ずる詩の序」の後半部の後半は、これも読み下し文で引用すると、次の通りとなる。

臣《しん》は、嘉恵《かけい》の天《てん》よりありて、職《しき》を海外《かいがい》に拝《はい》す。飛花《ひか》の樹《き》を繞《めぐ》るに感《かん》じ、芳草《ほうそう》の時《とき》を競《きそ》ふを顧《かえり》みるに、沙浪《さろう》に一度《いちど》も去《さ》らば、鶯花《おうか》は幾春《いくはる》ぞと爾云《しかい》ふ。謹《つつし》みて序《じょ》す。

けっして短い文章ではない「早春に宴の清涼殿に侍りて鶯花を翫びて製に応ずる詩の序」であるが、この筆を尽くした詩序の核心は、間違いなく、「沙浪に一度も去らば、鶯花は幾春ぞ」という句である。少なくとも篁は、そのつもりで筆を執ったに違にない。「沙浪に一度も去らば、鶯花は幾春ぞ」とは、すなわち、「大海原に一度でも船を出したならば、次に鶯や花を愛でることができるのは、いつの春になるだろうか」ということである。

とりあえず、右の引用の全体を現代語に訳すとすれば、こうなるだろう。

私めは、天から恩恵を授かりまして、遣唐使の使命を授かりました。舞い散る花びらが木の周囲をめぐるのに心を動かされ、薫りを放つ花々が先を争って咲き誇るのに目を奪われますに、どうしても、「大海原に一度でも船を出したならば、次に鶯や花を愛でることができるのは、いつの春になるだろうか」と、そのように言わずにはいられないのです。以上、謹んで序と致します。

ここに篁自身を含む遣唐使たちの心情が籠められていることは、疑うべくもない。篁は、暢気に内宴を楽しむ仁明天皇とその側近の公卿たちとの前で、ごくごく自然な流れに乗せて、さらっと嫌味を吐いたのであった。

「鶯花は幾春ぞ」とは、表面的な意味を取るならば、右に示した如く、「次に鶯や花を愛でることができるのは、いつの春になることだろうか」ということである。が、篁の真意を汲み取るならば、ここには、さらに「再び鶯や花を愛でる春を迎えることなどできないかもしれない」という思いが籠められているのではないだろうか。

事実、彼とともに船出した六百人余りの遣唐使団は、最初の渡航の失敗によって、既に全体の二割ほどにあたる百人以上の人員を失っている。彼らには、それこそ、もう二度と春が訪れることなどないのである。そして、二度目の渡海に臨めば、今度はさらなる犠牲者が出るかもしれない。むしろ、そうした犠牲が出ない保証など、どこにもなかった。

しかしながら、今まさに篁の眼前で春の享楽に耽《ふけ》る朝廷の首脳陣は、自分たちが遣唐使たちに生命を賭けさせているという事実に、全く無頓着である。おそらく、篁は、召されたことに栄誉を感じなければならない内宴の席において、どうにもいたたまれない気持ちを味わっていたことだろう。そして、そんな篁に、序の筆を執る栄誉が与えられたのである。となれば、このよき日の序に嫌味の一つも混入するのは、当然のことであった。

再度の船出

さて、二月一日、山城国愛宕郡《やましろのくにおたぎぐん》の郡家《ぐうけ》（郡の役所）の門前で、「遣唐使《けんとうし》の天神地祇《てんじんちぎ》を祠《まつ》る」ということがあった。もちろん、この祭祀《さいし》は、唐への航海の無事を祈るものである。そして、それが行われたということは、二度目の船出の日が迫っていたということであろう。

同月五日、伯耆国《ほうきのくに》の諸郡・対馬島の諸郡・摂津国の住吉社《すみよししゃ》に鎮座する無位の神々が、朝廷より従五位下の位階を授けられる。これも、遣唐使船の再度の出航が近々となったための措置であったろう。周知の如く、住吉社は、航海の無事を司る神を祀る神社であり、伯耆国や対馬島は、ときに遣唐使船が漂着する地であった。

さらに、同八日、大春日《おおかすが》氏・布瑠《ふる》氏・粟田《あわた》氏の五位以上の位階を持つ人々をめぐって、春秋の例祭の折には朝廷に許しを請わずに近江国滋賀郡に鎮座する氏神に参ることが勅許《ちょっきょ》される。第三章に見たように、大春日氏というのは、かつての和邇《わに》氏であり、布瑠氏・粟田氏は、小野氏とともに、和邇（大春日）氏の枝族である。とすると、これは、和邇氏系の氏族に属する遣唐使たちへの優遇措置ということになる。そして、右の勅が、わざわざ「小野《おの》氏《し》に准《なずら》へて」と付け加えていることからすれば、この優遇措置は、遣唐副使の小野篁が中心となって朝廷に実現を働きかけたものかもしれない。

その翌月、三月十一日、仁明天皇は、遣唐使たちの壮行の宴を再び催す。その席上、天皇は、五位以上の人々に、「春《はる》の晩《ゆうべ》に入唐使《にっとうし》を餞《おく》るに陪《はべ》る」の題で漢詩を賦すように命じており、遣唐副使の篁をはじめとする五位以上の人々は、勅命の通りに漢詩を献じた。が、遣唐大使の常嗣は、酒に酔ったことを口実として、詩を献ずることなく退出してしまう。

さらに、同十五日には、遣唐大使・遣唐副使が天皇から節刀を賜る儀式が行われる。その折、天皇から大使・副使への言葉として、大臣によって宣命が読み上げられたのだが、その内容は、前年の儀式のものと同じであったという。とすれば、そこには、「『遣《つかわ》す所《ところ》の使人《しじん》の判官《はんがん》已下《いげ》に死罪《しざい》已下《いげ》を犯《おか》す者《もの》の有《あ》らば、罪《つみ》に従《したが》ひて行《おこな》へ』として、節刀《せっとう》を給《たま》はく」という一節があったはずである。やはり、大使・副使は、天皇から判官以下の遣唐使たちの生殺与奪権を委ねられていたことになる。そして、儀式が終わると、大使の常嗣は、柄《つか》を右手で握って先端の背を左肩に当てるかたちで節刀を掲げ、副使の篁は、足早に大使常嗣の前に回り込み、ともに退出したのであった。

ただ、今回は、節刀を賜ったからといって、大使常嗣も、副使篁も、即日に都を離れはしなかった。もちろん、両者とも、自宅に帰りはしなかったものの、朱雀大路《すざくおおじ》と七条大路《しちじょうおおじ》とに面して位置していた鴻臚館《こうろかん》を仮の宿として、もうしばらく、都に滞在したのである。

彼らがようやく平安京を離れたのは、常嗣が十九日、篁が二十四日であった。彼らの向かう先は、今回は遣唐使船の修理が行われていた大宰府であって、前回の難波津ではない。

その後、四月五日、大使常嗣の乗船で「太平良《たいへいりょう》」と名付けられていた第一船が従五位下の位階を授かったことが知られるが、それ以降、承和の遣唐使の消息は、しばらくの間、全くの不明となる。

無用な疑い

なお、大使常嗣と副使篁とが五日もの間を空けて別々に都を発ったことをめぐって、歴史学者の間には、何やら穿《うが》った見方をする向きがある。その観点からでは、常嗣と篁との関係が修復不可能なほどに険悪なものになっていたことが疑われることになる。

そして、この疑惑の傍証として言及されるのが、一つには、これに先立つ節刀の儀式の折、退出するにあたって、副使篁が小走りで大使常嗣の前に回り込んだことである。ここでは、篁は、常嗣に対して何か含むところがあったがゆえに、わざわざ小走りしてまで常嗣の前に出たことを疑われている。

また、都を出た日のずれから常嗣と篁との不仲を取り沙汰する歴史学者が傍証として取り上げるのは、いま一つには、節刀の儀に先立つ壮行の宴において、常嗣が酔いを理由に途中退出したことである。ここでは、常嗣に対して、篁との同席が不快で宴の席を立った疑いがかけられていることになる。

しかし、二度目の船出を前にした時点で常嗣と篁とが険悪な間柄となっていたと見たがるのは、あくまでも、これからしばらく先の展開を知っていればこそであろう。先々まで見通している言わば「神の視点」から牽強付会《けんきょうふかい》をごり押しするというのは、歴史学者の悪い癖である。一つ一つの事象は、まずは一つ一つの事象として理解しなければならない。

例えば、大使常嗣が壮行の宴を退出したのは、やはり、本当に酔いが回り過ぎていたためであろう。といっても、もしかすると、それは、通常の宴であれば退出するまでもない酔いであったかもしれない。だが、件の宴では、勅命によって、五位以上の位階を持つ者の全てが、詩を賦さなければならなかったから、事情は異なっていたはずである。その夜の常嗣は、酔いを自覚して退出を決められる程度には判断力を残していたにしても、漢詩を作れるほどには頭が回らなくなってしまっていたのではないだろうか。

また、節刀の儀式において、退出する折、篁が小走りで常嗣の前に回り込んだのは、副使として大使の前追《さきおい》を務めようとしてのことであったかもしれない。平安時代においては、身分のある者は、先頭を歩きはしない。宮中を移動するにも、前追を先行させるものであった。そして、節刀の儀式に参列していた遣唐使が、大使の常嗣と副使の篁とだけであったとすれば、退出時の大使の前追は、副使が務めるしかなかったはずである。

さらに、大使常嗣と副使篁とが別々に都を発ったことについては、これも平安時代には当たり前であった日の吉凶を考慮するべきであろう。そもそも、先に鴻臚館を出て大宰府に向かった常嗣にしても、十五日に節刀を賜っておきながら、出立したのは十九日になってからであった。ここで彼が四日間も鴻臚館に滞在した理由として最も妥当性があるのは、日の吉凶をめぐるものであろう。そして、常嗣が彼の門出にふさわしい吉日を待って鴻臚館で四日間を過ごしたのだとすれば、篁がさらに多くの日数に渡って鴻臚館に留まったのも、やはり、彼にとっての出立の吉日を待ってのことだったのではないだろうか。

とはいえ、やがて二人の関係が険悪なものとなるというのも、確かな史実である。

再度の遭難

それはともかく、仁明天皇の朝廷が二度目の渡海を試みた遣唐使団の消息を把握したのは、七月二十日のことであった。この日、大宰府からの急ぎの連絡が都に届き、合わせて三艘の遣唐使船について、そろって肥前国松浦郡の旻楽埼《みんらくせき》を出た後、第一船と第四船とは風に押し戻されて壱岐島に流れ着き、第二船は風に振り回された挙句に肥前国の値賀島《ちかのしま》に流れ着いたことが報告されたのである。

その後、二度目の航海に出た遣唐使たちの現状が再び朝廷によって了解されるのは、八月二十日のこととなる。今回は、大宰府から奏上が届けられて、合わせて三艘の遣唐使船がまたしても風に負けて日本国内に漂着したことが伝えられたのであった。また、このとき、遣唐使たちからの奏状も都に届けられたようなのだが、残念ながら、その内容まではわからない。

どうにも、『続日本後紀』には、承和の遣唐使の二度目の航海については、ほとんど記述が見られない。まず何より、同書は、遣唐使が大宰府を出港したことを記していないのである。そして、これについては、他にも全く記録がないため、二度目の船出がいつのことであったかは、どうにも知りようがない。また、右に触れた如く、八月二十日になって朝廷が遣唐使船団の国内漂着を知ったことは、『続日本後紀』にも見えるのだが、しかし、同書には、それぞれの遣唐使船がどこに漂着したのかを示す記述もなければ、三艘のそれぞれがどのような状態であるのかを示す記述もないのである。

この『続日本後紀』における記述の不備は、あるいは、意図的なものかもしれない。同書を編纂させたのは、仁明天皇の息子の文徳《もんとく》天皇であるが、文徳天皇にしてみれば、その父親の念願であった一大事業の失敗を、史書に載せて詳しく後世に伝えることなど、がまんがならなかったのではないだろうか。

そうした事情があってか、次に『続日本後紀』に見える承和の遣唐使に関わる記述は、承和五年（八三八）の四月二十八日、仁明天皇が勅を下して大使常嗣・副使篁に三度目の出航を急がせたというものとなる。これは、前年八月二十日の二回目の渡航の失敗についての記述からすると、実に八ヶ月ぶりの記述となる。

では、その八ヶ月の間、大使常嗣・副使篁をはじめとする承和の遣唐使たちは、どこで何をしていたのだろうか。

おそらく、彼らは、船を漂着地点から大宰府へと戻すと、船の修理が終わるのを待ちつつ、大宰府で待機していたのだろう。今回は、特別に帰京や帰郷が許された形跡はない。

そして、その待機生活は、けっして楽しいものではなかったはずである。特に、常嗣や篁のような貴族層の面々にとっては、一時的な滞在を前提としていた大宰府の宿舎の暮らしは、不愉快そのものであったかもしれない。いや、末端の雑使《ぞうし》（雑用係）たちや水手《かこ》（船員）たちにしても、おそらくは雑魚部屋《ざこべや》に放り込まれて、日々、辟易《へきえき》していたことだろう。

再々度の船出を拒否する小野篁

ところで、仁明天皇が承和五年（八三八）四月二十八日に下した勅は、天皇より特別に「勘発《かんほつ》」を命じられた右近衛中将《うこのえのちゅうじょう》藤原助《ふじわらのたすく》によって、大宰府の遣唐使たちのもとへともたらされる。

ここに藤原助が命じられた「勘発」とは、すなわち、過失を咎《とが》めることである。したがって、助は、ただ単に大使常嗣・副使篁に勅符を渡すだけでなく、自らの言葉でも常嗣や篁を譴責《けんせき》しなければならなかった。また、右に「過失を咎める」「譴責《けんせき》」という言葉を使ったが、仁明天皇は、この時点で遣唐使が三度目の船出をしていないことを、「譴責」されるべき「過失」と見做していたのである。

これに対して、遣唐使たちが仁明天皇の勅命に唯々諾々《いいだくだく》と従うことはなかった。五月三日、仁明天皇のもとに届いた遣唐使たちからの奏状は、大海原を渡航することの危険性を訴えたうえで、遣唐使の一団が無事の帰還を果たすまでの間、全ての国々において航海の安全を祈る仏事を行い続けることを求めるものであった。

また、仁明天皇を驚かせたのは、六月二十二日、大宰府から戻った藤原助の報告である。何と、遣唐副使の小野篁が、病気のゆえに出航できない旨を主張している、というのであった。このタイミングでの病気の申告であるから、仁明天皇は、ここに篁の主張する病気を、即座に仮病と見做したに違いない。

しかし、遣唐大使の常嗣は、篁とは一線を画していた。常嗣の考えるところ、勅命は勅命であって、結局は従わないわけにはいかないものだったのだろう。常嗣の乗る第一船と遣唐判官菅原善主の乗る第四船とは、六月末に唐に向けて出港したらしく、「遣唐使《けんとうし》第一《だいいち》・四船《よんせん》の進発《しんぽつ》す」という大宰府からの連絡が、七月五日に都に届いたのであった。

しかも、常嗣は、ご丁寧にも、今回の遣唐使の使命にかける意気込みを文章にして、それを仁明天皇に奉っている。それは、船を出してからのことだったのだろうか、常嗣の決意表明が仁明天皇のもとに届いたのは、八月三日であったという。しかし、そのようなことをするのは、けっして遣唐大使の慣例などではなかった。言ってみれば、それは、常嗣の個人的な点数稼《てんすうかせ》ぎだったのだろう。

この間に、第二船も港を出る。大宰府からの「遣唐第二船《けんとうだいにせん》の進発《しんぽつ》す」という連絡が都に届いたのは、七月二十九日のことであったから、第二船の出航は、同月二十日過ぎあたりであったろうか。

ただし、この第二船には、本来、この船の責任者であるはずの遣唐副使小野篁の姿はなかった。彼は、結局、病気であることを主張して、承和の遣唐使の再々度の渡海には同行しなかったのである。

もちろん、こんなことをして、ただで済むわけがない。篁は、仁明天皇より彼の大きな夢の実現を託されていたにもかかわらず、その信任を裏切ったのである。しかも、仮病などという稚拙な手段を用いて。

こうして、篁は、人生の大きな転機を迎えることになるのであった。

第八章　小野篁という庶民の罪人

罪人になって庶民になる小野篁

承和《じょうわ》五年（八三八）十二月十五日、次のような勅が下る。

小野篁《おののたかむら》は、内《うち》に綸旨《りんじ》を含みて出《い》でて外境《げきょう》に使《つかい》するに、空《むな》しく「病《やまい》の故《ゆえ》」と称《い》ひて国命《こくみょう》を遂《と》げず。律《りつ》の条《じょう》に准《なずら》へ拠《よ》るに、絞刑《こうけい》に処《しょ》すべきを、宜《よろ》しく死一等《しいっとう》を降《お》ろして之《これ》を遠流《おんる》に処《しょ》すべし。

これは、やはり『続日本後紀《しょくにほんこうき》』の伝えるところであり、ここでは、漢文の原文を読み下し文にしてあるが、これを、さらに現代語に訳すならば、次の通りとなる。

小野篁は、陛下《へいか》より勅命を蒙《こうむ》って異国への使節を務めるはずであったが、つまらないことに「病気が原因である」などと偽《いつわ》って、勅命を果たさなかった。この件を律《りつ》の条文に依拠して裁くならば、本来、「絞刑」に処すのが適切であるが、篁への刑罰は、死刑より一段階を下げたものとして、「遠流」を科すこととせよ。

律令国家《りつりょうこっか》の言う「絞刑《こうけい》」とは、絞首刑《こうしゅけい》のことであり、同じく「遠流《おんる》」とは、遠い土地への流刑《るけい》のことである。したがって、このとき、小野篁は、本来ならば絞首刑に処されて当然の罪を犯したものの、天皇の恩情によって刑罰を軽減されて、都から遠い地への流刑に処されることになったのであった。

また、右の勅にも明らかなように、篁が罰せられることになったのは、彼が遣唐副使《けんとうふくし》の任にありながら、ついに遣唐使団の三回目の渡航に同行しなかったからである。これは、前章の最後に見たところであるが、篁は、仮病を使って乗船を拒否し続けて、第二船の出航を遅らせ続けたうえに、結局、その第二船が遅蒔きながら出航しても、大宰府《だざいふ》に留まっていたのであった。そのため、彼は、当時の朝廷が言うところの「違勅《いちょく》」の罪を犯したとして断罪されたのである。

そして、彼の配流先となったのは、隠岐国《おきのくに》であった。

隠岐国というのは、現在の地名では、島根県の沖合に位置して島根県の一部となっている隠岐諸島のことである。この隠岐諸島の島々は、古代において、一つの国として扱われていたのであり、また、都から遠い「遠国《おんごく》」として扱われていたために、しばしば遠流の地とされていたのであった。小野篁の後にも、伴健岑《とものこわみね》・藤原千晴《ふじわらのちはる》・平致頼《たいらのむねより》・源義親《みなもとのよしちか》・後鳥羽上皇《ごとばじょうこう》・後醍醐《ごだいご》天皇など、さまざまな人物が遠流に処されて隠岐国へと流されている。

ただ、遣唐副使の任務を放棄したことで小野篁が与えられた罰は、隠岐国への配流に留まらなかった。というのも、『続日本後紀』が、同年十二月二十七日のこととして、次のように伝えているからである。

小野篁《おののたかむら》の帯《お》ぶる所《ところ》の正五位下《しょうごいげ》の告身《こくしん》を追《お》ふ。

これは、すなわち、小野篁から彼の持っていた正五位下の位階を取り上げるということであり、さらには、小野篁という個人の身分を貴族から庶民へと落とすということである。したがって、篁は、三十七歳にして、ただ単に罪人になっただけではなく、罪人になったうえに庶民になったのであって、要するに、庶民の身の罪人になったのであった。

違勅の動機

このあたりのことは、第一章で紹介した『文徳実録《もんとくじつろく》』に見える小野篁の薨伝《こうでん》にも、次のように記されている。

そうこうするうち、承和六年（八三九）の正月、篁は、ついに、仁明《にんみょう》天皇の判断により、勅命に逆らったという罪で、官職も位階も取り上げられて、庶民にされてしまう。また、彼は、そのうえで、隠岐国に流されることになるのであった。

ここでは、篁への処罰は承和六年の正月に下されたことになっているが、これは、篁にとっての事実であろう。『続日本後紀』によれば、篁について隠岐国への遠流と貴族身分の剥奪とが決定されたのは、承和五年（八三八）の十二月の半ば以降のことであった。が、それらの決定は、大宰府に滞在する篁のもとに伝えられ、さらには実行に移されるまでに、半月からの時間を必要としたことだろう。

それにしても、どうして、このようなことになってしまったのだろうか。

これについても、改めて篁の薨伝を見てみよう。

承和五年の春、遣唐使たちの四艘《そう》の船を、順々に海に浮かべた。しかし、遣唐使の一団の代表である遣唐大使《けんとうたいし》にして参議《さんぎ》で従四位上《じゅしいじょう》の位階を持つ藤原常嗣《つねつぐ》が座乗する第一船は、浸水があるほどに壊れていた。そこで、仁明天皇の勅命があって、遣唐副使の座乗する第二船を、遣唐大使の乗るべき第一船として扱うことになった（当然、これと同時に、第一船が第二船として扱われることになった）。

これに抗議して、篁は、こう上申した。

「朝廷の決定は、あやふやで信用できません。誰がどの船に乗るかを、何度も決め直すのですから。そもそも、最初に誰がどの船に乗るかを決めた日に、最も出来のよい船を選び出して第一船に決めたはずです。それを、船を実際に海に浮かべてみた後、あっという間に決定が覆されて、私に疵物《きずもの》の危険な船が割り当てられることになりました。遣唐大使殿は、自分が利益を得る代わりに他人に損害を負わせておいて、これを『人の情け』だと言い張るのです。これは、道理に合わない行いであって、私は、全く立場がありません。どうして、あのような遣唐大使殿の指揮のもとに海を渡ることができましょうか。それに、この篁は、家が貧しいうえに老いた親を養わなければならず、かつ、自身もまた病気がちなのです。こうなったうえは、この篁は、自ら水を汲んで薪を集めて、庶民がするのと同じような親孝行をするばかりです（朝廷の官職を返上します）」

篁は、右のように言うばかりであり、頑《がん》として二度と船に乗ろうとはしなかった。

この甍伝には、再々度の渡海を前にした時点では既に三艘になっていた遣唐使船を四艘とするように、諸々の事実誤認があるものの、ここでは細部には目をつぶろう。そして、これによれば、篁が遣唐使船に乗ることを拒否したのは、三回目の渡海を前に、遣唐大使の藤原常嗣が乗船の交換を強行したためであり、また、それを朝廷が追認したためであった。

篁の朝廷不信

こうした事情をめぐっては、『続日本後紀』も、承和五年（八三八）十二月十五日、篁を遠流に処す旨の勅が下ったことと篁の配流先が隠岐国であることとを伝えるとともに、次のように語っている。もちろん、ここでの引用も、原漢文を読み下し文に改めたものである。

初《はじ》めて造舶使《ぞうはくし》の舶《ふね》を造《つく》るの日《ひ》、先《ま》づ自《みずか》ら其《そ》の次第《しだい》を定《さだ》めて之《これ》を名《なづ》くは、古《ふる》き例《ためし》には非《あら》ざる也《なり》。使等《つかいら》の之《これ》に任《にん》じて各《おのおの》に駕《の》りて去《さ》るに、一《はじめ》の漂廻《ひょうかい》の後《のち》、大使《たいし》の表《ひょう》を上《たてまつ》りて更《さら》に復《また》卜定《ぼくじょう》して其《そ》の次第《しだい》を換《か》ふ。第二船《だいにせん》を改《あらた》めて第一《だいいち》に為《な》して大使《たいし》の之《これ》に駕《の》る。是《ここ》に於《お》いて、副使篁《ふくしたかむら》の怨《うら》み懟《うら》みて病《やまい》と陽《いつわ》りて留《とど》まる。

この記述は、どうにも言葉足らずの感があって、あまりいい説明になっていない。そこで、これを、幾らか言葉を補いながら、現代語に訳すならば、次の如くとなる。

造船使たちが遣唐使船を完成させた日、遣唐大使の藤原常嗣は、自身で第一船から第四船までを決めて、自分の乗る第一船を「太平良《たいへいりょう》」と名付けたのであったが、これは、前例に反することであった。その後、遣唐使たちが任命されて各自が割り振られた船に乗って出航したのであったが、風に吹き戻されて渡海に失敗すると、大使の常嗣は、天皇に意見書を奉って、船の割り振りを変更した。すなわち、第二船を新たに第一船として、この新しい第一船（もとの第二船）に大使常嗣が乗ることになったのである。すると、遣唐副使の小野篁は、ひどく怨んで、仮病を使って大宰府に留まったのであった。

この説明も、先に見た薨伝と同じで、承和の遣唐使の渡海の失敗を一度だけとしているようである。いずれの説くところでも、最初の航海の後に遣唐大使の藤原常嗣が第一船と第二船との交換を強行したことになっているが、これは、遣唐使たちが航海に失敗した回数を一回だけと見ているからであろう。『続日本後紀』といい、『文徳実録』といい、後世の編纂物であるから、これくらいの事実誤認があるのは、仕方のないことであろう。あるいは、この件では、意図的な事実誤認である可能性も考えた方がいいのかもしれないが。

したがって、関連する出来事を、前章で見たところを踏まえて、時系列に従って整理するならば、次の表の如くとなろう。

【承和の遣唐使船をめぐる動き】

時期	出来事
承和三年　春	竣工
	第一船から第四船までの割り振りと第一船の命名
五月	最初の出港（難波津より）
七月	最初の遭難（第三船の喪失）
八月	修理開始（大宰府にて）

承和四年	四月	修理完了
		第一船の叙爵
		再度の出港（大宰府より）
	八月	再度の遭難
		修理開始（大宰府にて）
承和五年		修理完了
		第一船と第二船との交換
	七月	再々度の出港（大宰府より）

ここで遣唐大使の常嗣が自身の乗る第一船に「太平良」という名を付けたことには、もっともな由緒がある。実は、彼の父親の葛野麻呂《かどのまろ》もまた、桓武《かんむ》天皇の時代に遣唐大使を務めていて、その折にも催された壮行の宴において、次のような御製《ぎょせい》を賜っていたのである。この一首からは、桓武天皇が遣唐使たちの無事の帰還を切に願っていたことが窺われよう。

この酒《さけ》は　大《だい》にはあらず　平良《たいら》かに　帰《かえ》り来《き》ませと　斎《いは》ひたる酒《さけ》

ともかく、篁が遣唐副使の任を放り出して遣唐使船に乗ることを拒んだのは、やはり、甍伝の言う如く、直接には、遣唐大使常嗣の横暴に抗してのことであったらしい。また、さすがに朝廷の編纂物である『続日本後紀』は、そこには言及していないが、篁が常嗣の身勝手な振る舞いを黙認した朝廷をも恨んでいたことは、間違いあるまい。

「西道謡」

遣唐使船に乗ることを拒否して大宰府に居残った遣唐副使篁は、募る朝廷への不満を、一つの作品に仕上げたらしい。そして、その作品には、「西道謡《さいどうのうた》（さいどうよう）」という名が与えられたのであったが、その名に「謡」と付く作品は、朝廷に仕える者が実名を隠すこともなしに作るべきものではなかった。

古代において「謡」あるいは「童謡」と呼ばれたのは、体制批判や権力者批判の歌謡であって、いつの間にか市井《しせい》で広く聞かれるようになる怪しげな歌謡である。そして、それは、ときとして、体制なり権力者なりの忌まわしい未来を予言するものでもあった。

例えば、『日本書紀《にほんしょき》』は、聖徳太子《しょうとくたいし》と権力を分け合って皇極《こうぎょく》天皇を支えていた蘇我蝦夷《そがのえみし》の息子の入鹿《いるか》が、聖徳太子の亡き後、太子の遺児たちを見棄てることを決めた頃のこととして、次のような「童謡《わざうた》」が流行ったことを伝える。

岩《いわ》の上《え》に　小猿米焼く《こざるこめやく》　米《こめ》だにも　食《た》げて通《とお》らせ　山羊《やぎ》の老翁《ろうおう》

ここに「岩の上」と言われているのは、「上宮《かみつみや》」とも呼ばれた聖徳太子の家であり、同じく「小猿」と言われているのは、入鹿である。また、「小猿（入鹿）」が「岩の上（上宮）」で「米焼く」とは、すなわち、入鹿が上宮を裏切ったことに他ならない。

しかし、それだけではなく、「岩の上に／小猿米焼く／米だにも」とは、やがて入鹿が起こす凶行の予言でもあった。その後、入鹿は、上宮を焼き討ちして、聖徳太子の遺児たちを皆殺しにしてしまったのである。

では、篁が作った「西道謡」は、どのような歌謡だったのだろうか。

残念ながら、「西道謡」が後世に伝わることはなかった。それは、おそらく、朝廷によって闇に葬られてしまったのだろう。これについての手がかりは、『続日本後紀』に篁の違勅の背景の説明におまけのように付いている次の記述だけである。これも、原漢文を読み下しての引用となる。

遂《つい》に幽憤《ゆうふん》を抱《いだ》きて「西道謡《さいどうのうた》」を作《つく》りて以《もっ》て遣唐《けんとう》の役《えき》を刺《さ》す也《なり》。其《そ》の詞《ことば》は、興《きょう》を牽《ひ》くも、多《おお》く忌諱《きい》を犯《おか》す。嵯峨太上天皇《さがだいじょうてんのう》の之《これ》を覧《らん》じて大《おお》いに怒《いか》りて其《そ》の罪《つみ》を論《ろん》ぜしむ。故《ゆえ》に此《こ》の竄謫《ざんたく》の有《あ》り。

これによれば、「西道謡」は、やはり、朝廷を批判するものであった。しかも、これを通じて篁が批判したのは、遣唐使の派遣だったのである。「遣唐の役」とは、遣唐使の役割もしくは遣唐使を派遣することの意味であろう。また、「刺す」は、「風刺」の「刺」であって、批判することを意味する。篁は、遣唐副使として職場放棄をしたのみならず、そもそも遣唐使を派遣することそのものを、公然と批判したのであった。

これが仁明天皇を刺激しないわけがない。遣唐使の派遣は、彼にとって、宿願であるとともに、最重要政策でもあったのである。それを、「興を牽く」と評されるように、おもしろおかしく、かつ、「多く忌諱を犯す」と評されるように、本質的な部分に踏み込んで、容赦なく批判したとなれば、問題の「西道謡」は、仁明天皇批判とも見做されたことだろう。

嵯峨上皇の怒り

ただ、「西道謡」に対して怒りを露わにしたとして『続日本後紀』に記録されたのは、仁明天皇ではなく、その父親の嵯峨《さが》上皇である。そして、「大いに怒りて」と記されるほどであるから、嵯峨上皇の怒りは、並々ならぬものであったに違いない。

また、『続日本後紀』は、そうして激怒した嵯峨上皇は、怒りのゆえに篁の罪状を明らかにさせ、その結果として、今回の配流が決定されたと伝える。嵯峨上皇は、「西道謡」の遣唐使批判に、篁を流罪に処するほどに怒ったというのである。

しかし、この事実を別の角度から見るならば、遣唐使船に乗ることを拒否した篁も、それだけなら、貴族の身分を剥奪されたうえに隠岐国に流されるほどの厳罰には処されなかったのではないだろうか。

確かに、遣唐副使の使命を放棄した篁は、そもそも、違勅罪に問われてもおかしくなかっただろう。だが、違勅罪が適用されたからといって、必ずしも遠流に処せられるとは限らないうえに、ましてや、位階を取り上げられて身分を庶民に落とされるなど、かなり特殊なことであるように思われる。

現に、かつては、遣唐大使の身でありながら仮病を使って渡海を忌避した者が、ずっと軽い処罰で済まされているのである。その「遣唐大使の身でありながら仮病を使って渡海を忌避した者」とは、小野氏とは因縁の深い佐伯今毛人《さえきのいまえみし》に他ならない。この今毛人が渡唐を拒否したことで遣唐大使の代理として唐に赴いた小野石根《おののいわね》が、唐において立派に役目を果たした後、帰りの船旅で生命を落としたことは、第六章に見た通りである。

では、ある意味で篁の個人的な先人とも言うべき今毛人が、どのように罰せられたかというと、彼は、遣唐大使とともに帯びていた左大弁《さだいべん》の官職を解かれただけで、律に定める刑罰は免れていたのであった。しかも、『続日本紀』によれば、今毛人の場合、宝亀《ほうき》八年（七七七）に左大弁を免職になった後、しばらくは無官のままであったらしいものの、同十年には大宰大弐《だざいだいに》を拝命して、完全に官界への復帰を果たしているのである。そして、延暦《えんりゃく》三年（七八四）には参議として公卿《くぎょう》に列し、同四年には正三位《しょうさんみ》に昇っている。

おそらく、この今毛人の前例は、篁の頭にもあっただろう。いや、むしろ、この今毛人の例があったからこそ、篁は、殊更に恐れることなく、遣唐使船に乗ることを拒否できたのではないだろうか。事実、件の薨伝からは、乗船拒否をした後に自身の身について、篁が「自ら水を汲んで薪を集めて、庶民がするのと同じような親孝行をするばかりです（朝廷の官職を返上します）」という程度に想定していたことが知られるのである。

ところが、そう高を括って、調子に乗って「西道謡」などを作ったことで、篁の目算は大きく狂うこととなった。仁明天皇を怒らせ、あろうことか、嵯峨上皇までをも怒らせてしまったがために、違勅罪にたいへんな刑罰が適用されてしまったのであった。

なお、『続日本後紀』が殊更に嵯峨上皇の怒りに触れるのは、上皇の寵臣である篁の処罰については、仁明天皇が上皇に判断を一任したためではないだろうか。

篁の遣唐使批判

それほどに嵯峨上皇・仁明天皇を怒らせた「西道謡」であるが、いったい、遣唐使を派遣することについて、どのような問題を指摘したのだろうか。

ここで最も参考になりそうなのは、左大臣《さだいじん》の藤原緒嗣《おつぐ》が承和四年（八三七）十二月八日に提出した辞表である。この辞表は、その全文が『続日本後紀』に収められているが、その前半部には、現代語に訳して紹介するならば、次のようなことが書かれている。


私めは、年老いて病も重く、もう出仕することはできそうにありません。病気は長引いて、もう丸一年にもなろうとしています。

そんな私めが拝見しますに、日本中の朝廷の倉庫が空《から》になっていて、朝廷に必要な費用が不足しています。ましてや、今年は不作でしたので、衣裳も食糧も満足に調達できないほどに朝廷には財源がありませんから、どうして、各種の儀礼を執り行うことができましょうか（いや、それは無理でしょう）。私めは、先代の淳和《じゅんな》天皇さまの時代の初め、意見を申し上げる機会に、不必要な官職を削減して贅沢な文化事業への支出をなくすことの必要を奏上しました。しかしながら、その後、しばらく病臥《びょうが》しておりまして、無駄に歳月を費やしてしまいました。……

当時の緒嗣は、左大臣として臣下の筆頭の地位にあった。そして、そんな彼は、朝廷が財政破綻の危機に瀕していることを憂うとともに、病気のために財政改革を実現できなかった自身を責め、ゆえに左大臣の重職を辞そうとしていたのであった。もちろん、ここで緒嗣が左大臣をやめたからといって、それで朝廷の財政が健全化するわけではない。この頃、朝廷が財政破綻に陥る明日は、もう目と鼻の先に迫っていたのである。それでも、自己の責任を認めて進退を判断した緒嗣の気高さには、敬意を表するべきであろう。

ところが、緒嗣が抱いていた危機感は、結局、仁明天皇には全く伝わらなかった。彼は、朝廷が財政破綻の瀬戸際にあることも顧みず、緒嗣が支出の削減を提言した「贅沢な文化事業」の代表のような遣唐使の派遣を、何が何でも実現しようとしていたのである。

そして、もし、この点を遠慮なく批判したのが、篁の「西道謡」であったとすれば、嵯峨上皇・仁明天皇が怒るのも、実に当然であろう。彼らにしてみれば、最も痛いところを突かれたのであるから。

ちなみに、『延喜式』によれば、遣唐使が派遣されるときには、唐《とう》の皇帝への贈り物として、次の如き豪奢な品々が用意されることになっていた。とはいえ、もちろん、これでさえ、遣唐使派遣費用の全体からすれば、ほんの一部でしかない。

【『延喜式』に見える遣唐使派遣に付随する唐皇帝への贈り物】

銀大五〇〇両　水織絁二〇〇疋　美濃絁二〇〇疋　細絁三〇〇疋　黄絁三〇〇疋
黄絲五〇〇絇　細屯綿一〇〇〇屯　綵帛二〇〇疋　畳綿二〇〇屯　屯綿二〇〇屯
紵布三〇端　望陁布一〇〇端　木綿一〇〇帖　出火水精十顆　瑪瑙十顆
出火鐵十具　海石榴油六斗　甘葛汁六斗　金漆四斗

渡唐を拒否した遣唐副使の居場所

ところで、本来は自らが乗るべきであった遣唐使船の船出を見送ってから、流刑に処されることが伝えられるまでの間、渡唐を拒否した遣唐副使は、どこにいたのだろうか。

この疑問を解くうえでは、例の甍伝の次の如き箇所が手がかりとなる。

この頃の篁のことをよく知る者として、大宰府の鴻臚館《こうろかん》（迎賓館）に沈道古《ちんどうこ》という唐国人《からくにびと》がいた。この道古は、篁が漢学の才に恵まれている旨を聞き付けて、篁と幾度も漢詩を贈り合ったのであったが、道古によれば、篁の賦《ふ》す詩は、常にすばらしいものであったという。

これを信じるならば、篁は、たまたま大宰府に滞在していた唐からの訪問者と親しく交際していたことになるのであり、したがって、彼は、大宰府に留まっていたことになる。

確かに、遣唐副使の任務を放棄した篁には、都に戻れる道理がない。そして、それは、けっして彼の立場だけが理由ではなかった。何より、彼には、都に上る手段がなかったはずなのである。

当時、大宰府の官人たちや諸国の国司《こくし》たちは、都から任地へと下るにしても、任地から都へと上るにしても、途中に通過する国々に置かれた公的な施設を利用するものであった。ここに言う「公的な施設」とは、国の役所が置かれた国府《こくふ》であり、郡《ぐん》の役所である郡家《ぐうけ》であり、また、公的な移動に使われる馬が飼われている駅《えき》である。そして、遣唐使たちもまた、船出するときには、都から遣唐使船が係留される難波津《なにわつ》なり大宰府なりに下向するにあたって、また、使命を果たして帰朝したときにも、大宰府から都に上るにあたって、上述の諸施設を利用することができた。

ただ、そうした施設を利用するには、太政官《だじょうかん》の発給する公文書が必要であった。言うまでもなく、大宰府官人たちも、国司たちも、遣唐使たちも、公用で都と地方とを往還するにあたっては、その公文書を携帯していたからこそ、国府でも、郡家でも、駅でも、都合よく利用することができたのである。

こうした事情からすると、渡唐を拒否して大宰府に留まった遣唐副使には、都に帰ることなど、できようはずがなかった。彼には、上京の途次で公的施設を利用することを許す公文書など、発給されるはずがなかったからである。そして、途中途中の公的な施設を利用することなしに、大宰府から都まで移動することなど、当時においては、まず不可能なことであった。

したがって、全ての遣唐使船の出港を見届けた後の篁については、流刑が執行されるまで、そのまま大宰府に滞在していたと見るべきである。前章に見た如く、篁が遣唐副使として二回目の船出のために大宰府に下ったのは、承和四年（八三七）三月の終わりであり、篁を残して第二船の三回目の船出が決行されたのは、承和五年（八三八）七月の終わりであったから、この間だけでも、篁の大宰府滞在は十六ヶ月ほどにも及ぶことになる。が、篁は、その後、承和六年（八三九）正月に配流されるまでの間、さらに五ヶ月ほども大宰府に留まっていたのである。

大宰府で過ごした五ヶ月

では、その五ヶ月ほどの間、篁は、大宰府において、何をしていたのだろうか。

ここで、前節に引用した薨伝の一部を再び引用するならば、問題の五ヶ月間の篁について、どうやら唐からの訪問者との漢詩の贈答を楽しんでいたらしいことが知られよう。

この頃の篁のことをよく知る者として、大宰府の鴻臚館（迎賓館）に沈道古という唐国人がいた。この道古は、篁が漢学の才に恵まれている旨を聞き付けて、篁と幾度も漢詩を贈り合ったのであったが、道古によれば、篁の賦す詩は、常にすばらしいものであったという。

篁と漢詩を贈り合った沈道古という人物について、薨伝は、『文徳実録』の原文においても、「唐人沈道古者（唐人《もろこしびと》の沈道古《ちんどうこ》といふ者《もの》）」と記すばかりである。とはいえ、朝廷が大宰府の迎賓館である鴻臚館に置く判断をした以上、彼は、それなりに身元の確かな者だったのだろう。また、篁と漢詩の贈答をしたというのだから、この唐国からの訪問者は、それなりに学識を備えた人物であったに違いない。

なお、篁には、「和沈卅感故郷応得同時見寄之作（沈卅《ちんそう》の故郷《こきょう》も応《まさ》に同《おな》じ時《とき》を得《う》べしと感《かん》じて寄《よ》せ見《み》るの作《さく》に和《わ》す）」の題で伝わる漢詩があるのだが、これは、彼が大宰府において右の沈道古に贈った漢詩の一つと考えていいだろう。これを現代に伝えるのは、平安時代中期に紀斉名《きのただな》という漢学者によって編纂された名詩集の『扶桑集《ふそうしゅう》』であり、問題の詩の「和沈卅感故郷応得同時見寄之作」という題は、篁自身が付けたものではないかもしれないとはいえ、その中の「沈卅」については、沈道古の詩人としての号と見做していいように思われる。

そして、「沈卅」が沈道古であるとすれば、彼は、海難事故に遭って大宰府に保護された身であったのかもしれない。というのも、件の詩は、その最初の句において、「査客来如昨（査客《さかく》の来《き》たるは昨《きのう》の如《ごと》し）」と、沈道古（沈卅）を「査客」と呼んでいるからである。筏を意味する「査」に「客」が付いた「査客」は、筏に乗った遭難者であろう。

漢詩における「査客」という言葉の使用には、先例を見付けることもできる。すなわち、嵯峨天皇皇女の有智子内親王《うちこないしんのう》が、嵯峨天皇の御製に和するべく渓谷の風景を賦した一首の終わりに「唯有釣船鏡中度（唯《ただ》に釣船《つりぶね》の有《あ》りて鏡《かがみ》の中《なか》を度《わた》れば）／還疑査客与天来（還《かえ》りて査客《さかく》の天《てん》より来《く》るを疑《うたが》ふ）」と見えるのである。この有智子内親王の詩は、御製に和して賦された漢詩（「奉和」）だけを集めて平安時代中期の初めに編纂された『雑言奉和《ぞうごんほうわ》』という漢詩集に収められているのだが、ここでの「査客」は、筏に乗って地上世界に舞い込む天人であって、やはり、ある意味、遭難者なのではないだろうか。

もし、沈道古が何らかの海難事故に遭って大宰府に保護された唐国人であったとすれば、その身分は、あるいは、唐王朝の官人であったかもしれない。官人であれば、いずこかの国への使節として海に出て、運悪く遭難することもあっただろう。また、彼が官人であったとすれば、篁と漢詩を贈り合ったことにも納得がいく。科挙制度《かきょせいど》のもとで厳しい試験を通って採用される唐の官人たちは、漢詩を賦すことを当たり前に嗜んだのである。

望郷の詩

ときに、篁が沈道古に贈った「和沈卅感故郷応得同時見寄之作（沈卅《ちんそう》の故郷《こきょう》も応《まさ》に同《おな》じ時《とき》を得《う》べしと感《かん》じて寄《よ》せ見《み》るの作《さく》に和《わ》す）」は、次のような五言律詩《ごごんりっし》であった。

和沈卅感故郷応得同時見寄之作　沈卅《ちんそう》の故郷《こきょう》も応《まさ》に同《おな》じ時《とき》を得《う》べしと感《かん》じて寄《よ》せ見《み》るの作《さく》に和《わ》す
査客来如昨　査客《さかく》の来《き》たるは昨《きのう》の如《ごと》けれど、
寒蟾再遇円　寒蟾《かんせん》は再《ふたた》び円《まどか》なるに遇《あ》ふ。

三冬難暁夜
万里不陰天
漫遣刀環満
空経破鏡懸
計応郷国処
愁見一時然

三冬《さんとう》の暁《あ》け難《がた》き夜《よる》のあれば、
万里《ばんり》に陰《くも》らざる天《てん》のあり。
漫《そぞ》ろに刀環《とうかん》の満《み》つるを遣《つかわ》して、
空《むな》しく破鏡《はきょう》の懸《か》かるを経《へ》たり。
計《はか》りて応《いら》ふるに、郷国《きょうこく》に処《お》るを、
愁《うれ》ひて見《み》ん、一《ひと》つの時《とき》の然《しか》るを。

この詩の心は、題も含めて現代語で紹介するならば、概ね、次の通りであろう。

沈道古が「故郷に残した家族も、きっと同じように冬の季節を感じているに違いない」と考えて私に贈ってくれた詩への返しとして賦す

あなたが筏に乗った遭難者として大宰府を訪れたのは、つい昨日のことのようだけれど、実際には、寒空の月が再び満月になったように、一ヶ月が過ぎたのだ。

今は、初冬・仲冬・晩冬の冬のなかなか明けない夜があって、どこまでも曇らない空が続いている。

あなたは、無駄に帰国の機会を逃してしまって、何もできずに欠けた月が空に昇るのを眺めて過ごしている。

想像してみるに、あなたの故郷の家族たちのことを、彼らもまた、あなたを心配しながら見ている

のではないだろうか、同じ冬の月夜を。

ここに詠み込まれているのは、表面的には沈道古の望郷の念であるが、少し深読みをするならば、その望郷の念は、篁のものでもあるのだろう。

沈道古と親交を深めていた頃、篁に故郷を思う気持ちがなかったはずはあるまい。そもそも、篁は、承和四年（八三七）三月、二回目の船出のために遣唐副使として大宰府に下って以来、承和五年（八三八）七月、遣唐副使の使命を放り出して三回目の船出を見送るまでだけでも、十六ヶ月も故郷の平安京を離れていたのである。

しかも、遣唐使の任務を放棄してしまった篁は、事実上、都に帰ることを禁じられた身であった。したがって、彼もまた、沈道古と同じく、再び故郷の地を踏むことのできる日がいつになるかわからないという境遇に置かれていたのである。

あるいは、帰るべき故郷を異にする二人が、漢詩を通じて親密になり得たのも、望郷の念を共有していたからこそなのかもしれない。

庶民の罪人の生活のはじまり

しかし、篁が故郷の都を本当に深く懐かしむことになるのは、これから先のことである。

承和五年（八三八）の七月に遣唐使船を見送って以降、同年のうちは、職場放棄をした遣唐副使も、おそらく、とりあえずは大宰府の食客《しょっかく》のような身であって、貴族らしい生活に著しく不自由することもなかっただろう。あるいは、正五位下の位階を持つ列記とした貴族の彼には、都の自宅からの仕送りなり差し入れなりのようなものもあったに違いない。

そもそも、篁が優雅に沈道古と漢詩の贈答をしていられたのも、そうした背景があればこそであった。詩を贈り合うとなれば、当然、筆・墨・紙を必要としたであろうが、それらは、当時としては、明らかに高級品に数えられる品々だったのである。

が、承和五年十二月十五日、仁明天皇の朝廷が公式に小野篁を罪人と認定して処罰を決定して、おそらくはその数日後、篁の罪状をめぐる連絡が大宰府に届いたことで、彼の環境は、大きく変わりはじめる。篁は、その日から、大宰府においても、食客としてではなく、護送前の流刑囚として扱われることになったのであるから。

とはいえ、しばらくの間は、それほどぞんざいな扱いを受けることはなかっただろう。

当時、大宰大弐として大宰府の実質的な長官を務めていたのは、従四位下《じゅしいげ》の位階を持つ南淵永河《みなぶちのながかわ》であった。そして、これに次ぐ高位者は、その頃の大宰府においては、正五位下の位階を持つ篁であった。彼は、当然のことながら遣唐副使の任を解かれていたはずであり、流罪を言い渡された身ではあったが、まだまだ列記とした貴族だったのである。となれば、永河を含む大宰府官人たちも、篁の扱いについては、監視を強化して外出を制限するくらいのもので、ほぼそれまで通りにしていたかもしれない。

とはいえ、明くる年の承和六年（八三九）の正月の初めには、彼の置かれた環境は、まさに一変したことだろう。前年末の十二月二十七日、仁明天皇の朝廷が「小野篁《おののたかむら》の帯《お》ぶる所《ところ》の正五位下《しょうごいげ》の告身《こくしん》を追《お》ふ」ことを決め、この篁を庶民の身分に落とすという決定が、数日後には大宰府にも届いたはずだからである。

ここからの篁の扱いは、衣食住の全てに渡って、ぞんざいなものとなったことだろう。

まさか、もともとは貴族であった篁は、生粋の庶民の罪人たちと一緒に牢に入れられるなどということはなかったかもしれない。だが、そんな彼も、それまで暮らしていた客人の家を追われ、物置としても使われる小屋に移されるくらいの目には遭ったはずである。

当然、食事も、庶民の罪人となった篁には、公用で大宰府に滞在する官人に支給されるものが支給されることはなかっただろう。ある論文は、この頃の篁の食事について、『延喜式』を引き合いに、「今まで口にしたこともなかった臓物を支給され」と説明するが、これは、さすがに誤解である。『延喜式』が規定しているのは、当時は「贓贖物《あがないもの》」と呼ばれた押収物を、配流前の流刑囚への食糧支給の財源とすることであって、「はらわた」とも言われる臓物《ぞうもつ》は、ここでは全く関係ない。とはいえ、『延喜式』が配流前の流刑囚への支給を命じる食糧は、米と塩とだけであるから、篁には、かなり粗末なものに見えたことだろう。

隠岐国へと護送される篁の和歌

次に詞書《ことばがき》ともども引用するのは、『古今和歌集《こきんわかしゅう》』に見える篁の和歌の一つであるが、これは、隠岐国への配流の途中に詠まれたものであるらしい。

隠岐《おき》の国《くに》に流《なが》されけるときに、舟《ふね》に乗《の》りて出《い》で立《た》つとて、
京《きょう》なる人《ひと》のもとに遣《つかわ》しける
小野篁《おののたかむら》の朝臣《あそん》
海《わた》の原《はら》　八十島《やそしま》かけて　漕《こ》ぎ出《い》でぬと　人《ひと》には告《つ》げよ　海人《あま》の釣舟《つりぶね》

この一首に詠まれた心は、次の如くであろう。

もし、誰かが私の消息を尋ねたなら、「海上を多くの島々に向かって漕ぎ出して行った」と、その人に告げておくれ。舟で漁に勤《いそ》しむ海人《あま》たちよ。

右の和歌に詠まれる「八十島《やそしま》」とは、隠岐国のことである。古代において隠岐国という一つの国として扱われた隠岐諸島は、百八十を超える数の大小の島々によって構成されているため、まさに「八十島」と呼ばれるにふさわしい。もちろん、歌語としての「八十島」の意味するところは、本当の意味での「八十の島」ではなく、「たくさんの島」なのである。

したがって、右の一首が詠まれたのは、篁が、舟に乗せられて今まさに対岸の出雲国《いずものくに》から隠岐国へと流人として護送されようとしていたときであったろう。そのとき、本当に篁の視界に「海人の釣舟」があったかどうかはわからない。が、消息を託せる相手が現地の海人だけだったという演出は、貴族から

転落した流人の哀れさを強調するに十分であろう。

なお、篁が件の歌を詠んだタイミングについては、難波津から船出するときとの説が、世に流布している。だが、これは、篁が都から隠岐国へと護送されたことを前提とする説であって、そもそも成り立つはずがない。

にもかかわらず、こんな説が生まれたことについては、『今昔物語集《こんじゃくものがたりしゅう》』に責任を問いたい。

『今昔物語集』巻第二十四第四十五の「小野篁《おののたかむら》の隠岐国《おきのくに》に流《なが》さるる時《とき》に和歌《わか》を読《よ》む語《こと》」は、「事有《ことあ》りて隠岐国《おきのくに》に流《なが》されける時《とき》、船《ふね》に乗《の》りて出《い》で立《た》つとて、京《きょう》に知《し》りたる人《ひと》の許《もと》に、此《か》く読《よ》みて遣《や》りける」と語ったうえで、「海の原」の一首を紹介する。そして、その後、「明石《あかし》と云《い》ふ所《ところ》に行《ゆ》きて、其《そ》の夜宿《よやど》りて、九《く》月許《がつばかり》の事也《ことなり》ければ、明髴《あけぼの》に寝《ね》られで、詠《よ》み居《い》たるに、船《ふね》の行《ゆ》くが、島隠《しまがく》れ為《な》るを見《み》て、『哀《あわ》れ』と思《おも》ひて、此《か》くなむ読《よ》みける」との語りに続けて、「ほのぼのと／あかしの浦《うら》の／朝霧《あさぎり》に／島隠《しまがく》れ行《ゆ》く／舟《ふね》をしぞ思《も》ふ」という和歌を紹介するのである。

ここに『今昔物語集』の語るところからすると、篁は、隠岐国への配流の途中、播磨国《はりまのくに》の明石《あかし》で一泊したことになる。また、そうなると、この配流の船旅の出発点は、難波津でなければなるまい。

しかしながら、「ほのぼのと」の和歌は、篁が詠んだものではない。これは、『古今和歌集』では、「読《よ》み人知《びとし》らず」もしくは「柿本人麻呂《かきのもとのひとまろ》が歌《うた》なり」として扱われている一首なのである。また、『今昔物語集』は、篁の配流を「九月許の事」とするが、これが史実と相違することは、言うまでもあるまい。

隠岐国へと向かう篁の漢詩

篁が自身の配流の途次に詠んだのは、和歌だけではない。
平安時代中期に藤原公任《きんとう》が編纂した『和漢朗詠集《わかんろうえいしゅう》』には、次のような秀句が収められているが、これは、篁が隠岐国への護送の旅の中で賦した漢詩の一部であろう。

渡口郵船風定出　渡口《わたぐち》の郵船《ゆうせん》は風《かぜ》の定《さだ》まれば出《い》でん
波頭謫処日晴看　波頭《はとう》の謫処《たくしょ》は日《ひ》の晴《は》れれば看《み》えん

これを現代語に訳すならば、次の如くとなろう。

渡し場にいる定期船は、風が収まれば出航するだろう。
波の向こうの流刑地は、陽が射せば視界に入るだろう。

この藤原公任のお墨付きの秀句の出典は、次に引用する篁の薨伝が教えてくれる。
篁は、隠岐国へと護送される途中、七言十韻《しちごんじゅういん》の「謫行吟《たっこうぎん》」という漢詩を賦したが、それは、たいへんすばらしい詩であった。そのため、当時、漢詩の心得のある人々の誰もが、篁の「謫行吟」を口にしたという。

ここに見られるように、概ね、その頃において、篁は、漢詩に関して、天下に並ぶ者のない第一人者であった。


これによると、篁は、大宰府から隠岐国へと護送される途中、一句が七文字で二十句から成る漢詩（全部で百四十文字から成る漢詩）を作っていた。その詩は、「謫行吟」と題されて、多くの人々に愛吟されたというが、残念ながら、現代に伝わっていない。しかし、右の『和漢朗詠集』所収の秀句は、今は失われた「謫行吟」の、まさに名残なのだろう。

なお、藤原公任の『和漢朗詠集』は、その表題の通り、口に出すにふさわしい和歌と漢詩との選集である。この集において、和歌は、そのまま五七五七七の三十一文字の全てがそのままであって、篁の「海の原」の一首も、丸ごと収められている。しかし、漢詩は、この『和漢朗詠集』では、特にすばらしい一部だけが抜き出される。篁の「謫行吟」は、まさにそうなったわけである。

その『和漢朗詠集』に篁の作品がどれだけ採られているかというと、全部で十二になる。このうち、和歌はというと、「海の原」の一首だけであり、残りの十一は、全て漢詩の一部である。しかし、それだけの漢詩が『和漢朗詠集』の素材になったことからは、篁の漢詩には愛吟するにふさわしい秀句が多かったことが知られよう。

また、ついでながら、『和漢朗詠集』に篁のものとして収められている次の秀句は、彼が大宰府を去るにあたって、例の唐国人の沈道古に贈った漢詩の一部かもしれない。

万里東来何再日　万里《ばんり》に東《ひがし》に来《き》たるは何《いず》れの再日《さいじつ》ならん
一生西望是長襟　一生《いっしょう》に西《にし》に望《のぞ》まんは是《これ》は長《なが》き襟《ものおも》ひならん

この詩の心は、凡そ、次の通りであろう。

あなたが万里を越えて再び日本に来るのは、いつになるだろうか。
私は、一生、西の方角を向く度《たび》に、物思いに耽《ふけ》ることになるだろう。

流人の生活環境

次に引用するのは、これまた、『和漢朗詠集』に見える篁の秀句である。

床嫌短脚蛬声閙　床《とこ》には短脚《たんきゃく》にして蛬《こおろぎ》の声《こえ》の閙《かまびす》しきを嫌《きら》ひ、
壁厭空心鼠孔穿　壁《かべ》には空心《くうしん》にして鼠《ねずみ》の孔《あな》を穿《うが》つを厭《いと》ふ

これを現代語に訳すとすれば、次のような感じであろうか。

寝床については、脚が短くてコオロギの鳴く声が騒がしいのが堪えられず、
壁については、空洞があってネズミが穴を掘っているのが気に入らない。

ここに詠み込まれているのは、ずいぶんとひどい住環境である。列記とした貴族であれば、まさかこんなひどい暮らしはしていないだろう。とすれば、このコオロギとネズミとに悩まされる住環境は、流人として隠岐国にあった頃の篁のものなのではないだろうか。

実のところ、古代において流刑になった人々がどのような生活をしていたかということは、あまりはっきりしていない。配流になった人物としては、例えば、所謂「応天門の変《おうてんもんのへん》」があって伊豆国《いずのくに》に流された伴善男《とものよしお》などは、篁よりも知名度が高そうなものだが、この善男の流人としての伊豆国での生活さえ、その具体的な様子は、全く明らかではないのである。これは、従来の日本史の研究が、政権の歴史の研究に偏っていて、政権から零《こぼ》れ落《お》ちた人々には関心を持たなかった結果かもしれない。

そこで、ここでは、改めて、律令国家が流刑というものの実施をどのように規定していたのかという、そもそものところから確認してみよう。

まず、さまざまな令《りょう》がある中でも、「獄令《ごくりょう》」と呼ばれる囚人の扱いを規定する令を紐解くと、次のような条文を目にすることになる。

凡《およ》そ、流人《るにん》の配所《はいしょ》に至《いた》りて居《きょ》を作《な》せば、並《なら》びに官粮《かんりょう》を給《たま》へ。

これによれば、流刑に処された者は、配流先の住居に落ち着いた後、食糧を公的に支給されたらしい。これは、現代の囚人と同様の扱いで、流人であっても、最低限の食事は保障されたことになる。そして、流人に支給される食糧というのは、『延喜式』に次の如き規定が見えるように、米一升と塩一勺とであった。

凡《およ》そ、諸国《しょこく》の流人《るにん》は、良賤男女大小《りょうせんだんじょだいしょう》を論《ろん》ぜず、粮《かて》を給《たま》へ。人《ひと》に日《ひ》に米一升《こめいっしょう》・塩一勺《しおいっしゃく》なり。

ちなみに、古代の一升は、現代の四合《ごう》と同量である。したがって、流人に一日分の食糧として支給された米は、われわれの基準では、四合だけとなる。しかも、流人には副菜とする魚介の支給はなかったわけだから、四合の米だけを塩味で食べていたとすれば、流人の食生活は、とりあえず餓死しないで済む程度の、ひどく質素なものだったことになろう。

また、流人の住居であるが、右の獄令の条文が、「流人の配所に至りて居を作せば」と、あまりにも素っ気なく言うところからすると、公的に支給されるのが当たり前だったのかもしれない。そして、当然、それは、立派な家屋ではなかったはずである。隠岐国に流された篁は、コオロギやネズミに触れつつ、住居への不満を募らせているが、そうした問題を抱えているくらいが、流人の住環境としては当たり前だったのかもしれない。

しかし、律令国家の定めた流刑は、その全体を見ると、現代人にとっては、かなり意外なものとなっている。

流人の家族

律が流刑について規定するところは、凡そ、次の通りである。

・基本的に、一年間の強制労働が付随する。ただし、この強制労働は、免除されることもある。
・強制労働を終えた後、もしくは、強制労働を免除された後、現地の普通の人々と同様に普通に暮らす。
・妻もしくは妾《めかけ》とともに暮らさなければならない。それ以外の家族とともに暮らすことも許される。ただし、従者を置くことは許されない。
・七十歳以上の者・十六歳以下の者・障害のある者・病の重い者は、罰金を収めることで流刑の実施を免除される。

これを見る限りでは、流刑というのは、当事者が庶民である場合、家族ともども強制的に移住させられるのと、そう大きな違いがないかもしれない。貴族の場合には、従者を置くことができないので、それまでになく不自由な生活となるだろうが、それでも、独り寂しく見知らぬ土地に放り出されるわけではない。

いや、それどころか、さらに獄令の規定をも見るならば、流刑が決まった者は、それ以降、離婚することが許されず、したがって、必ず妻や妾を巻き込むことになった。とにかく夫婦はセットで配流するというのが、律令国家の方針だったようである。このあたり、現代の刑罰のあり方とは、非常に大きく異なっている。

ただ、小野篁が隠岐国に流されるにあたって、彼の妻も隠岐国に身柄を移されたのかというと、それは、かなり怪しい。篁の妻といえば、第二章で触れたように、彼の最初の妻となったのは、藤原三守《みもり》の娘であるが、この女性が隠岐国の篁のもとに送られるなど、あり得ないことだったのではないだろうか。なぜなら、篁の流刑が執行された承和六年（八三九）正月の時点で、三守はというと、従二位《じゅにい》の位階を持つ右大臣《うだいじん》だったからである。

そもそも、篁自身についても、配流先の隠岐国において、何かと特別な扱いを受けていた可能性を考えなければならないだろう。彼は、何といっても、右大臣家の婿だったのである。衣食住のうちの、少なくとも衣食に関しては、右大臣家から篁へと、かなり手厚い援助があったのではないだろうか。

また、『古今和歌集』には、次のような和歌と詞書とが見えるが、まさか篁が現地の海人と一緒に漁をしたはずはあるまい。この一首に詠まれているのは、ただの気分だろう。

隠岐国《おきのくに》に流《なが》されて侍《はべ》りけるときに詠《よ》める　篁朝臣《たかむらあそん》
思《おも》ひきや　鄙《ひな》の別《わか》れに　衰《おとろ》へて　海人《あま》の縄《なわ》たき　漁《いさり》せむとは

篁の場合、律に規定される一年間の強制労働も、免除されていたに違いない。そのあたりも、右大臣三守が、娘のため、自身のため、そつなく処理していたのではないだろうか。

その後の承和の遣唐使団

ときに、篁を残して海を渡った承和の遣唐使団は、その後、どうなったのだろうか。特に、篁が乗るはずだった第二船は、無事に唐に渡ることができたのだろうか。

承和の遣唐使団の消息については、円仁《えんにん》の『入唐求法巡礼行記《にっとうぐほうじゅんれいこうき》』に詳しい。円仁というのは、第三代の天台座主《てんだいざす》となった天台宗《てんだいしゅう》の高僧であり、また、死後には朝廷から「慈覚大師《じかくだいし》」の諡号《しごう》を贈られた名僧である。そして、彼の天台僧としての飛躍の契機となったのが、承和の遣唐使団の一員としての渡唐であって、その折の経験をまとめたものが、『入唐求法巡礼行記』である。

なお、円仁が往路に乗ったのは、遣唐大使藤原常嗣の指揮する第一船であったが、彼は、唐に着いた後、しばらくの間、篁が指揮を執るはずであった第二船にも乗っていた。また、以下、特に断らない限りは、承和の遣唐使団の消息についての情報源は、全て『入唐求法巡礼行記』となる。

さて、遣唐大使藤原常嗣の指揮する第一船は、承和五年（八三八）の六月中に日本の領海を離れた後、同月の二十八日には、揚子江《ようすこう》の河口の沖合に到達していた。だが、この船は、そこで、泥のような土砂に乗り上げて、全く身動きが取れなくなったばかりか、航行不能なほどに大破してしまう。ここで第一船を捕らえた土砂は、おそらく、揚子江によってはるか上流から海へと運ばれたものであろう。

また、第四船は、第一船とともに日本を離れながらも、途中、第一船とはぐれたのであったが、どうにか揚子江河口付近に到達することができたという。しかし、この船もまた、もはや、帰りの航海に耐えないほどに破損していた。

では、第二船はというと、帰りの航海も可能な状態で、八月までには唐に到着していた。この船は、もとの第一船であり、再度の渡海に失敗した折に大きく破損して大使常嗣に見限られたはずであったが、皮肉なことに、最もまともな様子で渡海を果たしたのである。

いずれにせよ、承和の遣唐使団は、現地のさまざまな人々に助けられながら、十二月三日には、ついに唐の首都の長安《ちょうあん》に到着する。そして、明けて承和六年（八三九）の正月、唐の年号では開成《かいせい》四年の正月、大使常嗣を含む二十五人の遣唐使たちだけが、唐の文宗《ぶんそう》に拝謁を賜り、特に常嗣は、文宗より雲《うん》麾《き》将軍《しょうぐん》・検校《けんこう》・太常卿《たいじょうけい》・左金吾衛将軍《さきんごえいしょうぐん》などの官職を与えられたのであった。

そして、帰朝したのは、『続日本後紀』によれば、承和六年の八月から承和七年（八四〇）の六月にかけてのことであった。最も早く帰ったのは、唐において新羅船《しんらせん》をチャーターした大使常嗣を含む一団であり、最も遅く帰ったのは、第二船の一団である。『入唐求法巡礼行記』によると、第二船は、唐に着いて以降、多くの災難に見舞われて満身創痍となったらしく、おそらく、どうにか帰朝を果たしたという感じだったのだろう。

こうした元同僚の遣唐使たちの消息を、配所の隠岐国において、庶民の罪人の篁は、どんな気持ちで聞いていたのだろうか。

第九章　篁に惚れ込んだ白楽天

白楽天の楼閣

「白楽天《はくらくてん》」とは、中国唐王朝《とうおうちょう》を代表する詩人白居易《はくきょい》の、詩人としての呼び名であるが、その白楽天をめぐっては、篁が遣唐使《けんとうし》になったと聞き付けて、篁が渡唐するのを心待ちにしていた、との話が伝わっている。

第四章でも紹介した『江談抄《ごうだんしょう》』には、「古老《ころう》の相《あ》ひ伝《つた》ふやう」として、次のような語りが見えるのである。

昔《むかし》、我《わ》が朝《みかど》、唐《もろこし》に白楽天《はくらくてん》の有《あ》りて、文《ふみ》に巧《たく》みなるを伝《つた》へ聞《き》く。楽天《らくてん》も又《また》、日本《にほん》に小野篁《おののたかむら》の有《あ》りて詩《し》を能《よ》くするを聞《き》く。常嗣《つねつぐ》の唐《もろこし》に来《き》たるの日《ひ》を待《ま》ち依《よ》る。所謂《いわゆる》「望海楼《ぼうかいろう》」は、篁《たかむら》の為《ため》に作《つく》る所也《ところなり》。

『江談抄』というのは、平安時代後期を代表する漢学者の大江匡房《おおえのまさふさ》の談話を集成したものであるが、その『江談抄』に右のような話が見えるのは、篁が遣唐使の任務を放り出したことが、平安時代後期に至っても少なくとも知識人たちの間では常識であったことを意味するのかもしれない。

それはともかく、右に引用した『江談抄』の「古老」の言によれば、白居易（白楽天）は、日本の篁が自分に劣らない詩人であることを知ると、篁の乗る遣唐使船をいち早く見付けられるようにであろう、海辺に高台を作ってまで、篁の来訪を心待ちにしたのであった。

確かに、白居易の生年・没年は、唐の年号の大暦《たいれき》七年（七七二）・同じく会昌《かいしょう》六年（八四六）であり、承和《じょうわ》の遣唐使がついに渡唐を果たした承和五年は、唐の年号で開成《かいせい》三年（八三八）であったから、白居易が篁の訪唐を待っていたというのは、絶対にあり得ないことではない。ちなみに、白居易は、長《ちょう》慶《けい》二年（八二二）に刺史《しし》（行政長官）として東シナ海に面した杭州《こうしゅう》に赴任して、西湖《せいこ》の大規模水利事業を行うといった治績を残しており、また、宝暦《ほうれき》元年（八二五）には杭州の隣で揚子江《ようすこう》が海に注ぐ蘇《そ》州《しゅう》の刺史に着任して、道路整備などの治績を上げているのである。

とはいえ、右の「古老」の話は、やはり、日本で生まれた話に過ぎまい。

「古老」の語りの要となっている所謂「望海楼《ぼうかいろう》」は、杭州に実在する楼閣《ろうかく》である。だから、白居易も、「望海楼明照曙霞／護江提白蹋晴沙（望海楼は明《あき》らかにして曙霞《しょか》に照《て》らさる／護江提《ごこうてい》は白《しろ》くして晴沙《せいさ》を蹋《ふ》む）」と、「杭州春望」と題する詩に望海楼を詠み込んでいる。が、この楼閣は、白居易によって建てられたものではない。それは、白居易の詩に、あくまでも既存のものとして詠み込まれているのである。『江談抄』の「古老の相ひ伝ふやう」ところは、史実を上手く利用しているものの、よくできた作り話でしかない。

そして、この話は、そもそも、篁の詩才を世に知らしめるためのものであった。白居易の詩文は、日本においては、平安時代中期までに、漢詩・漢文の手本としての地位を確立する。日本人は、「詩仙《しせん》」と呼ばれた李白《りはく》でもなく、「詩聖《しせい》」と呼ばれた杜甫《とほ》でもなく、白居易（白楽天）こそを、漢詩・漢文の師として選んだのである。それゆえ、その白居易に認められた詩人としての評価は、日本の詩人たちにとっては、最高の栄誉であった。

白楽天の詩の中の篁の句

右の「古老」の言い伝えには、次のような続きがある。

篁《たかむら》の副使《ふくし》として唐《もろこし》に入《い》るの時《とき》、大使《たいし》と論《ろん》の有《あ》りて、進発《しんぱつ》せず。会昌五年《かいしょうごねん》の冬《ふゆ》、楽天《らくてん》の亡《な》くなりて後年也《こうねんなり》。文集《もんじゅう》の渡《わた》り来《き》たる中《なか》に、篁《たかむら》の作《つく》る所《ところ》と相《あ》ひ同《おな》じ句《く》の三《み》つ矣《なり》。「野草芳菲紅錦地／遊糸繚乱碧羅天」「野蕨人拳手／江蘆錐脱囊」「元和小臣白楽天／観舞聞歌知楽意」等《など》の句也《くなり》。天下《てんげ》の篁《たかむら》を珍重《ちんちょう》す。

これによれば、白居易（白楽天）の作品集である『白氏文集《はくしもんじゅう》』が日本に伝わったのは、白居易の没した後であった。ところが、「古老」の言うには、『白氏文集』所収の白居易の詩のうちの三つに、篁が詠んだ詩と同じ句が見られたのである。そして、そんな奇跡の句というのは、読み下し文および現代語訳とともに示すならば、次の三つであった。

野草芳菲紅錦地　野草《やそう》は芳菲《ほうひ》たり、紅錦《こうきん》の地《ち》
遊糸繚乱碧羅天　遊糸《ゆうし》は繚乱《りょうらん》たり、碧羅《へきら》の天《てん》。
（野草が芳しく赤い花が咲き乱れる大地。蜻蛉が飛び交い緑の薄絹を張ったような空）

野蕨人拳手　野《の》の蕨《わらび》は、人《ひと》の手《て》を拳《にぎ》り、
江蘆錐脱嚢　江《かわ》の蘆《あし》は、錐《きり》の嚢《ふくろ》を脱《だっ》す。
（春の野の蕨は、人が拳を握ったようで、春の川辺の葦は、錐が袋を突き破ったよう）

元和小臣白楽天　元和《げんな》の小臣白楽天《しょうしんはくらくてん》は、
観舞聞歌知楽意　舞《まい》を観《み》、歌《うた》を聞《き》きて、楽《がく》の意《い》を知《し》る。
（元和の皇帝の臣下である白居易は、舞を観て、歌を聞いて、その曲の意味を知った）

この三つの句のうち、最初のものは、『和漢朗詠集《わかんろうえいしゅう》』所収の秀句ではあるが、残念ながら、劉禹錫《りゅううしゃく》（劉夢得）という詩人の作であって、白居易のものではない。また、最後のものについては、現存する篁の漢詩には、同じものあるいは類似のものを見出だすことができない。

しかし、二番目の句については、『和漢朗詠集』所収の次の篁の句が、かなり似ているように思われる。

紫塵嫩蕨人拳手
碧玉寒蘆錐脱嚢

紫塵《しちん》の嫩《わか》き蕨《わらび》は、人《ひと》の手《て》を拳《にぎ》り、
碧玉《へきぎょく》の寒《さむ》き蘆《あし》は、錐《きり》の嚢《ふくろ》を脱《だっ》す。

（春の野辺では、紫の塵を付けたように初めて芽吹いた蕨が、人が拳を握ったようで、春の川辺では、
碧の玉のように寒そうに生え出した葦が、錐が袋を突き破ったよう）

こうして、「文集の渡り来たる中に、篁の作る所と相ひ同じ句」として確認が取れたものは、三つのうちの一つだけであった。だが、それでも、「古老」の語るところは、必ずしもでたらめではなかったことになろうか。

では、この一致は、全くの偶然なのだろうか、それとも、どちらかがどちらかの作品に感化された結果なのだろうか。また、後者だとした場合、どちらがどちらに感化されたのだろうか。これは、実は、日本漢文学史のうえでは、重要な問題となる。すなわち、それは、白居易（白楽天）の作品の日本での受容がいつからだったのかという問題だからである。

白楽天と同じ詩情を持つ篁

『江談抄』は、篁と白居易（白楽天）の詩とをめぐって、今度は、「故賢《こけん》の相《あ》ひ伝《つた》へて云《い》ふやう」として、

次のように要約できる話を伝えている。

白居易の作品集である『白氏文集』のうち、詩を収めた一巻が、海外から伝わって、嵯峨《さが》天皇の御所《ごしょ》にあった。しかし、嵯峨天皇は、その『白氏文集』の一部を、厳重に秘蔵していたため、誰もそれを見ることができなかった。

やがて、嵯峨天皇は、山城国《やましろのくに》の山崎《やまざき》にある「河陽館《かようかん》」と呼ばれる離宮へと行幸した折に、次のような句を作った。

閉閣唯聞朝暮鼓　閣《たかどの》を閉《と》ぢて唯《ただ》に朝暮《ちょうぼ》の鼓《つづみ》を聞《き》き、
登楼遥望往来船　楼《ろう》を登《のぼ》りて遥《はる》かに往来《おうらい》の船《ふね》を望《のぞ》む。

嵯峨天皇は、小野篁を喚ぶと、この句を見せたのであったが、すると、篁は、次のように言った。
「『遥』という文字を『空』という文字に換えたなら、もっとすばらしい句になるでしょうに」
嵯峨天皇は、たいへん驚いて、次のようにおっしゃった。
「この句は、実は、白楽天の句である。そなたを試みたのである。そして、本来の白楽天の句では、私が『遥』とした部分は、『空』であった。ここにわかったように、そなたの詩の感性（「詩情」）は、白楽天のそれと同じであるようだ」

文学に関する故事として、これほどすばらしいものはない。

今のところ、『白氏文集』が伝来した最初は、仁明《にんみょう》天皇の承和五年（八三八）のこととされている。というのは、『文徳実録《もんとくじつろく》』の仁寿《にんじゅ》元年（八五一）九月二十六日の条に載る藤原岳守《ふじわらのおかもり》の卒伝《そつでん》に、承和五年のこととして、「大宰少弐《だざいしょうに》と為《な》りて自《みずか》ら大唐人《もろこしびと》の貨物《かもつ》を検校《けんぎょう》するに、適《たまさ》かに元白《げんぱく》の詩筆《しひつ》を得《う》れば、奏上《そうじょう》す。帝《みかど》の甚《はなは》だ悦《よろこ》びに耽《ふけ》りて、従五位上《じゅごいじょう》を授《さず》く」と見えるからに他ならない。ここに言う「元白」とは、白居易とその友人で彼に劣らぬ詩人であった元稹《げんしん》とのことであり、同じく「詩筆」というのは、白居易と元稹とのそれぞれの作品集のことであろう。

もし、『白氏文集』が初めて伝わったのが、仁明天皇の承和五年のことであったとすれば、右に紹介した『江談抄』の「故賢」の語るところは、史実ではないことになる。

が、これが史実であることは、篁より後の時代の人々には、必須ではなかったのだろう。おそらく、後世の人々は、ただ小野篁を偉大な詩人と見做したかっただけなのである。そこで白居易が引き合いに出されたのは、彼こそが、平安時代中期以降の人々にとって、最も優れた詩人だったからに他ならない。

そして、篁を白居易と同じ「詩情」を持つ詩人と見做すことは、すなわち、篁を最高の詩人と見做すことであったが、実は、そうした評価は、薨伝《こうでん》に「篁は、漢詩に関して、天下に並ぶ者のない第一人者であった」と見える如く、遅くとも篁が死ぬまでには、ほぼ確立していたのである。

詩才に救われる篁

このような篁の漢詩人としての評価の高さは、先ほどの話の他にも、まず史実ではあり得ない話を産み出すことになる。

『江談抄』においては、こんなことも語られているのである。

内宴《ないえん》の始《はじ》めは、嵯峨天皇《さがてんのう》の時《とき》が始《はじ》め也《なり》。弘仁四年癸巳《こうにんよねんみずのとみ》の歳《とし》なり。「桜花《おうか》を翫《もてあそ》ぶ」の序《じょ》は、野相公《やしょうこう》の之《これ》を書《か》くと云々《うんぬん》。題《だい》は善相公《ぜんしょうこう》の之《これ》を進《たてまつ》る。

「内宴《ないえん》」というのは、天皇が正月に側近中の側近だけを集めて催した宮中の宴である。そして、嵯峨天皇の弘仁《こうにん》四年（八一三）に最初の内宴が行われたというのは、史実と見做し得そうなことなのだが、その折に篁が序《じょ》（詩序《しじょ》）を書いたというのは、まずあり得まい。

右の『江談抄』の語りでは、初の内宴においては「桜花《おうか》を翫《もてあそ》ぶ」の題で参加者の皆が漢詩を詠み、その序（詩序）を篁が書いたことになっている。が、延暦《えんりゃく》二十一年（八〇二）の生まれの篁は、弘仁四年には、ようやく十二歳になったところで、まだ元服《げんぷく》を済ませてさえいなかったはずであるから、内宴に召されたなどということは、絶対にあり得ないのである。

それでも、人々は、記念すべき初めての内宴を、華々しいものとして語り継ごうとするうち、われ知らず、嘘を混入させてしまったのだろう。そうした人々にしてみれば、かの白居易と同じ感性を持つ詩人であって日本で最高の詩人である篁が序を書いたということになれば、初めての内宴の権威は、いや増しに増すはずであった。

なお、篁の詩人としての名声は、彼が流人として隠岐国《おきのくに》にあった間にも、少しずつ高まっていたのではないだろうか。『源氏物語《げんじものがたり》』では、都落ちした光源氏《ひかるげんじ》は、自身は須磨《すま》にありながらも、都の友人たちと漢詩を贈り合い、その結果、都で光源氏の新作の漢詩が持《も》て囃《はや》されることになるが、それと同様のことが、篁の身にも起きていたと考えていいだろう。

もしかすると、『和漢朗詠集』に一部だけが収められていながらも、その全体が伝わらない篁の漢詩の多くは、篁が隠岐国で賦《ふ》して都の友人に贈ったものだったのかもしれない。例えば、次に『和漢朗詠集』から引用する秀句など、まさにそんな感じではないだろうか。

物色自堪傷客意　物《もの》の色《いろ》は自《おの》づと客《かく》の意《こころ》を傷《いたむ》るに堪《た》ふ。
宜将愁字作秋心　宜《むべ》なり将《まさ》に愁《うれい》の字《じ》は秋《あき》の心《こころ》と作《つく》るべし。

ここに詠まれているのは、もの寂しい秋の気持ちである。具体的には、「秋になると、全ての景物が旅人（「客」）の心を苛《さいな》む」というのだが、この旅人（「客」）とは、やはり、流人の身の篁自身のことであろう。また、「郷愁」「旅愁」の「愁」の字が「秋」の「心」というのは、何とも篁らしい頓智《とんち》である。

ともかく、やがて「漢詩に関して、天下に並ぶ者のない第一人者であった」と評されることになる篁の詩才は、彼に都の貴族として返り咲く機会を与える。篁は、承和七年（八四〇）二月十四日、都に召還され、承和八年（八四一）閏九月十九日、再び正五位下《しょうごいげ》の位階を与えられるのであったが、それは、『続日本後紀《しょくにほんこうき》』に引用される勅に「文才《もんざえ》を愛《あい》す」と見えるように、仁明天皇が篁の詩才（「文才」）を惜しんだがゆえであった。

第十章　小野篁という法律家

小野篁という都の貧しい庶民

薨伝《こうでん》は、小野篁の隠岐国《おきのくに》からの帰京を承和《じょうわ》七年（八四〇）四月のこととするが、『続日本後紀《しょくにほんこうき》』によれば、篁が隠岐国から都へと召還されたのは、同年の二月十四日のことであった。ここに見える二ヶ月ほどの時間差は、召還命令が隠岐国に届くまでの日数・篁が都に戻る旅の準備を調える日数・篁が隠岐国から都へと帰り着くまでの日数の合計として説明できよう。

ちなみに、『延喜式《えんぎしき》』の規定では、都から隠岐国へと下るのに要する日数は十八ヶ日であり、隠岐国から都へと上るのに要する日数は三十五ヶ日である。したがって、篁は、召還命令が届くや、ただちに都に向かったのかもしれず、また、召還命令が到着しても、さらに二十ヶ日ほど隠岐国に留まり、それから都に向けて出立したのかもしれない。

いずれにせよ、都に戻ったとはいっても、篁は、なおも庶民の身のままであった。『公卿補任《くぎょうぶにん》』には、この六月のこととして、「京《みやこ》に入《い》るに、黄《き》の衣《きぬ》を被《き》て以《もっ》て拝謝《はいしゃ》す」と、帰郷した篁が、黄色い衣裳をまとって、天皇に感謝の拝礼をしたことが見えるが、無位の者が束帯《そくたい》を身に着けるときには、黄色の袍《ほう》（表《うえの》衣《きぬ》）を用いることになっていたのである。

薨伝によると、篁は、遣唐使《けんとうし》の任を放棄したとき、免職や失脚は覚悟していたらしく、「この篁は、家が貧しいうえに老いた親を養わなければならず、かつ、自身もまた病気がちなのです。こうなったうえは、この篁は、自ら水を汲んで薪を集めて、庶民がするのと同じような親孝行をするばかりです（朝廷の官職を返上します）」と、なかなかの啖呵《たんか》を切っていた。そして、今や、その啖呵さながらの生活が現実のものとなったのであった。

次に引くのは、『経国集《けいこくしゅう》』所収の一首であり、この頃、内記《ないき》（「内史」）の任にある従弟《いとこ》から贈られた詩への返しとして、また、二人の弟たちに贈る詩として、賦《ふ》されたものである。

和従弟内史見寄兼示二弟　　従弟《いとこ》の内史《ないし》の見寄《みよ》するに和《わ》し、兼《か》ねて二弟《にてい》に示《しめ》す
世事応未肯尋常　　世事《せじ》は、応《まさ》に未《いま》だ尋常《じんじょう》を肯《うけが》はざるべく、
昨日青林今帯黄　　昨日《きのう》の青《あお》き林《はやし》も、今《いま》は黄《き》を帯《お》ぶ。
不得灰身随舊主　　身《み》を灰《はいに》して旧主《きゅうしゅ》に随《したが》ふを得《え》ず、
唯当剔髪事□王　　唯《ただ》に当《まさ》に髪《かみ》を剔《そ》りて空王《くうおう》に事《つか》ふべし。
承聞堂上增羸病　　承《うけたまわ》り聞《き》くに、堂上《どうじょう》に羸病《るいびょう》の増《ま》し、
見説家中絶米粮　　説《と》くを見《み》るに、家《いえ》の中《なか》に米粮《まいろう》の絶《た》ゆ。

眼血和流腸絞斷
期声音尽叫蒼蒼

眼《まなこ》に血《ち》の流《なが》るるに和《わ》して、腸《はらわた》は絞《しぼ》り断《た》ゑ、
期声《ごしょう》も音《おと》の尽《つ》くれば、蒼蒼《そうそう》に叫《さけ》ぶ。

この詩の心は、概ね、こんなところであろう。

世間は、当たり前のことを当たり前とせず、当たり前を通せば、正装では黄色の上着を着なければならない庶民の身に落とされる始末。身を灰にして仕えても昔からの主《あるじ》に仕えることを許されないなら、もう髪を剃《そ》って仏（「空王」）に仕えるしかない。あなたも、病気が重く、家が貧しいとか。それを聞けば、血の涙が流れ、内臓が捩《よ》じ切《き》れそう。断末魔（「期声」）さえ出ないので、青空に向かって出ない声で叫ぶばかり。

再起を狙う篁

とはいえ、篁やその親族が本当に逼塞《ひっそく》した生活を送っていたのかといえば、それは否定せざるを得まい。まず、右の詩に言うところ、篁の従弟は、病気が重く、その家には、食べ物もないとのことであるが、そんなことはなかったはずである。当時、篁より年少の従弟で内記（「内史」）の任にあったものというと、滝雄《たきお》の息子の恒柯《つねえだ》であろうが、彼は、現に大内記《だいないき》の官職を帯びていたのであり、正六位上《しょうろくいじょう》の身ながらも、それなりに暮らせていたことだろう。

内記（大内記・少内記）は、最も格の高い勅命である宣命《せんみょう》の下書きを書くことを職務とする名誉ある官職である。それゆえ、内記の任にある者は、それなりに優遇されることになっていて、事実、恒柯も、内記として美作掾《みまさかのじょう》や近江大掾《おうみのだいじょう》を兼官していたのであった。こうした兼官が遙任《ようにん》を前提とした給料を増やすための措置であるというのは、遣唐使の場合と同じである。したがって、恒柯は、たいていの正六位上の官人たちより、よほどいい暮らしをしていたに違いない。当時の詩にリアリズムを期待すると、裏切られることになる。

そして、篁自身であるが、彼も、自ら「自ら水を汲んで薪を集めて、庶民がするのと同じような親孝行をするばかりです」などと言ってはみたものの、ここにもリアリズムはない。考えてもみてほしい、彼は、右大臣家《うだいじんけ》の婿なのである。当然、彼自身の衣食住は、右大臣家によって手厚く保障されていたであろうし、彼の母親の生活にしても、右大臣家が面倒を見たことだろう。

ただ、その場合、篁としては、とんでもなく心苦しく、とんでもなく肩身が狭かったに違いない。そして、そうした意味では、彼は、精神的には「自ら水を汲んで薪を集めて、庶民がするのと同じような親孝行をするばかりです」というほどの辛い親孝行をしていたのかもしれない。ともかく、漢詩人の言うことを真に受けるのは、特に貧しさをめぐっては、あまり賢明なことではないのである。

なお、右の詩の中でささやかに示された出家の意思であるが、これも、全くの嘘ではないまでも、それほど本気のものでもあるまい。

確かに、『古今和歌集《こきんわかしゅう》』には、篁の歌として、次の一首が採られていて、ここから、篁に出家志向があったことが窺われはする。

然《しか》りとて　背《そむ》かれなくに　ことしあれば　先《ま》づ嘆《なげ》かれぬ　あな憂世《うよ》の中《なか》

篁も、何か辛《つら》いことがあるごとに世間が嫌《いや》になったらしい。そして、そんなとき、彼は、どうしても、出家する（「背く」）ことを考えてしまうものであった。

しかしながら、結局のところ、「然りとて／背かれなくに」と、「だからといって、出家するわけにはいかない」というところに落ち着くのが、篁なのである。そもそも、彼の出家志向が強固なものであったなら、既に隠岐国で出家を遂げていたはずであろう。

俗人のまま帰京した篁は、むしろ、庶民の身に落とされてもなお、もうひと花を咲かせることをこそ、本意としていたのではないだろうか。

刑部大輔小野篁

篁が官界に復帰したのは、『続日本後紀』によれば、彼が四十歳になる承和八年（八四一）の閏九月十九日のことであった。この日、次のような詔勅《しょうちょく》が下されて、無位であった篁が、再びもともとの位階（「本爵」）の正五位下《しょうごいげ》に叙されたのである。

篁《たかむら》は、国《くに》に奉《たてまつ》るを期《ご》すと雖《いえど》も、猶《なお》も晨《とき》を失《うしな》ふを悔《く》ゆ。朕《ちん》は、旧《ふる》きを顧《かえり》み惟《おもん》み、且《か》つは文才《もんざえ》を愛《め》でて、故《ゆえ》に、優貫《ゆうかん》を降《くだ》して殊《こと》に本爵《ほんしゃく》に復《ふく》す。

なお、右には、『続日本後紀』の原漢文を読み下し文にして引用している。また、これ以降、特に断らない限り、本章の記述の全ては、『続日本後紀』を手がかりとしており、同書を引用するにあたっては、原漢文を読み下し文にすることとする。

さて、仁明《にんみょう》天皇が篁に官人として再び朝廷に仕えることを許したのは、一つには、彼が嵯峨《さが》天皇時代からの旧臣であったからであり、いま一つには、彼の漢学者として漢詩人としての才能を惜しんだからであった。篁は、仁明天皇にとって、見限ってしまうには惜しい臣下だったということであろうか。

もしかすると、その背景には、嵯峨上皇《じょうこう》の口添えがあったのかもしれない。あるいは、篁の復権をめぐっては、その実現に先立って承和七年（八四〇）七月七日に薨《こう》じた右大臣藤原三守《ふじわらのみもり》も、かねてより、仁明天皇や嵯峨上皇に、さまざまに働きかけていたのかもしれない。

ともかく、正五位下の官人として再び朝廷に仕える身となった篁は、『続日本後紀』によると、同年の十月十五日には、刑部少輔《ぎょうぶしょう》に補任される。だが、この篁が久しぶりに拝命した官職を、薨伝および『公卿補任』は、刑部大輔《ぎょうぶたいふ》とする。そして、刑部大輔・刑部少輔の相当位階が、それぞれ、正五位下・従《じゅ》五位下《ごいげ》であることからすると、刑部大輔が正しかろう。

それにしても、どうにも司法関係の官職と縁の深い篁である。彼が二十三歳にして初めて拝命したのは、弾正台《だんじょうだい》の実働要員とも言うべき巡察弾正《じゅんさつだんじょう》であり、その後、遣唐副使《けんとうふくし》に任じられる前の彼が帯びていたのは、弾正台の次席次官の弾正少弼《だんじょうしょうひつ》であった。また、彼が令《りょう》の公式の注釈書である『令義《りょうのぎ》解《げ》』の編纂に携わったことも、ここでは忘れてはならない。

この度《たび》の刑部大輔は、刑部省《ぎょうぶしょう》の筆頭次官であるが、刑部省の職務はといえば、犯罪についての訴訟を審理して判決を下すことであり、すなわち、犯罪をめぐる裁判である。そのため、同省には、卿《きょう》（長官《かみ》）・輔《ふ》（次官《すけ》）・丞《じょう》（判官）・録《さかん》（主典）の四等官の他に、大判事《だいはんじ》・中判事《ちゅうはんじ》・少判事《しょうはんじ》が置かれていた。この大判事・中判事・少判事は、言わば、審理の専門官であって、その定員は、それぞれ、二名・四名・四名であった。

このような官司に篁が配置された理由は、よくわからない。彼が若い頃に弾正台に配されたのも、不思議であるが、四十歳にもなって漢学者として漢詩人としての名声を博す彼が刑部省に置かれたのは、不可思議でしかない。なぜ、その文才を天皇にさえも愛される篁が、文章博士《もんじょうはかせ》を務めるでもなく、大内記を務めるでもなく、刑部省の次官を務めなければならなかったのだろうか。

それでも、篁にしてみれば、朝務に復帰できたことは、よろこばしいことであった。

東宮学士小野篁と「承和の変」

薨伝によると、『続日本後紀』には記述のないことながら、承和九年（八四二）、四十一歳の篁は、かつて父親の岑守《みねもり》も務めた陸奥守《むつのかみ》に任命される。『公卿補任』によれば、それは、同年五月十一日のことである。

が、この陸奥守就任は、岑守の場合とは異なり、遙任を前提とするものに過ぎない。というのも、これも薨伝に見えるところであるが、同年の八月、『公卿補任』によると、同年の八月四日、篁には東宮《とうぐう》学士《がくし》を務める栄誉が与えられたからである。そして、『続日本後紀』によれば、篁が拝命した東宮学士は、この日に皇太子に立てられた道康親王《みちやすしんのう》（後の文徳天皇）の東宮学士であった。

なお、この道康親王は、確かに仁明天皇の第一皇子ではあったものの、仁明天皇の最初の皇太子ではなかった。というのは、仁明天皇の父親の嵯峨上皇と、嵯峨上皇の弟で仁明天皇には叔父にあたる淳和上皇との間で、互いの系統から交互に天皇を出すことが暗黙の了解となっていたために、淳和上皇からの譲位によって仁明天皇が即位するや、淳和上皇の皇子の恒貞《つねさだ》親王が皇太子に立てられたからである。

が、承和七年（八四〇）五月八日に淳和上皇が崩じたのに続いて、承和九年七月十五日に嵯峨上皇も崩じると、所謂「承和の変《じょうわのへん》」が起きて、恒貞親王は廃太子《はいたいし》の憂き目に遭い、その代わりとして道康親王が新たに皇太子に立てられたのであった。そして、そんな新皇太子の東宮学士に選ばれた篁には、光り輝く将来が見えていたに違いない。

所謂「承和の変」の最大の意義は、仁明天皇が恒貞親王を皇統から排除した結果、嵯峨上皇の系譜と淳和上皇の系譜とによる所謂「両統迭立《りょうとうてつりつ》」の状態が解消されて、皇統が嵯峨上皇の系統に一本化されたことにある。この一本化は、すなわち、皇位継承が安定的なものになったことを意味し、さらには、朝廷の運営が安定的になったことをも意味する。となると、天皇の権力は、それだけ強力なものになるはずであった。

そして、篁は、そんな局面において、東宮学士を拝命したのである。仮に彼が狂喜乱舞していたとしても、誰もそれを咎めることはなかっただろう。そのときの篁には、次の天皇の側近中の側近としての栄達が約束されたようなものだったのである。

東宮学士といえば、第五章で見たように、篁は、遣唐副使に任命される以前の天長《てんちょう》十年（八三三）三月にも東宮学士を拝命している。が、このときは、その後、わずか十日余りにして、篁には弾正少弼への遷任が命じられる。それは、一つには、『令義解』の編纂という大事業が待っていたためであったかもしれないが、いま一つには、当時の皇太子が淳和天皇皇子の恒貞親王だったためかもしれない。嵯峨上皇はともかく、仁明天皇としては、せっかくの有能な人材を、むざむざ淳和天皇の皇子の側近にするわけにはいかなかったのではないだろうか。

しかし、今回の東宮学士は、仁明天皇の皇子の道康親王を皇太子としての東宮学士であって、篁は、この後、この職を長く務め続けるのであった。

従四位下への昇進

薨伝は、承和九年（八四二）八月に東宮学士に補された篁が、同じ月のうちに、さらに式部少輔《しきぶしょう》を兼ねるようになったことを伝える。『公卿補任』『続日本後紀』によれば、篁が式部少輔を兼ねる東宮学士になったのは、同月十一日のことであった。

式部省というのは、文官の人事を扱う官司であり、大学寮《だいがくりょう》を管下に置く上級官司である。当然、大学寮の諸分野の学生《がくしょう》たちが挑戦する官吏採用試験は、この式部省《しきぶしょう》によって管掌されていたが、そうしたことから、同省の次官である式部大輔《しきぶたいふ》・式部少輔や判官である大丞《だいじょう》・少丞《しょうじょう》に任命されることは、文章生《もんじょうしょう》の出身者たちの間では、たいへん名誉なこととされていた。特に、同省の筆頭次官である式部大輔は、文章博士や大学頭《だいがくのかみ》とともに、文章生出身者たちが、官人としての到達目標と見做す官職だったのである。

残念ながら、この度《たび》、篁が拝命したのは、同じ式部省の次官であっても、式部大輔ではなく、式部少輔であった。だが、その式部少輔であっても、官吏採用試験の試験官を務めることもあり、やはり、文章生の出身者たちにとっては、名誉ある官職であった。

こうして、再び順調に出世しはじめた篁は、薨伝によると、承和十二年（八四五）の正月、正五位下から従四位下《じゅしいげ》へと昇進する。『公卿補任』『続日本後紀』からは、それが正月七日のことであったことが確認される。

この五位から四位への昇進は、平安貴族たちの大多数にとっては、たいへんな出世であった。平安時代中期以降の藤原摂関家の面々などは、四位に昇るのは当然のことであって、さらに上に昇ることを主たる関心事としていたかもしれない。だが、それ以外の家柄の貴族社会の人々は、まず従五位下に昇って法的に貴族として扱われる身分を獲得することを目標としなければならず、この目標を達成できたとしても、さらに従五位上《じゅごいじょう》に昇り、さらにまた正五位下に昇ることができる者は、ごく少数であったし、さらにさらに正五位上に昇って、そのうえで従四位下に昇ることができる者となると、ごくごく少数であった。

幸いにも五位から四位へと昇進することができた場合、俸給がぐっと上がることになる。「位禄《いろく》」と呼ばれる位階によって異なる俸給が、四位と五位とでは大きく異なるのである。

【位禄表（一部のみ）】

位	位禄
正四位	絁一〇疋　綿一〇屯　調布五〇端　庸布三六〇常
従四位	絁八疋　綿八屯　調布四三端　庸布三〇〇常
正五位	絁六疋　綿六屯　調布三六端　庸布二四〇常
従五位	絁四疋　綿四屯　調布二九端　庸布一八〇常

また、五位から四位へと昇進した者を日常的によろこばせたのは、束帯を着用するときの袍（表衣）の色が変わったことであったろう。すなわち、五位の袍の色は、濃く明るい赤の緋《ひ》であったが、四位の袍の色は、三位《さんみ》以上の袍の色と同じく、黒だったのである。こつこつと官歴を積み上げて四位に昇った者は、大臣のそれと同じ色の黒い袍を、ほこらしげにまとっていたのではないだろうか。

「慈恩院の初会の序」

「慈恩院《じおんいん》の初会《しょえ》の序《じょ》」という題で『本朝文粋《ほんちょうもんずい》』に収められている序《じょ》（詩序《しじょ》）は、篁が従四位下への昇進と前後して筆を振るった作品である。

承和十一年（八四五）四月三十日、従四位上《じゅしいじょう》の位階を持ち参議《さんぎ》の官職を帯びる滋野貞主《しげののさだぬし》は、京中の西寺《さいじ》の南に位置する私宅を、西寺の別院《べちいん》という扱いで寺院にしようと、その許可を朝廷に申請している。平安京では、東寺《とうじ》・西寺を除き、寺院の存在が禁じられていたからである。

この申請は、ほどなく認められて、願うままに私宅を寺院にすることができた貞主は、同年の五月七日、記念の詩宴を催した。寺院を持った記念の催事が詩宴であったのは、貞主が漢学者であり漢詩人であったからに他ならない。彼は、仁明天皇が皇太子であった頃に東宮学士を務め、式部大輔を経て参議に昇ったように、文章生出身の公卿《くぎょう》であった。

そして、そんな貞主の詩宴において、篁の筆から生まれたのが、「慈恩院の初会の序」である。その内容は、次に原漢文を読み下し文で引用する如くとなる。

滋相公《じしょうこう》に城南《じょうなん》の別業《べちごう》の有《あ》り。此《ここ》に住《す》みて三十年《さんじゅうねん》なり。蛍雪《けいせつ》の勤《つと》めより出《い》でて、槐棘《かいきょく》の貴《とうと》きに登《のぼ》る。夫《そ》れ、火宅《かたく》も、滞宮《ていきゅう》も、焼《や》くるを免《まぬか》れず、涸《か》るるを免《まぬか》れず。故《ゆえ》に、此《これ》を捨《す》てて以《もっ》て慈恩《じおん》の仏堂《ぶつどう》に為《な》す。手《て》づから祇樹《ぎじゅ》の花《はな》を栽《う》え、自《みずか》ら独園《どくおん》の地《ち》を買《か》ふ。朝天《ちょうてん》の門《かど》を改《あらた》めずして、便《すなわ》ち求車《ぐしゃ》の所《ところ》に作《な》し、閲《えっ》水《すい》の橋《はし》を変《か》へずして、以《もっ》て到岸《とうがん》の途《みち》に為《な》す。其《そ》の粉黛《ふんたい》は留《とど》まらず、葷血《くんけつ》は御《もち》ゐざるに至《いた》りては、又《また》も是《これ》は相公《しょうこう》の素旧《そきゅう》にして、新戒《しんかい》の加《くわ》ふる所《ところ》には非《あら》ず。相公《しょうこう》の本《もと》より文友《もんゆう》を引接《いんせつ》するも、皆《みな》も耳目《じもく》浮《ふ》近《きん》の交《まじ》はり也《なり》。菩提常楽《ぼだいじょうらく》の契《ちぎ》りの如《ごと》きは、其《そ》の初《はじ》めは今日《きょう》に在《あ》り。故《ゆえ》に、此《こ》の会《え》の人《ひと》を左《ひだり》に列《つら》ねて、後来《ごらい》の張本《ちょうほん》に為《な》す。故《ゆえ》に、「初会《しょえ》」と曰《い》ふ。凡《およ》そ、今《いま》に録《ろく》する所《ところ》の姓名《しょうみょう》は、以《もっ》て授記《じゅき》の時《とき》の験《しるし》に為《せ》ん。

承和十一年夏五月七日《じょうわじゅういちねんなつごがつなのか》、之《これ》を記《しる》すと爾云《しかい》ふ。

この序は、世に名文と認められていたわけだが、特に「朝天の門を改めずして、便ち求車の所に作し、閲水の橋を変へずして、以て到岸の途に為す」の部分は、秀句と見做されて、『和漢朗詠集』に採られている。そして、この名文の現代語訳は、次の通りである。

滋野氏の参議殿は、平安京の南に別宅を持っている。そこは、三十年来の住居であった。貞主殿は、大学寮に学んで公卿にまで昇った。俗世の家は、泉のある邸宅であろうと、火に焼かれるのも、水が涸《か》れるのも、免れることはできない。そこで、私宅を喜捨《きしゃ》して慈恩寺にした。自身で花の咲く木を植えたり土地を買ったりした。朝廷に出仕するための門も、庭の池に架けた橋も、そのままにして、寺院にする。女性を置かないのも、魚肉を食べないのも、以前からのことで、新しいことではない。参議殿は、かねてより漢詩文を嗜む友人たちを招いていたが、それらは普段から交友のある者たちである。しかし、来世のための付き合いとなるのは、今日が最初となる。そこで、この会の参加者の氏名を左に列記して、来世のための手控えとする。そして、この集まりのことは、「初会」と呼ぶ。左に書き留めた氏名は、来世を約束されたときの証拠となるだろう。承和十一年の夏の五月七日、これを記録するのは、右の通りである。

蔵人頭小野篁

右の序（詩序）を書いたとき、まだ正五位下の位階にあった篁は、自身と同じ文章生の出身ながらも、公卿の仲間入りを果たして、今や来世に備えて私宅を寺院にしようという貞主の身を、ひどくうらやんだに違いない。

当時においても、漢学者・漢詩人として官界に入った者が、公卿に列するというのは、けっしてありふれたことではなかった。ところが、貞主はといえば、参議にまで昇っておきながら、さらなる出世を望むよりも、来世における魂の安寧を望んでいたのである。そんな貞主は、篁からすれば、全てを手に入れた先達であったろう。

しかし、承和十二年（八四五）正月七日、従四位下に昇進して黒い束帯で出仕するようになった篁は、確実に貞主と同じく参議に昇る道を歩きはじめる。特に、同年七月、蔵人頭《くろうどのとう》に任命されたことで、篁が遠からず参議に昇任することは、半ば確定したようなものであった。篁が蔵人頭に補されたことは、なぜか、薨伝には見えず、『続日本後紀』にも見えないのだが、この後、承和十四年（八四七）の正月、参議に昇任することからすれば、『公卿補任』に見える官歴を信じてもいいだろう。蔵人頭は、参議への登竜門とされる官職だったのである。

この蔵人頭は、「平城太上天皇の変《へいぜいだいじょうてんのうのへん》」とも「薬子の変《くすこのへん》」とも呼ばれる政変を機に新たに置かれることになった蔵人《くろうど》の長であり、二人を定員としていた。蔵人というのは、要するに、天皇の秘書官であったから、その蔵人の長たる蔵人頭は、大方、筆頭秘書なり秘書長なりといったところであったろうか。

いずれにせよ、蔵人頭の職務は、かなりの激務であった。例えば、重要案件が発生した場合、天皇から大臣以下の議政官《ぎせいかん》たちへの指示を伝えるのも、議政官たちから天皇への意見具申を取り次ぐのも、多くの場合、蔵人頭の役目であったから、それゆえ、蔵人頭は、その案件が片付くまで、なかなか内裏《だいり》を離れることができず、どうかすると、連日の宿直《とのい》を強いられさえしたのである。また、それに加えて、天皇の朝夕の正式の食事に際して給仕役を務めることまでが、蔵人頭の職務に含まれていたため、あたかも内裏で暮らしているかのような勤務をするのが、蔵人頭というものであった。

そして、ここに、蔵人頭の定員が二人であったこととの必然性を見ることができる。天皇の近くには、常に蔵人頭が控えていなければならなかった都合から、どちらかは交代で必ず内裏に伺候《しこう》していられるように、二人の蔵人頭が置かれていたのである。

ただ、二人いたというところから、慣例的に、一方の蔵人頭は、近衛中将《このえちゅうじょう》を兼任することになっており、もう一方の蔵人頭は、弁官《べんかん》を兼任することになっていた。しばしば物語に登場する「頭中将《とうのちゅうじょう》」は、このうちの前者であり、文学作品で見かけることは稀な「頭弁《とうのべん》」は、右の二種類の蔵人頭のうちの後者である。が、頭中将と頭弁との間に上下関係はない。

篁の同僚の蔵人頭は、藤原良相《よしみ》で、こちらが頭中将であった。そして、篁自身は、頭弁であったが、彼が権左中弁《ごんのさちゅうべん》に任じたのは、『公卿補任』『続日本後紀』のいずれからも確認できるように、承和十三年（八四六）五月二十三日のことであった。

法隆寺僧善愷訴訟事件

さて、こうして、東宮学士をも兼ねる頭弁となった篁が、日々、激務に追われつつ、着々と公卿の座を確実にしつつあった頃、やがて彼の法律家としての名声を決定付けることになる出来事が、朝廷の中枢である太政官《だじょうかん》を騒がせはじめていた。

承和十三年（八四六）の晩春もしくは初夏のこと、法隆寺《ほうりゅうじ》の善愷《ぜんがい》という僧侶が、従五位下の位階を持ち少納言《しょうなごん》の任にある登美直名《とみのただな》の犯した罪を、書状にして公式に朝廷へと訴え出た。善愷の訴状によれば、直名の犯罪というのは、法隆寺の檀越《だんおつ》（有力な檀家）であることを利用して、特に価値のない物品を同寺に高額で買い取らせて、不当な利益を上げたというものであった。そして、直名の所業は、明らかに犯罪行為であり、これを罰するに、遠流《おんる》に処すべきとされた。

このとき、件《くだん》の訴状を受理して量刑に至るまでの処理にあたったのは、篁の古巣の刑部省の大判事・中判事・少判事ではなく、太政官の弁官たちであった。弁官というのは、太政官の事務方であって、太政官の運営の実質を担う官職であったが、その弁官の任にある人々が、少納言登美直名の罪状を審理したのである。

もちろん、これは、法の正しい運用ではない。刑部省という裁判を担当する官司がある以上、犯罪の審理は全てそちらに託すというのが、法治国家としての律令国家《りつりょうこっか》の正しいあり方であった。

しかしながら、律令制度は、平安時代の前期において、既に形骸化が進んでいたのである。そして、それが特に著しかったのが、司法の面であった。すなわち、刑部省も、刑部省の官職も、建前だけの存在となりつつあって、多くの犯罪が弁官たちによって裁かれるようになっていたのである。これは、一つには、当時においては司法も行政の一部と見做されていたためかもしれず、いま一つには、基本的に弁官に優秀な人材が集中していたためかもしれない。

なお、法隆寺僧善愷の訴状を受理して登美直名を遠流に処すとの判断を下した弁官は、具体的には、次の面々であった。

【法隆寺僧善愷の訴状を処理した弁官たち（（）内には位階および兼官を示す）】

役職	弁官
左大弁《さだいべん》	正躬王《まさみおう》（従四位上／参議）
右大弁《うだいべん》	和気真綱《わけのまつな》（従四位上／参議）
左中弁《さちゅうべん》	伴　成益《とものなります》（従四位下）
右中弁《うちゅうべん》	藤原豊嗣《とよつぐ》（従五位上）

左少弁《さしょうべん》	藤原岳雄《おかお》（従五位下）

この五人の有能な弁官たちは、善愷の訴状を受理するや、律《りつ》の定めに則《のっと》って、鮮やかに直名を遠流に処す旨の結論を出した。彼らは、本当に優秀な面々だったのである。

そして、彼らのみごとな仕事ぶりによって、法隆寺に寄生する害虫のような小悪党の直名は、伊豆国《いずのくに》なり佐渡国《さどのくに》なり隠岐国なりに流されて、一件落着となるはずであった。

右少弁伴善男の策謀

ところが、この件に横槍を入れる者があった。従五位上の位階を持ち式部少輔と右少弁《うしょうべん》とを兼ねていた伴善男《とものよしお》である。

彼は、やがて、大納言《だいなごん》にまで出世して、「伴大納言《ばんだいなごん》」と呼ばれることになる。そう、ここに見られるのは、所謂「応天門《おうてんもん》の変《へん》」において、左大臣《さだいじん》源《みなもとの》信《まこと》を陥れようとしながら、しくじって伊豆国への遠流に処された、あの大納言伴善男の若き日の姿に他ならない。

さて、伴善男は、右の五人の弁官たちが善愷の訴状を受理して登美直名の罪を裁いたことをめぐって、その手続きの違法性を指摘する。

善男が問題としたことの第一は、そもそも、弁官が訴状を受理したことであった。彼は、それを、刑部省を無視した越権行為として指弾したのである。

善男によって指摘された問題点の第二は、そもそも、善愷が訴訟を起こしたことであった。律令の規定では、本来、俗世を棄てたはずの存在である僧侶には、訴訟を起こすことは許されていなかったのである。ただし、僧侶の身であっても、どうしても訴訟を起こさなければならないときには、僧正《そうじょう》や僧《そう》都《ず》といった仏教界の全体を統括する高僧を通して訴状を提出することになっていた。

ここでの善男の主張は、いずれも、まさに正論であった。律令国家が定めた制度に従うならば、確かに、善愷が直接に訴状を出したことも、その訴状を太政官の弁官たちが受理して処理したことも、明らかな違法行為だったのである。

ただ、善男の言うことは、全て、極端なまでの建前論であった。既に触れたように、平安時代に入った頃には、司法のあり方は、厳密に制度に従ったものではなくなり、太政官の弁官たちが犯罪者を裁くことが常態化していたのである。また、おそらくは、僧侶による訴訟も、本来の禁制が等閑《なおざり》にされて、暗黙の裡《うち》に認められていたのだろう。したがって、善男の振りかざした正論は、確かに正論ではあっても、現実とは完全に乖離したものであり、ほとんど空論に過ぎないものであった。

それにもかかわらず、善男はといえば、ただ単に手続きの不備を指摘して審理の無効を主張するばかりでなく、違法な審理を行ったとして、これに関わった五人の弁官たちを罪に問うことを要求したのである。彼は、弁官たちの中では最も格下の右少弁であったにもかかわらず、自分の上司にあたる弁官たちの全員について、私利私欲のために司法制度を歪めたとして、罪科に処そうとしたのであった。

こうした善男の動きが不自然なものであることは、言うまでもあるまい。五人の弁官たちが善愷の訴状を受理して登美直名を処断したことが、当時の慣例に照らして当たり前のものであったことは、間違いなく、善男も理解していたはずである。

それにもかかわらず、善男が自身の上司たちを弾劾しようとしたことについては、彼が個人的に親しくしていた直名を庇《かば》おうとしたと見ることもできようし、また、上司たちをまとめて失脚させて自身の出世を早めようとしたと見ることもできよう。

不正で不毛な法解釈論議を終わらせる小野篁

その伴善男であるが、これ以前に蔵人を務めていたこともあって、仁明天皇から厚く信任されていた。それゆえ、善男が五人の弁官たちを糾弾するに及んで、これが朝廷を揺るがす大問題へと発展していく。

おかしな話だが、ここに至って、初めて法律の専門家たちの出番となる。すなわち、大判事と明法《みょうぼう》博士《はかせ》とを兼ねる讃岐永直《さぬきのながなお》・明法博士の御輔長道《みふのながみち》・勘解由主典《かげゆのさかん》の川枯勝成《かわがれのかつなり》・左大史《さだいし》の伴良田宗《とものよしたのむね》・弾正大《だんじょうだい》疏《そ》の漢部松長《あやべのまつなが》の五名の法律家たちが、まずは太政官からの要請に従って、それぞれに件の弁官たちの処罰についての意見を表明することになったのである。

しかし、五人もの法律家に意見を求めたのであるから、やはり、統一見解を見ることはなかった。そして、その結果が太政官から仁明天皇へと奏上されると、同じ五人の法律家たちに、さらなる見解を示すべく、今度は、勅命が下されたのである。事態は、いよいよ大袈裟になっていく。

ただ、ここでいっこうに一致した見解が見られなかったのは、各自、所謂「結論ありき」で自分の結論に都合のいいように律令の条文を弄《もてあそ》ぶようなことをしていたからであった。より具体的には、伴善男は、五人の弁官たちを失脚させるべく、彼らが私的な利益のために法を曲げたことになるように法文を解釈したが、これとは反対に、大判事にして明法博士の讃岐永直は、五人の弁官たちが罪に問われることを回避するべく、彼らには過失はあっても私的な利益を求めるところはなかったことになるように法文を解釈したのである。

こうして、善愷の訴訟に端を発する問題は、善愷のことなどはすっかり置き去りにしたまま、不毛な膠着状態に陥るのであった。

ここで、われらが篁であるが、彼は、一人の法律家として、この件に早い段階から関心を持っていた。彼の薨伝の第一章での紹介では中略した部分によれば、篁は、善男はもちろん、大判事にして明法博士の永直さえもが、五人の弁官たちとの個人的な関係から法を不当に解釈していることに辟易《へきえき》して、事態を風刺する詩を作ったりもしていたのである。

そんな篁は、承和十三年（八四六）五月、権左中弁に任命されて、今回の混乱に正面から関与すべき立場に置かれると、先行して他の人々によって出されていた見解の問題点を指摘する意見書を提出する。そして、薨伝によるならば、この篁の意見書がきっかけとなって、仁明天皇の判断もあり、ようやく五人の弁官たちの処罰が決定されるのであった。

かくして、五人の弁官たちは、そろって免職となるのであったが、しかし、この一件において、世間に顔向けができなくなったのは、問題の五人ばかりではなかった。というのも、この五人を庇うべく、恣意的な法解釈を強弁し続けた讃岐永直が、法律家としての評価を著しく下げることになったからである。彼は、元来、「律令の宗師《そうし》」とも賞されるほどに評価の高い法律家であった。第五章でも触れたように、この永直は、『令義解《りょうのぎげ》』の編纂にも加わっている。が、今回の一件では、その法解釈の無理を、篁によって全く反論できないかたちで指摘されてしまい、全く面目を失ってしまったのである。

篁の晩年の後悔

ところで、『続日本後紀』によれば、承和十三年（八四六）十一月十四日までに、五人の弁官たちに下された処罰は、免職と罰金とであった。しかも、ここでの免職は、弁官のみに関するものではなく、参議にして弁官を兼ねていた正躬王《まさみおう》と和気真綱《わけのまつな》とは、参議の任も解かれてしまったのである。さらに、『続日本後紀』には、承和十四年（八四七）五月二十七日、既に元弁官の無官の身となっていた正躬王・和気真綱たちに位階を一つ下げる処罰が下ったことが見えるから、彼らに科された罰は、免職・降格・罰金の三つだったことになろう。

率直に言って、正躬王や和気真綱が善愷の起こした訴訟を処理するにあたって、何か私的な利益を追求したとは考えにくい。彼らがそろって少納言登美直名に恨みを持っていたということもあるまい。とすると、正躬王や和気真綱たちが件の訴訟を取り上げたのは、ただ単に、直名の所業を裁くべき犯罪と見たからであったに違いない。とすれば、彼らは、結果として、とんだとばっちりを受けたことになる。

では、一件の発端を作った善愷と直名とは、結局、どうなったのだろうか。

驚いたことに、法隆寺僧善愷は、自身の修行する寺を守ろうとしただけであったはずなのに、処罰されることになった。彼が僧侶の身で訴訟を起こしたことが、杓子定規に違法行為と見做されたのである。彼に科されることになった刑罰は、「笞四十《ちよんじゅう》」であった。それは、要するに、四十回の鞭打《むちう》ちである。

そして、さらに驚くべきは、そもそも犯罪者として訴えられたはずの少納言登美直名の処遇であろう。彼は、ついに何ら処分されることがなかったのである。その犯罪行為は、否定すべくもないものであったにもかかわらず、なぜかおかまいなしとなったのであった。

こうした結果を見ると、今回の騒ぎは、右少弁伴善男の思うままに推移したかのようである。しかも、善男は、事件の翌年の承和十四年の正月には、従五位下から従五位上への昇進を果たしたうえに、蔵人頭と右中弁とを拝命して、早くも参議への昇任を射程に入れるのであった。善愷の訴訟にはじまる騒動が善男の出世を早めたことは、間違いあるまい。

そして、今回の一件を善男に都合のいいように決着させるのに、最も貢献したのが、本書の主人公の篁であった。篁による不正で不毛な法解釈論議に対する批判は、善男にも多少のダメージを与えたものの、善男と敵対していた讃岐永直にこそ多大なダメージをもたらしたのであり、結果として、善男を勝利に導いたのである。

ただ、篁に善男の味方をしようとの意図はなかっただろう。善男のような策謀家は、篁が心底から嫌うところだったはずである。藤原公任《きんとう》が編纂した有職故実書の『北山抄《ほくざんしょう》』は、右の一件をめぐって、篁が晩年に「其《そ》の咎《とが》を懺悔《ざんげ》し」たことを伝えるが、これは、図《はか》らずも善男を利してしまったことへの後悔だったのではないだろうか。

なお、今回の一件は、篁の出世をも早めていた。というのも、彼がいよいよ参議に昇ったのは、承和十四年の正月十二日のことであったが、彼がつくことになった参議の座は、どう考えても、正躬王と和気真綱とが免職になったことで空《あ》いたものだったからである。

第十一章　冥界の裁判官を務める小野篁

参議小野篁

承和《じょうわ》十三年（八四六）五月二十三日、蔵人頭《くろうどのとう》にして権左中弁《ごんのさちゅうべん》をも兼ねて「頭弁《とうのべん》」と呼ばれる身となった篁は、同年九月十四日、権左中弁から左中弁《さちゅうべん》に昇任して、やはり頭弁として奉職していたが、翌承和十四年（八四七）の正月十二日、ついに蔵人頭から参議《さんぎ》へと昇任する。彼は、四十六歳にして、公卿《くぎょう》の末席に列なる身となったのであり、議政官《ぎせいかん》の一翼を担う身となったのである。これらの官歴は、『公卿補任《くぎょうぶにん》』『続日本後紀《しょくにほんこうき》』によって確認される。

この篁の参議就任をめぐっては、次のような話も伝わる。

嵯峨《さが》天皇は、西山《にしやま》の麓の大堰川《おおいがわ》の畔《ほとり》に、趣向を凝らした離宮を営んでいたが、ある年の二月の初め、野辺《のべ》の遊びのために、その離宮へと行幸した折のこと、篁を召すと、眼前の春の景色を詩に詠むように命じた。すると、篁は、次の句を作って献上する。

紫塵嫩蕨人拳手　　紫塵《しちん》の嫩《わか》き蕨《わらび》は、人《ひと》の手《て》を拳《にぎ》り、
碧玉寒蘆錐脱嚢　　碧玉《へきぎょく》の寒《さむ》き蘆《あし》は、錐《きり》の嚢《ふくろ》を脱《だっ》す。
（野辺では、紫の塵を付けたように初めて芽吹いた蕨が、人が拳を握ったようで、
川辺では、碧《みどり》の玉のように寒そうに生え出した葦が、錐が袋を突き破ったよう）

この句に感心した嵯峨天皇は、篁を参議に抜擢したのであった。

これは、『撰集抄《せんじゅうしょう》』という編者不明の鎌倉時代の説話集に見える話であるが、もちろん、ここに語られているところは、史実ではあり得ない。篁が参議に進んだのは、仁明《にんみょう》天皇の時代であって、しかも、嵯峨上皇《じょうこう》が崩じた後でさえあった。また、この話に見える篁の句は、既に第九章でも紹介したように、『和漢朗詠集《わかんろうえいしゅう》』所収のものに他ならない。

そうした後世の伝承はともかく、現実の篁は、参議に昇って以降、蔵人頭であったとき以上に多忙を極めたかもしれない。というのも、これらもまた、『公卿補任』『続日本後紀』に見えるところであるが、彼は、重要な官職を次々に兼務することになるからである。

篁は、参議になった承和十四年の四月二十三日、弾正台《だんじょうだい》の次官である弾正大弼《だんじょうだいひつ》を兼ねたかと思えば、承和十五年（八四八）の正月十三日には、左大弁《さだいべん》を兼ね、さらに、同年四月三日には、勘解由長官《かげゆのかみ》をも兼ねる。弾正大弼は、官人の規律を糺《ただ》す弾正台の次官であり、左大弁は、実質的に太政官《だじょうかん》の運営を担

う弁官の筆頭であって、勘解由長官は、官人たちの仕事ぶりを査察する勘解由使《かげゆし》の長官であるから、いずれの職務も、忙しいものであったに違いない。

そして、これらの激務を熟《こな》した甲斐があって、嘉祥《かしょう》二年（八四九）正月に従四位上《じゅしいじょう》、嘉祥三年（八五〇）四月に正四位下《しょうしいげ》と、篁は順調に昇進を重ねる。

ただ、正四位下に叙される直前の嘉祥三年三月、篁は、長く仕えた仁明天皇の喪《も》に遭うことになる。『古今和歌集《こきんわかしゅう》』に見える次の一首は、その折に詠まれたものであろう。

諒闇《りょうあん》の年《とし》、池《いけ》の畔《ほとり》の花《はな》を見《み》て詠《よ》める　篁朝臣《たかむらあそん》
水《みず》の面《も》に　沈《しず》く花《はな》の色《いろ》　明《さや》かにも　君《きみ》が御影《みかげ》の　思《おも》ほゆるかな

篁が瞼《まぶた》の裏に思い浮かべる亡き主君の姿は、生前さながら、水面に映る桜の花の色鮮やかさにも負けないほどに鮮明なものであったという。

中納言になれなかった小野篁

また、薨伝《こうでん》によれば、篁は、従四位上に叙されてほどない嘉祥二年（八四九）の五月、病気を理由として全ての官職についての辞表を出していた。だが、仁明天皇は、有能な篁の引退を許さないままに、その翌年の三月、先に触れたように、自身が崩《ほう》じてしまう。そして、代わって即位した文徳《もんとく》天皇もまた、

篁に隠居を許すことはなく、むしろ、正四位下に叙して彼を慰留《いりゅう》するのであった。

　これほどに優秀さを認められていた篁であるが、しかし、彼は、ついぞ参議から中納言《ちゅうなごん》へと昇任することはなかった。四十六歳にして参議に任じた彼は、五十一歳で参議として薨《こう》じるのである。もちろん、これは、彼が五十一歳などで他界したこととも無関係ではない。もし、もう十年でも長生きしていれば、篁が中納言へと昇る日も訪れたかもしれない。

　しかし、例えば、承和十二年（八四五）の生まれで篁には息子の世代にあたる菅原道真《すがわらのみちざね》の場合、寛平《かんぴょう》五年（八九三）に四十九歳にして参議に任じた後、五十一歳で権中納言《ごんのちゅうなごん》へと進み、五十三歳で権《ごんの》大納言《だいなごん》へと進むと、五十五歳にして右大臣《うだいじん》にまで昇るのであった。そして、この道真は、篁と同じく、文章生《もんじょうしょう》の出身者であり、漢学者として、漢詩人として、世に認められ、天皇に認められて、出世を果たした口である。とすれば、篁も、大臣はともかく、大納言か、せめて中納言くらいには、出世できてもよかったのではないだろうか。

　もちろん、篁と道真とでは、置かれていた状況が違うだろう。だが、道真が四十九歳で参議に進んだのに対して、篁は四十六歳で参議へと至ったことからすると、どうしても、篁にも中納言に昇る余地はあったように思えてならないのである。

　では、何が篁を参議に留め置いたのかといえば、それは、他でもない、当人の人格であろう。篁は、確かに、誰もが認める有能な人材ではあったものの、主として第四章に見た如く、その性格が破天荒に過ぎたのである。そして、そのことは、本人も自覚していたらしく、『江談抄《ごうだんしょう》』には、「故老《ころう》の伝《つた》へ云《い》ふやう」として、こんな語りも見られる。

小野篁殿は、常識に囚われない性格をしていて、実直であることを好んだ。それで、その有能さを妬《ねた》む人々は、篁殿のことを「野狂《やきょう》」と呼んだ。それは、「篁」という字と「狂」という字とで、音が同じだったからである。すると、篁殿は、こんな句を作ったのであった。

暗作野人天与性　暗《ひそ》かに野人《やじん》と作《な》すは、天《てん》の与《あた》へし性《さが》にして、

自古狂官世呼名　古《いにしえ》より、狂官《きょうかん》は世《よ》の呼《よ》ぶ名《な》なり。

小野氏の篁は、「野篁《やきょう》」を漢学者・漢詩人としての号としていたが、世間には、これにかけて、篁を「野狂《やきょう》（狂った野人）」と呼ぶ人々もいたらしい。しかも、それを、篁は、むしろ、よろこんでいたようなのである。

一方、道真はといえば、全くの常識人であった。彼が右大臣にまで昇り得たのは、その常識人ぶりに周囲が安心できたからであろう。が、ときに「野狂」とまで呼ばれた篁は、その奇矯《ききょう》さゆえに、参議に留め置かれたのかもしれない。

学問の神さまになった常識人と冥界の裁判官になった変わり者

小野篁が「野狂」と呼ばれるほどの変わり者であったことは、彼をめぐる伝承にも大きな影響を与えることになった。

ここでも、比較の対象として、菅原道真にご登場を願おう。

さて、道真が藤原摂関家の罠《わな》に嵌《はま》って恨みを残して世を去ったというのは、周知のことであろう。そして、彼は、伝承の世界において、一度は、内裏《だいり》を焼いて複数の公卿《くぎょう》たちを焼き殺すほどの強力な怨《おん》霊《りょう》となる。しかし、それにもかかわらず、道真は、ついには学問の神さまとして誰からも親しまれる存在に落ち着くのである。

これに対して、篁はといえば、あくまで伝承においてではあるが、まだ生きているうちから、冥界に出入りする奇妙な人物であったとされる。しかも、彼が冥界で何をしていたのかというと、閻魔王《えんまおう》の部下として亡者たちを裁いていたようなのである。伝承の世界の篁は、既に生前から冥界において裁判官としての役割を担っていたのであった。

このように、同じく生前には時代を代表する漢学者であり漢詩人であった二人であるが、その死後、伝承の世界で獲得した位置付けはといえば、一方は、学問の神さまであり、もう一方は、冥界の裁判官なのである。この違いは、あまりにも大きい。

では、この違いがどこから来るのかというと、やはり、それぞれの人格こそが注目されるべきであろう。すなわち、学問の神さまとなった道真は、全くの常識人だったのに対して、冥界の裁判官となった篁は、かなり言葉を選ぶとしても、所謂「変わり者」だったのである。優秀な学者にして常識人だった者は、学問の神となり、優秀ながらも変わり者だった学者は、冥界の裁判官になるとは、何ともわかりやすい構図かもしれない。

ちなみに、篁が生前から冥界の裁判官を務めていたという話がいつから語られていたかというと、これを明らかにするのは、ちょっと難しいだろう。

文字になって現代に伝わるものだけを根拠とするならば、『江談抄』に語られているところが、篁を冥界の裁判官とする最も古い話かもしれない。既に序章でも紹介したように、この話においては、篁が冥界の裁判官を務めているところを目撃したのは、藤原北家《ふじわらほっけ》の御曹司《おんぞうし》であって内大臣《ないだいじん》にまで昇る藤原高《たか》藤《ふじ》である。

高藤は、ある日、貴族たちが大内裏《だいだいり》の出入りに最も頻繁に利用する陽明門《ようめいもん》のすぐ外で、篁の乗る牛車《ぎっしゃ》にちょっかいを出す。すなわち、彼の牛車の簾《す》を切り、また、その牛車に牛を繋ぐ鞦《しりがい》を切ったのである。これは、篁に恥をかかせるための狼藉《ろうぜき》であった。

そこで、篁は、高藤の父親の冬嗣《ふゆつぐ》のもとに赴き、高藤に狼藉を働かれた旨を報告するが、すると、高藤がにわかに死んでしまう。しかし、篁が高藤の手を取って引き起こすと、高藤は、途端に生き返り、かつ、庭に降りて篁を拝むのであった。そして、高藤は、こう言ったのである。

「私は、気が付けば、閻魔庁《えんまちょう》にいたのです。すると、この弁官殿《べんかん》（篁）は、閻魔庁において次席の冥官の席についておいでででした。それで、拝んでいるのです」

右の話において頓死《とんし》から蘇生《そせい》した高藤が口にした言葉は、漢文の原文を読み下し文にして引用するならば、次の如くとなる。

「覚《おぼ》えずして俄《にわ》かに閻魔庁《えんまちょう》に到《いた》るに、此《こ》の弁《べん》の第二《だいに》の冥官《みょうかん》に坐《ざ》せらると云々《うんぬん》。仍《よ》りて、之《これ》を拝《はい》する也《なり》」

鬼を恐れない篁

高藤が言うには、篁は、閻魔庁の「第二の冥官（次席の冥官）」だったが、閻魔庁の筆頭にして「第一の冥官」と呼ばれるべき者は、言うまでもなく、閻魔王である。閻魔王については多くを語る必要はあるまいが、その閻魔王のもとで「第二の冥官」であったという篁は、言ってみれば、閻魔王の一番の部下だったことになろう。高藤が閻魔庁で目撃した篁は、現代においてならば、「閻魔王の右腕」とでも呼ばれるような存在だったのである。

ただ、この話は、登場人物の組み合わせに問題が見られる。後述のように、右の話の高藤は、既に中納言の官職を帯びる身であったが、承和五年（八三八）の生まれの高藤が中納言に任じたのは、寛平九年（八九七）のことであって、すなわち、仁寿《にんじゅ》二年（八五二）の篁の薨去よりもずいぶん後のことである。しかも、高藤の場合、貞観《じょうがん》四年（八六二）に補された右近衛将監《うこのえのしょうげん》が初任官であるから、一人前の官人としての高藤と篁との間に、右に見たような出来事が起きようはずがなかった。

また、『江談抄』の右の一話は、高藤を冬嗣の息子とするが、実際の高藤の父親は、冬嗣の息子の良《よし》門《かど》であって、高藤は冬嗣の孫なのである。したがって、右の話が登場人物として冬嗣の息子を必要としていたのだとすれば、良門こそを登場させるべきであったろう。良門の生没年は不明であるものの、常識的に考えて、良門と篁とであれば、まさに同世代だったはずである。

それにもかかわらず、『江談抄』には、いま一つ、中納言高藤と篁との間に何らかの交流があったかのように語る話が見られるので、これも、要約して紹介しよう。

高藤は、近衛中将《このえちゅうじょう》を兼ねる中納言であった頃、篁とともに、朱雀門《すざくもん》のすぐ外で、百鬼夜行《ひゃっきやぎょう》に遭遇した。その折、高藤は、乗っていた牛車から降りたが、鬼たちは、高藤の方に視線を向けても、「尊勝陀羅尼《そんしょうだらに》」と言うばかりで、高藤の姿が見えていないようであった。実は、高藤は知らなかったのだが、彼の衣裳には、彼の乳母《めのと》によって、尊勝陀羅尼を書き付けた札《ふだ》が縫い籠められていたのである。そして、それを感知していた篁は、高藤への気遣いとして、敢えて彼が百鬼夜行に出くわすように仕組んだのであった。

いったい何が「高藤への気遣い」なのかは理解しかねるが、この話によれば、篁は、かねてより百鬼夜行の通り道を知っていたかのようである。しかも、彼は、鬼たちに遭っても十分に自分の身を守れるような手段を持っていたらしい。あるいは、鬼たちも、閻魔王の右腕である篁には、絶対に手を出せないことになっていたのだろうか。

いずれにせよ、『江談抄』の語るところからすれば、篁は、鬼を恐れなくていい、かなり特別な身の上であった。

冥界における篁の権力

次に現代語訳で紹介するのは、『今昔物語集《こんじゃくものがたりしゅう》』巻第二十第四十五の「小野篁《おののたかむら》の情《なさ》けに依《よ》りて西三条《にしさんじょう》大臣《だいじん》を助《たす》くる語《こと》」である。

今となっては昔のこと、小野篁という人がいた。その篁は、学生《がくしょう》であったとき、事件を起こして、天皇に処罰されそうになったが、そのとき、やがて「西三条大臣《にしさんじょうだいじん》」と呼ばれることになる藤原良相《よしみ》という人が、まだ参議であったけれども、篁を庇《かば》い、篁は処罰を免《まぬか》れたのであった。良相は、このときに限らず、何かと人々の前で篁を誉めていたので、篁は、「うれしい」と思っていて、その後、数年が経ち、篁は参議になり、良相も大臣になった。

そんな頃、良相は、重い病気を患い、数日の後、亡くなってしまう。すると、彼は、閻魔王の使者に拘束されて、閻魔王宮《えんまおうきゅう》に引き立てられ、そこで生前の罪を裁かれたのであったが、閻魔王宮の臣下たちが居並ぶ中に、小野篁がいた。それを見た良相が、「これは、どういうことなのだろうか」

と不思議に思っていると、篁は、きちんと笏《しゃく》を持って姿勢を正すと、こう、閻魔王に申し上げたのであった。

「この日本国の大臣（良相）は、心が正直で、他の人々によい影響を与える者です。ですから、今回の罪は、この私に免じて、お許しいただけないでしょうか」

これを聞いた閻魔王は、こう、おっしゃった。

「これは、たいへん難しいことだが、そなたが懇願するのであれば、許してやろう」

そこで、篁は、良相を拘束している者に命じて、

「すみやかに大臣（良相）をもとのところに返すがよい」

と差配したので、良相を拘束していた者は、良相を送り返した。

そう思ったところで、良相は、生き返ったのであった。


『今昔物語集』に「閻魔王宮」と見えるものは、『江談抄』に「閻魔庁」と見えたものと同じであろう。平安貴族たちにとっては、王宮は役所（「庁」）でもあったのである。また、『江談抄』では、「第二の冥官」と、閻魔王の部下のように言われる篁が、『今昔物語集』では、閻魔王の臣下として扱われる。これも、平安貴族たちの感覚では、王の部下は、つまりは、王の臣下だったためである。したがって、伝承の世界の篁については、閻魔王の第一の部下として閻魔庁に勤めていたと見ることもできようし、また、閻魔王の第一の臣下として閻魔王宮に仕えていたと見ることもできよう。

そして、そんな篁の閻魔庁（閻魔王宮）における権力はといえば、とんでもないものであった。右の話においては、閻魔王に懇願するというかたちでではあるものの、結果として、生前の罪を裁かれるはずの亡者に対して、裁判を免除して生き返ることを許すという、特別な措置を適用させているのである。懇願ではあっても、篁の懇願であれば、閻魔王も断ることができないというのだから、篁は、閻魔王の権力をも脅かしかねない、強大な権力を持っていたことになる。

【閻魔王の法廷の様子】

重文 閻羅王図（十王図のうち） 奈良国立博物館提供

地獄の鬼たちを従える篁

とすれば、篁が現世において鬼たちを恐れる必要がなかったことも、十分に納得できる。篁は、冥界において、閻魔王の第一の部下として、あるいは、閻魔王の第一の臣下として、閻魔王の権力に次ぐ強大な権力を持っていたのである。それゆえ、閻魔王の多くの部下たち・臣下たちは、篁に逆らうことができなかったはずであろう。そして、閻魔王の部下たち・臣下たちといえば、その多くは、鬼であった。すなわち、篁は、そもそも、多くの冥界の鬼たちを従える立場にあったのである。

右に紹介した『今昔物語集』の一話には、閻魔王の使者として亡者を拘束する役割を担う者が登場していたが、これは、ときに「獄吏《ごくり》」とも「獄卒《ごくそつ》」とも呼ばれる存在であって、最も砕けた呼び方では「地獄の鬼」と呼ばれる存在に他ならない。そして、この地獄の鬼は、『今昔物語集』において、はっきりと篁の指揮下に置かれていたのであった。

したがって、もし、そうした地獄の鬼たちが、夜の都を闊歩《かっぽ》する百鬼夜行に加わっていたのだとすれば、篁としては、百鬼夜行など、全く恐るるに足りなかったことだろう。夜の都で百鬼夜行に出くわすことは、篁にとっては、休日に連れ立って出かける部下たちに出遇うようなものだったに違いない。

また、そんな篁には、当然、鬼たちが見えていたはずなのだが、平安時代の人々に共有されていた考え方として、鬼というのは、普通、人の眼には見えないはずの存在であった。

例えば、『今昔物語集』巻第二十四第十五の「賀茂忠行《かものただゆき》の道《みち》を子《こ》の保憲《やすのり》に伝《つた》ふる語《こと》」において、陰陽師《おんみょうじ》としては「当時《とうじ》も肩《かた》を並《なら》ぶ者《もの》無《な》し」と評されるほどに優れていた賀茂忠行《かものただゆき》が、「我《われ》こそ、此《こ》の道《みち》に取《と》

り て世《よ》に勝《すぐ》れたる者《もの》なれ。然《しか》れども、幼童《ちご》の時《とき》には、此《か》く鬼神《きしん》を見《み》る事《こと》は無《な》かりき。物習《ものなら》ひてこそ、漸《ようや》く目《め》には見《み》しか」と、鬼の不可視性に言及している如くである。右の忠行の言葉を要約するならば、優れた陰陽師でさえ、鬼を見ることができるようになるのは、陰陽師としての修行を重ねたうえでのことであったらしい。

また、『堤中納言物語《つつみちゅうなごんものがたり》』の名称で知られる短編物語集に収められている「虫愛《むしめ》づる姫君《ひめぎみ》」からは、平安時代には「鬼《おに》と女《おんな》とは、人《ひと》に見《み》えぬぞよき」という諺《ことわざ》があったであろうことが窺われるが、ここからも、平安時代の人々が鬼の不可視性を共通認識としていたことが窺われる。これは、女性が人前に姿を見せることを牽制することを目的とする諺であろうが、その中で、姿を見せないことが当たり前の鬼を引き合いに出しているのである。

こうした事情からすると、先ほどの『江談抄』の一話において、篁が高藤に百鬼夜行を見せたというのは、実は、かなりすごいことなのかもしれない。この話では、普通の人として登場しているはずの高藤が、本来ならば見えないはずの鬼を見ているのだが、とすれば、これは、篁が何らかの手段で高藤にも鬼が見えるようにしたと見做すしかあるまい。あるいは、鬼たちを従える立場にあった篁ならば、百鬼夜行の鬼たちに姿を見せるように命じたのであろうか。

平安時代後期の人々は、篁を、とんでもない人物として語っていたものである。

篁が建立した寺院

ところで、『今昔物語集』は、小野篁に関わるものとして、もう一つ、おもしろい話を伝えている。それは、『今昔物語集』巻第三十一第十九「愛宕寺《おたぎでら》の鐘《かね》の語《こと》」であるが、その内容は、概ね、次の如くとなる。

小野篁は、愛宕寺《おたぎでら》を建立した折、その寺で使うものとして、ある鋳師《いもじ》（鋳造職人）に鐘を鋳造させた。しかし、その鋳師は、ただの鋳師ではなかったらしく、鐘を鋳終《いお》わると、こんなことを言ったのであった。

「この鐘は、誰も撞《つ》かなくても勝手に一剋《いっこく》（二時間）ごとに鳴る特別な鐘として鋳た。ただし、これを特別な鐘として完成させるためには、こうして鋳た後、土の中に埋めて、三年間、そのままにしなくてはならない。今日から数えてちょうど三年が経った日の朝、掘り出す必要がある。もし三年が経たないのに掘り出しても、もし三年を過ぎてから掘り出しても、この鐘は、誰も撞かなくても勝手に一剋ごとに鳴るようにはならないだろう。そのように作ったのである」

そうして、問題の鐘は、土の中に埋められたのであったが、この寺の別当（責任者）となった僧侶は、二年は過ぎたものの、まだ三年は経たないというのに、待ちきれなくなって、鐘を掘り出してしまう。すると、掘り出された鐘は、誰も撞かなくても勝手に一剋ごとに鳴ることもなく、ただの鐘になってしまったのであった。

何とも残念な結末の話である。もし話の中の別当が粗忽者《そこつもの》でなければ、愛宕寺には何ともすばらしい鐘が備わったはずなのだが、そう思い通りにならないのが、世の中というものなのかもしれない。これには、件《くだん》の鐘を鋳させた篁も、さぞやがっかりしたことだろう。

それにしても、さすがは篁、右の話においては自らは何ら活躍するわけではないのだが、とんでもない鋳師を見付けたものである。その鋳師は、「誰も撞かなくても勝手に一刻(二時間)ごとに鳴る特別な鐘」を鋳ることができたというのだから。こうした特別な職人が登場するのも、この話が篁の建立した寺をめぐるものだからなのかもしれない。

そして、ここに「愛宕寺」として登場した篁建立の寺院は、今に健在である。すなわち、清水寺《きよみずでら》へと至る清水坂の麓の「六道の辻《ろくどうのつじ》」と呼ばれる地にあって、小野篁像が閻魔王像とともに安置されている珍皇寺《ちんのうじ》こそが、かつての愛宕寺なのである。

珍皇寺といえば、むしろ、「六道珍皇寺《ろくどうちんのうじ》」と呼んだ方が通りがいいかもしれないほどに、今や、六道の辻に位置していることが特徴となっていよう。同寺は、現在、地元の人々の間では、「六道《ろくどう》さん」とさえ呼ばれている。

この珍皇寺の周辺が「六道の辻」と呼ばれるのは、このあたりが、かつての平安京の住人たちにとって、葬送の場である鳥辺野《とりべの》(鳥部野)への入り口だったからに他ならない。そこは、平安時代において、あの世の入り口のように見做されていたのである。そして、それゆえにであろう、いつしか、篁が冥界に赴くときに用いた通路は、珍皇寺の井戸を入り口としているという伝承が生まれたのであった。

【冥土通いの井戸】

六道珍皇寺提供

地蔵像を彫る篁

篁がそこから冥界を訪れたとされる珍皇寺の井戸は、現在、「冥土通《めいどがよ》いの井戸《いど》」として知られ、京都の観光資源の一つとなっているが、これは、篁にとっては、あくまで冥界への入り口でしかなかったとも言われている。

では、篁は、冥界から帰ってくるにあたっては、どこを通ったのかというと、それは、平安京の西の郊外にあたる嵯峨《さが》の地にあった福生寺《ふくしょうじ》という寺院の井戸であった。残念ながら、福生寺は今は失われているが、同寺はもともと清涼寺《せいりょうじ》の寺内に建てられた小寺院であったため、篁の冥界からの帰り道であったとされる井戸は、今も清涼寺の寺域内に健在であり、同寺寺内の小寺院である薬師寺《やくしじ》によって管理されている。

しかし、冥界への往路の入り口は、平安京東郊の六道の辻にありながら、冥界からの復路の出口は、平安京西郊の嵯峨にあったというのだから、篁も、冥界との行き来にはずいぶん苦労したのではないだろうか。いかに冥界で大きな権力を有していた彼でも、現世での移動には、牛車を用いたのであろうから、自宅から六道の辻へと向かう時間と嵯峨から自宅へと戻る時間とを足せば、どうかすると、冥界で裁判官として働いていた時間よりも長かったかもしれない。
ただ、近年、今は民有地になっているものの、かつては珍皇寺の境内であったとされる土地からも、そこを通って篁が冥界から帰ってきたという井戸が発見されている。これは、現在、「黄泉《よみ》がえりの井《い》戸《ど》」の名称で管理されているが、こちらを使っていたのだとすれば、篁の冥界との行き来は、ずっと楽であったろう。

【冥界への入り口と出口】

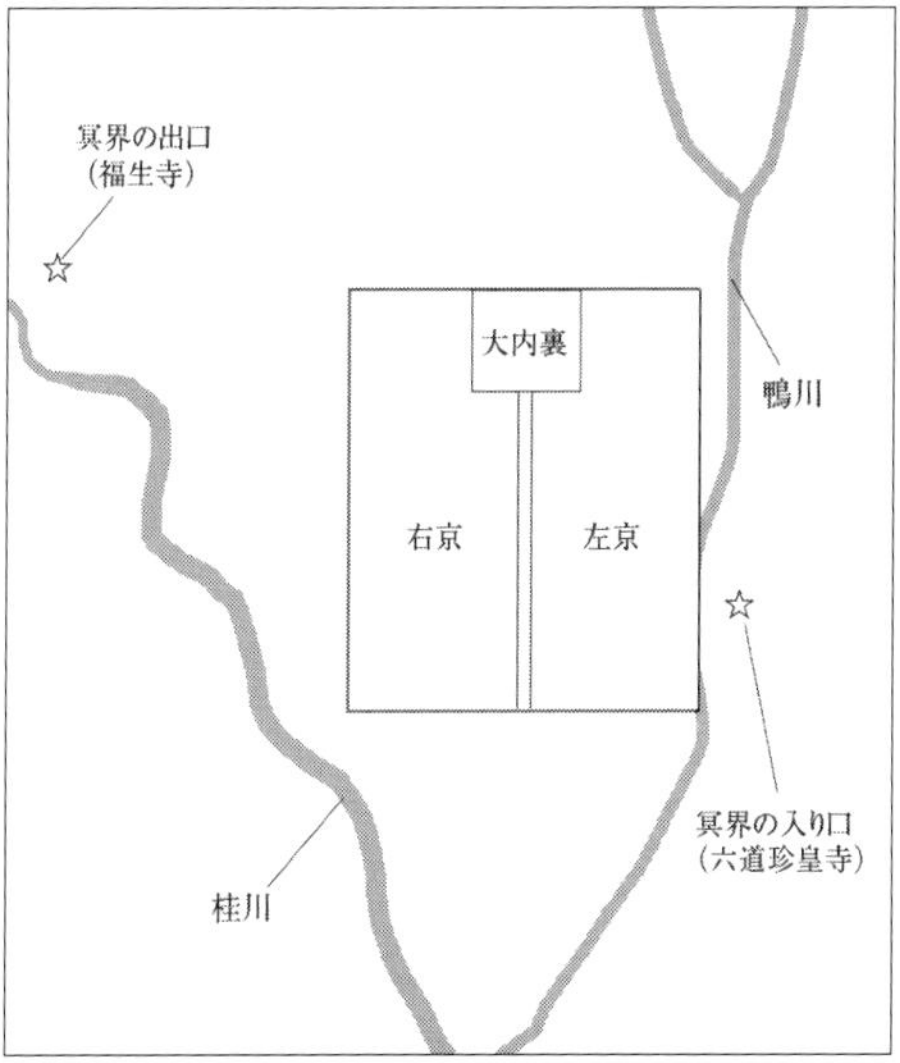

それはともかく、冥界からの出口にあたる井戸を管理する薬師寺には、篁像とともに篁が彫ったとされる六地蔵像が安置されている。それらは、もともと福生寺に安置されていたものとされるから、篁は、冥界からの帰りに、同寺で六地蔵像を作ったのだろうか。
実のところ、篁をめぐっては、地蔵像を彫ったとの伝承に事欠かない。
『都名所図会《みやこめいしょずえ》』というのは、江戸時代後期に刊行された京都観光の案内書であるが、同書を紐解いただけでも、篁作の地蔵像が幾つか見付かる。
まずは、同書が洛東《らくとう》の山科《やましな》の名所とする「廻地《めぐりじ》蔵《ぞう》」が、「小野篁の作」である。また、同書に洛南《らくなん》の伏見《ふしみ》の名所として紹介される大善寺《だいぜんじ》の「六地蔵《ろくじぞう》」にも、「仁寿二年《にんじゅにねん》、小野篁《おののたかむら》、冥途《めいど》に赴《おもむ》き、生身《しょうじん》の地蔵尊《じぞうそん》を拝《はい》し、蘇《よみがえ》りて後《のち》、一木《いちぼく》を以《もっ》て六体《ろくたい》の地蔵尊《じぞうそん》をきざみ」との解説が見える。これによれば、篁は、冥界において地蔵菩薩《じぞうぼさつ》の姿を直接に眼にしていることになる。そして、同書が洛南の石清水八幡宮《いわしみずはちまんぐう》の付近で「全昌寺《ぜんしょうじ》の内《うち》にあり」とする「餌飼《えか》ひの地蔵《じぞう》」にも、「小野篁の作なり」との説明が付く。

さらに、京都を離れても、例えば大阪府八尾市《やおし》の常光寺《じょうこうじ》の本尊となっている地蔵像が、篁によって弘仁《こうにん》年間に彫られたものとされている。同寺は、かつての河内国《かわちのくに》に行基《ぎょうき》によって建てられたと伝えられるが、とすると、この寺院においては、元来の本尊は、篁作の地蔵像に取って代わられたのだろうか。

閻魔庁の地蔵菩薩

篁がこれほど諸方で地蔵像を彫っていたかといえば、まさかそんなことはあるまい。篁作の地蔵像というのは、いずれも、あくまでも伝承においての話であろう。

では、何ゆえに篁が地蔵像を彫ったなどという伝承が生まれたのかというと、それは、言うまでもなく、まず篁に冥界との往来の伝承があったためである。

先に見た『都名所図会』は、大善寺の「六地蔵」を紹介するにあたって、「仁寿二年《にんじゅにねん》、小野篁《おののたかむら》、冥途《めいど》に赴《おもむ》き、生身《しょうじん》の地蔵尊《じぞうそん》を拝《はい》し、蘇《よみがえ》りて後《のち》、一木《いちぼく》を以《もっ》て六体《ろくたい》の地蔵尊《じぞうそん》をきざみ」と、篁が地蔵像を作ったのは、冥界で直接に地蔵菩薩《じぞうぼさつ》の姿を見たためであった旨の説明を加えているが、確かに、日常的に冥界に出入りしていた篁であれば、冥界において地蔵菩薩と顔を合わせることもあっただろう。地蔵菩薩といえば、しばしば閻魔庁（閻魔王宮）で裁かれる亡者を弁護する仏だったからである。

その一例として、『今昔物語集』巻第十七第十八「備中国《びっちゅうのくに》の僧阿清《そうあしょう》の地蔵《じぞう》の助《たす》けに依《よ》りて活《よみがえ》るを得《う》る語《こと》」を、次のように要約して紹介しよう。

備中国窪屋郡大市郷《びっちゅうのくにくぼやぐんおおいちごう》に住む阿清《あしょう》は、既に「古老《ころう》」と呼ばれるほどの高齢にふさわしく、さまざまな霊山を廻って修行を積んだ高徳の僧侶である。しかし、そんな彼も、若い頃は、旅の途中で病気になり、ついには死んでしまったことがあった。

死んだ若き日の阿清は、検非違使庁《けびいしちょう》によく似た施設にたどり着く。そこでは、多くの官人たちが、多くの人々の罪を裁いたり、多くの人々を牢獄に押し込んだりしていた。そのため、そのあたりには、人々の泣き叫ぶ声が雷鳴のように響き渡っていたという。

こうした雰囲気に阿清が肝を潰していると、手に錫杖《しゃくじょう》と巻物とを持った一人の小僧が、人々が裁かれている場を忙しく歩き回っていた。彼は、裁きを進める官人たちに対して、裁かれる人々の弁護をして回っていたのである。

これを不思議に思った阿清は、その小僧に付き従う童子を引き留めて、小僧が何者であるかを尋ねた。すると、童子は、こう答える。

「そなたは、知らないのか。あれは、地蔵菩薩でいらっしゃる」

そこで、阿清は、驚き恐れて、小僧の姿の地蔵菩薩を拝礼するのであったが、すると、地蔵菩薩は、官人たちに向かって、阿清がいかに徳の高い僧侶であるかを説き、彼を釈放することを納得させるのであった。

こうして、阿清は、蘇ることができたのであった。

ここに見える「検非違使庁によく似た施設」は、もちろん、閻魔庁（閻魔王宮）である。また、そこで働く官人たちは、冥官や獄卒であろう。そして、冥官による裁判や獄卒による呵責《かしゃく》から亡者たちを可能な限り救おうとするのが、地蔵菩薩という仏だったのである。

とすると、冥官の一人である篁が直接に地蔵菩薩の姿を見ていたというのは、実に当たり前のことであった。ただ、彼らは、互いに対立する立場にあったはずであり、にもかかわらず、篁が自身の手で地蔵像を幾つも彫ったというのは、一見、奇妙なことに思える。

僧侶からの受戒を望む閻魔王

「第二の冥官」として亡者たちを裁く立場にあった篁が、閻魔庁（閻魔王宮）に連行された亡者たちを助ける立場にあった地蔵菩薩を、幾つもの像に刻んだのは、実のところ、閻魔庁の冥官たちや獄卒たちもまた、仏の教えを求めていたからであった。

『元亨釈書《げんこうしゃくしょ》』というのは、鎌倉時代に編纂された仏教史の史書であるが、その巻第九に見える満米《まんべい》という僧侶の話を、要約して紹介しよう。

満米は、大和国《やまとのくに》の金剛山寺《こんごうせんじ》の僧侶であった。彼は、熱心に修行する徳の高い僧侶であったが、ある日、小野篁に連れられて、生きながらにして閻魔庁を訪れた。

どうして篁は現世の僧侶を閻魔庁に連れて行ったのかというと、それは、閻魔王が僧侶から菩薩《ぼさつ》戒《かい》を授かることを望んでいたためであった。その頃、閻魔王は、自分の身に積もった罪業《ざいごう》に悩んでおり、それについて、部下たちに諮《はか》ったところ、僧侶より菩薩戒を授かるのがよいということになり、それで、現世とつながりのある篁が、自身の尊崇《そんすう》する僧侶を招くことになったのである。

冥界に赴いた満米は、閻魔王に菩薩戒を授けると、地獄を視察することを望んだ。そこで、閻魔王は、満米に阿鼻地獄《あびじごく》を見せるのであったが、そこで、満米は、亡者に代わって責め苦を受ける地蔵菩薩と遇うことになる。そして、現世に戻った満米は、腕のいい仏師を喚んで、阿鼻地獄の地蔵菩薩の像を作らせたのであった。

また、満米は、帰《かえ》り際《ぎわ》、閻魔王から一つの漆塗《うるしぬり》の箱を与えられたが、それは、無限に白米が出てくる不思議な箱であった。そして、本来は「満慶《まんけい》」という名であった彼が、世に「満米」と呼ばれるようになったのは、この箱のためだという。

満米（満慶）が修行していた金剛山寺は、現在、「矢田寺《やたでら》」の名で知られ、また、「あじさい寺」の名でも知られるが、天武《てんむ》天皇の勅願によって建立されたという古刹《こさつ》である。その金剛山寺が今に本尊とする地蔵像は、満米が彫らせたとされるものに他ならない。

それにしても、閻魔王が罪業《ざいごう》に苦しんで僧侶からの受戒を望むとは、何ともおもしろい話であろう。確かに、閻魔王は、地獄の鬼たちを配下に置く身であり、鬼たちの元締《もとじ》めのような存在であるが、しかし、彼は、閻魔天《えんまてん》でもあって、天部《てんぶ》に属する仏の一人なのである。が、そうした教学の理屈など、伝承の世界では、どうでもいいものなのかもしれない。

また、右の伝承のいま一つのおもしろい点は、篁が、閻魔庁（閻魔王宮）において、ただただ裁判官としての職務を熟すだけの存在であるばかりか、ときには閻魔王の個人的な悩みの解決に尽力する存在でもあるところである。これでは、篁は、閻魔王に仕えるにあたっても、まるで天皇に仕えるかの如く振る舞っていたことになる。彼は、閻魔王にとって、有能な部下であるだけではなく、忠実な臣下でもあったわけである。

しかし、篁と冥界とをめぐる伝承のはじまりは、やはり、篁が冥界の裁判官を務めていたという伝承であろう。そして、篁を冥界の裁判官とする伝承が生まれたのは、第十章に詳しく見たように、現実の篁が名高い法律家であったためなのではないだろうか。

終章　小野氏および和邇氏の存在の記念碑としての小野篁

怨霊や悪霊を気にせずにはいられない世相

「病《やまい》は、胸《むね》・もののけ・脚《あし》の気《け》」と、清少納言《せいしょうなごん》の『枕草子《まくらのそうし》』が、「もののけ」というものを当たり前に病気の一つに数えるように、また、『紫式部日記《むらさきしきぶにっき》』が、出産直前の中宮藤原彰子《ちゅうぐうふじわらのあきこ》を苦しめる「もののけ」の調伏《ちょうぶく》の場面からはじまるように、平安時代中期というのは、怨霊《おんりょう》や悪霊《あくりょう》が跳梁《ちょうりょう》する時代であった。そのことは、紫式部によって産み出された『源氏物語《げんじものがたり》』からも窺い知ることができよう。

ところが、これは意外なことなのだが、さらに古い奈良時代には、怨霊や悪霊の活動は、それほど活発ではないのである。もちろん、奈良時代にも、長屋王《ながやおう》をはじめとして、この世に恨みを残して死んだ人なら、幾らでもいた。が、長屋王の怨霊が取り沙汰《とざた》されなかったように、そういう人々が必ず怨霊・悪霊になるとは考えられていなかったのが、奈良時代という時代であった。

それが、平安時代に入ると、かなり様子が変わる。平安時代の前期においてさえ、例えば、あの嵯峨《さが》上皇《じょうこう》が、世を去るにあたって、次のような訓戒を残していたのである。

世間《せけん》の事《こと》は、物怪《もっけ》の有《あ》る毎《ごと》に、祟《たたり》を先霊《せんりょう》に寄《よ》す。是《これ》は、甚《はなは》だ謂《い》はれの無《な》き也《なり》。

右の引用は、『続日本後紀《しょくにほんこうき》』の承和《じょうわ》十一年（八四四）八月五日条の一部を、原漢文を読み下したものであるが、凡そ、次のように現代語訳することができるだろう。

世間一般のこととして、奇妙な現象が起きる度《たび》に、怨霊・悪霊の祟《たたり》を取り沙汰する。しかし、これは、全く根拠のないことなのである。

「物怪」という漢語は、平安時代において、「もののけ」と読まれることはなく、また、怨霊や悪霊や妖怪を意味することはなかった。平安時代の「物怪」は、「もっけ」と読まれて、「奇妙な現象」を意味したのである。そして、平安時代の人々の言う「物怪（奇妙な現象）」とは、枯れてもいない樹木が風もないのに倒れるとか、多数の鳥が一本の樹木に群れ集まるとか、無数の虫が一ヶ所に湧くとかいったことであった。

これを前提に説明するならば、嵯峨上皇の遺訓が問題にしているのは、「物怪（奇妙な現象）」が起きる度に、それを人々が怨霊や悪霊の祟による災難の予兆と見做したことである。要するに、平安時代前期には、樹木が倒れたり鳥や虫が群れたりするごとに、多くの人々が、怨霊や悪霊を原因とする災難の発生を恐れて、右往左往したということであろう。

しかし、嵯峨上皇の遺訓は、結局、朝廷の総意として守られないことになる。そもそも、どうして、承和九年（八四二）に崩じた上皇の遺訓が、『続日本後紀』の承和十一年八月五日条に見えるのかというと、この日、遺訓に困った臣下たちが、あれこれと理屈を付けつつ、遺訓を実質的に空文とできるよう、仁明《にんみょう》天皇に奏上したためであった。そして、これに仁明天皇が折れたらしく、朝廷の方針として定まったのは、嵯峨上皇の遺訓の順守を、努力目標に据え置くことであった。

このように、既に平安時代前期において、人々は、怨霊や悪霊を気にせずに生きることができなくなっていたのである。

淫祀邪教の蔓延る世相

正五位下《しょうごいげ》の位階を持ち越前守《えちぜんのかみ》の官職を帯びていた藤原高房《たかふさ》が卒したのは、仁寿《にんじゅ》二年（八五二）二月二十五日のことであったが、『文徳実録《もんとくじつろく》』に載る卒伝《そつでん》によれば、越前守の他に美濃介《みののすけ》をも務めた彼は、たいへん優秀な国司《こくし》であった。現代語に訳して引用するならば、卒伝は、彼を次のように評するのである。

人々に恩恵を施して、政務を他人任せにしたりはしない。頻繁に犯罪を取り締まったため、高房が治める国に盗賊はいなかった。

しかし、高房の国司としての治績は、こうした優秀な国司に一般的にありがちなものだけではなかった。彼の卒伝の続きを読むならば、次に現代語訳で紹介するような、何ともおもしろいことが書かれている。

美濃国安八郡《みののくにあんぱちぐん》に溜池《ためいけ》があったが、その溜池は、縁《ふち》の堤防が壊れていて、水を溜めることができなかった。そこで、高房が堤防を修理しようとしたのであったが、現地の人々の間には、こんな言い伝えがあった。「溜池には神が住んでいて、その神が溜池に水を溜めることを望まない。それに逆う者は、生命を落とすことになるだろう。それで、前任の国司も、堤防の修理をすることはなかった」。これに対して、高房は次のように言った。「この国の人々を助けることができるならば、死ぬことになっても悔いはない」。結局、高房は、人々を駆り出して堤防を修理させたのであり、その結果、農地に水が通うようになったので、美濃国の人々は、今でも高房の行いを賞賛している。

これによれば、平安時代前期の美濃国においては、溜池が壊れていても、その池に住まう神の祟が怖くて修理を諦めるというのが、一般的な考え方であったらしい。同国の人々は、自分たちの生活の利便性を追及することよりも、悪神の祟を避けることの方を、ずっと優先していたのである。彼らは、悪神の祟に囚われていたのであった。

また、高房の卒伝には、次のような武勇伝も見える。これも、現代語訳での紹介となる。

美濃国席田郡《むしろだぐん》には怪しい巫覡《ふげき》がいた。その巫覡の霊は、人々に憑《つ》いて人々の心を読むことができた。この巫覡は、勢力を拡大して、人々に害を与えていた。しかし、昔から、どの国司も、恐れを抱いて、問題の巫覡の住む地域へは足を踏み入れなかった。ところが、高房は、単身で件《くだん》の巫覡の住む地域に乗り込むと、巫覡の親類たちを捕らえて、厳しく罰した。それ以来、誰かに心を覗《のぞ》かれるといった事件は起きていない。

ここに明らかなのは、平安時代前期の美濃国には、自分の霊を人々に憑けて人々の心を読む術を使うとされる巫覡がいたことである。それは、言ってみれば、生霊を術として用いる呪術者であった。そして、この怪しい呪術者は、現地の人々に恐れられるばかりか、都から下ってくる代々の国司たちにも恐れられていたのである。とすれば、当時は、地方に暮らす人々も、都に住む人々も、霊を操る呪術を、現実の脅威と見ていたことになる。

平安時代前期というのは、怨霊や悪霊に加え、祟をもたらす悪神や生霊を操る呪術までもが、ひどく幅を利かせる時代であった。

篁と冥界とをつなげたもの

さて、以上に見た如くに、われわれが「オカルト」と呼ぶような事象が当たり前に受け容れられていたのが、平安時代前期という時代であった。平安時代中期が「オカルト」と呼ばれるべきあれやこれやに満ちた時代であったことは、周知の如くであろう。しかし、平安時代前期もまた、平安時代中期の前提として、所謂「オカルト」の雰囲気が濃厚に漂う時代だったのである。

そして、それは、われらが小野篁の生きた時代でもあった。

『文徳実録』の薨伝《こうでん》に見る限り、篁の人生に「オカルト」と呼ぶべき要素があるようには思われない。それは、『公卿補任』や『続日本後紀』を紐解いても、全く同じことである。それらから再構成できる篁の人生は、幾らか破天荒なところを持ちながらも、人間の世界の理《ことわり》に従って生きた、真っ当な人間のそれであった。

しかし、篁をめぐる伝承はというと、この世界と冥界とを行き来したり、閻魔庁《えんまちょう》（閻魔王宮）で裁判官を務めたり、鬼たちを従えたり、地蔵菩薩《じぞうぼさつ》と遇ったり、閻魔王を助けたりと、所謂「オカルト」に不自由することがない。伝承の世界の篁は、とんでもなく人間離れしているのである。

では、どうして、篁をめぐっては、「オカルト」と呼ばれる要素に満ちた伝承があれこれと生まれることになったのだろうか。

もちろん、彼が人間離れした存在として語られることになったのは、一つには、現実の彼が人並外れて優秀だったためであろう。篁は、現実に、漢学者・漢詩人として、法律家として、同時代の人々から見ても、後世の人々から見ても、規格外に優れていたのである。

　彼が閻魔庁の裁判官として語られることになったのは、現実の彼が卓越した法律家だったからに他ならない。例えば、法隆寺《ほうりゅうじ》僧善愷《そうぜんがい》訴訟《そしょう》事件《じけん》に端を発する不正で不毛な法解釈論争を終わらせた折の彼の手腕は、その当時においても、後世においても、人々を驚かせたことだろう。また、篁は、朝廷の公式の令《りょう》の注釈書である『令義解《りょうのぎげ》』の編纂に関わっており、その序《じょ》を書いてさえいる。その功績からすれば、彼は、法律の分野における権威の一人となっていたに違いない。

　しかし、それだけで、篁が閻魔庁の裁判官として語られるようなことになっただろうか。優秀な法律家であることが、冥界の裁判官と見做されることに、そのままつながるわけではあるまい。そして、この二つをつなげたのは、篁が生きた時代以降の、つまり、平安時代前期以降の、所謂「オカルト」に浸食された世相であったろう。

　篁が閻魔庁で裁判を行っていたとの伝承がいつ生まれたかについては、今さら明らかにすることはできまい。が、この伝承は、間違いなく、篁が平安時代の人物であったがゆえに生まれたものであった。

　もし、篁が、「オカルト」と呼ばれるものがさほど浸透していない奈良時代の人物であったなら、彼を閻魔庁の裁判官とする伝承が生まれることは、なかったのではないだろうか。

その後の小野氏

　さて、最後に、小野篁の子孫についてであるが、実のところ、篁をめぐっては、その子孫のことどころか、その子供のことさえ、よくわかっていない。

篁の息子としては、中世に作られた系図から、次のような名前を挙げることができる。

【小野篁の息子とされる人々】

俊生《としなり》	
良真《よしざね》	小野小町の父親？
葛絃《くずお》	小野好古・小野道風の父親
忠範《ただのり》	
保衡《やすひら》	武蔵七党の猪俣党および横山党の祖？
利任《としとう》	

なぜ、右の面々を篁の息子と断言しないかというと、確かな根拠がないからである。中世の小野氏系図などは、信頼できる史料ではない。そして、彼らについて、その父親が誰であったかを示す史料さえ残っていないのは、彼らが目立つ出世をしなかったからである。

彼らの中で最も出世したのは、葛絃《くずお》であるが、それでも、従四位上《じゅしいじょう》の位階を持つ大宰大弐《だざいだいに》になったに過ぎない。残念ながら、これでは、篁の足元にも及ばない。

なお、葛絃についてては、好古《よしふる》・道風《みちかぜ》の父親であることがはっきりしているが、これは、好古・道風の側の史料があってのことであって、葛絃の側に史料があるからではない。好古・道風に目覚ましい活躍があったことは、周知の如くである。好古の場合、参議《さんぎ》にまで昇ったために、その出自や経歴が『公卿補任』に詳しく残ったのであって、また、道風の場合、書家として頭角を現したために、さまざまな史料に名前が見えることになったのであった。実のところ、葛絃が従四位上の大宰大弐であったというのも、『公卿補任』の好古についての記述から判明することなのである。

また、右の六人のうち、葛絃に次いで出世した俊生《としなり》は、従五位上《じゅごいじょう》の位階を持つ陸奥守《むつのかみ》であった。これを教えてくれるのは、元慶《がんきょう》四年（八八〇）九月五日の日付を持つ太政官符《だじょうかんぷ》であるが、この史料によって俊生についてわかるのは、位階・官職に過ぎない。残念ながら、現状においては、俊生を篁の息子と断言することはできない。

ついでながら、かの小野小町は、篁の孫と見られるものの、篁の息子たちが不甲斐ないために、彼女が誰の娘であるかも、彼女が本当に篁の孫であるのか否かも、闇の中である。

こうした調子であったから、さらに後の時代、平安時代中期の小野氏ともなると、清少納言の父親や紫式部の父親と同じ、受領《ずりょう》国司を務める中級貴族の階層に、すっかり落ち着いてしまう。伊豆守《いずのかみ》の五倫《いつとも》や土佐守《とさのかみ》の文義《ふみよし》などが、その代表である。彼らは、受領国司の他、朝廷の運営を下支えする外記《げき》を務めることもあったが、朝廷が海禁策（鎖国政策）を国是《こくぜ》としていた当時、もはや、「小野氏のお家芸」とも言うべき外交に携わることはなかった。

それにしても、小野氏の凋落《ちょうらく》をめぐって何より寂しいのは、はっきりとした衰退の契機が見当たらないことである。小野氏には、橘《たちばな》氏における諸兄《もろえ》の失策や伴《とも》氏における善男《よしお》の失態のような明白な転機が見受けられない。とすれば、小野氏は、ただ単に人材の枯渇によって衰運を迎えたことになるだろう。これは、一つの氏族の命運として、何とも寂しく悲しい。

そして、そんな小野氏にとって、何かと派手な篁は、最後の打ち上げ花火であった。さらに、かつて大和朝廷において重きを成した和邇《わに》氏という古代氏族の枠組みにおいては、小野妹子《いもこ》は、所謂「中興《ちゅうこう》の祖《そ》」であり、小野篁は、「最後のあがき」であろうか。いずれにせよ、小野篁は、小野氏の、そして、和邇氏の、存在の証《あかし》となる輝かしい記念碑である。

小野篁関連年表

※1 数え年で示す
※2 『文徳天皇実録』の「薨伝」を基準とする

和暦（西暦）	年齢※1	位階	できごと※2
延暦二十一年（八〇二）	一		生誕
二十五年（八〇六）	五		桓武天皇崩御 平城天皇即位
大同四年（八〇九）	八		嵯峨天皇即位
五年（八一〇）	九		平城太上天皇の変（薬子の変）
弘仁六年（八一五）	十四		父岑守とともに陸奥国に赴任（『日本後紀』）
十三年（八二二）	二十一		文章生試に合格 権中納言藤原三守の娘と結婚（『本朝文粋』から推察）
十四年（八二三）	二十二		淳和天皇即位
天長元年（八二四）	二十三		巡察弾正に就任
二年（八二五）	二十四		弾正少忠に就任
五年（八二八）	二十七	正六位上？	大内記に就任
七年（八三〇）	二十九		蔵人大内記に就任（『公卿補任』）

			式部少丞に就任（蔵人を兼ねる） 父岑守死去（『公卿補任』）※「薨伝」では天長九年
九年（八三二）	三十一	従五位下	大宰少弐に就任
十年（八三三）	三十二		弾正少弼に転任 東宮学士に就任 仁明天皇即位 『令義解』が完成する
承和元年（八三四）	三十三		美作介に就任（『公卿補任』） 遣唐副使に就任
二年（八三五）	三十四	従五位上	備前権守、刑部大輔に就任
三年（八三六）	三十五	正五位下	承和の遣唐使第一回目の船出
四年（八三七）	三十六		承和の遣唐使第二回目の船出
五年（八三八）	三十七		承和の遣唐使第三回目への乗船を拒否 藤原常嗣の遣唐使団が長安に到着
六年（八三九）	三十八		官職と位階を剥奪される（『文徳実録』）※『続日本後紀』では承和五年 隠岐へ流罪に処される
七年（八四〇）	三十九		都に召還される 淳和上皇崩御
八年（八四一）	四〇	正五位下	再び刑部大輔に就任

九年（八四二）	四十一		陸奥守に就任 嵯峨上皇崩御 承和の変 道康親王の東宮学士に就任 式部少輔を兼任
十二年（八四五）	四十四	従四位下	蔵人頭に就任（『公卿補任』）
十三年（八四六）	四十五		権左中弁に就任 善愷が登美直名を訴訟 左中弁に就任
十四年（八四七）	四十六		参議に就任（左中弁を兼ねる） 弾正大弼を兼任
十五年（八四八）	四十七		左大弁に就任（参議を兼ねる） 信濃守を兼任 勘解由長官に就任
嘉祥二年（八四九）	四十八	従四位上	病気を理由に左大弁を辞任
三年（八五〇）	四十九	正四位下	仁明天皇崩御 文徳天皇即位
仁寿元年（八五一）	五〇		近江守に就任
二年（八五二）	五十一	従三位	病気が快復し再び左大弁に就任 再び病状が悪化 死去

文献一覧

◆凡例　漢文史料の引用では、一部の漢字を旧字・俗字から新字に改めるとともに、筆者の責任において読み下している。
和文史料の引用では、一部のかな表記を筆者の責任において漢字表記に改めている。

『日本書紀』（『新訂増補国史大系　第1巻下』吉川弘文館、一九六七年）
『続日本紀』（『新訂増補国史大系　第2巻』吉川弘文館、一九六六年）
『日本後紀』（『新訂増補国史大系　第3巻』吉川弘文館、一九六六年）
『続日本後紀』（『新訂増補国史大系　第3巻』吉川弘文館、一九六六年）
『日本文徳実録』（『新訂増補国史大系第3巻』吉川弘文館、一九六六年）
『日本三代実録』（『新訂増補国史大系　第4巻』吉川弘文館、一九六六年）
『公卿補任』（『新訂増補国史大系　第53巻』吉川弘文館、一九六四年）
『令義解』（『新訂増補国史大系　第22巻』吉川弘文館、一九六六年）
『類聚三代格』（『新訂増補国史大系　第25巻』吉川弘文館、一九六五年）
『延喜式』（『新訂増補国史大系　第27巻』吉川弘文館、一九六五年）
『十訓抄』（『新訂増補国史大系　第18巻』吉川弘文館、一九六五年）
『元亨釈書』（『新訂増補国史大系　第31巻』吉川弘文館、一九六五年）

『養老律令』（『日本思想大系　3』岩波書店、一九七七年）
『北山抄』（『神道大系　朝儀祭祀編　3』神道大系編纂会、一九九二年）
『西宮記』（『神道大系　朝儀祭祀編　2』神道大系編纂会、一九九三年）
『儀式』（『神道大系　朝儀祭祀編　1』神道大系編纂会、一九八〇年）
『篁物語』（『日本古典文学大系　第77』岩波書店、一九六四年）
『経国集』（『日本文学大系　第24』国民図書、一九二七年）
『文華秀麗集』（『日本古典文学大系　第69』岩波書店、一九六四年）
『経国集』（『日本文学大系　第24』国民図書、一九二七年）
『古事記』（『日本古典文学大系　第1』岩波書店、一九五八年）
『宇津保物語』（『日本古典文学大系　第10』岩波書店、一九五九年）
『和漢朗詠集』（『日本古典文学大系　第73』岩波書店、一九六五年）
『本朝文粋』（『新日本古典文学大系　27』岩波書店、一九九二年）
『万葉集』（『新日本古典文学大系　1－4』岩波書店、一九九五年－二〇〇三年）
『古今和歌集』（『新日本古典文学大系　5』岩波書店、一九八九年）
『新古今和歌集』（『新日本古典文学大系　11』岩波書店、一九九二年）
『枕草子』（『新日本古典文学大系　25』岩波書店、一九九一年）
『今昔物語集』（『新日本古典文学大系　36－37』岩波書店、一九九四年－一九九六年）

『宇治拾遺物語』（『新日本古典文学大系　42』岩波書店、一九九〇年）
『堤中納言物語』（『新日本古典文学大系　26』岩波書店、一九九二年）
『江談抄』（『新日本古典文学大系　32』岩波書店、一九九七年）
『撰集抄』（『撰集抄　下』現代思潮新社〈古典文庫〉、二〇〇六年）
『凌雲集』（『群書類従　第8』太洋出版、一九四六年－一九四七年）
『雑言奉和』（『群書類従　第9』太洋出版、一九六〇年）
『発心集』（『新潮日本古典集成』新潮社、一九七六年）
『御堂関白記』（『大日本古記録　中』岩波書店、一九九三年）
『都名所図会』（『都名所図会　2・3』筑摩書房〈ちくま学芸文庫〉、一九九三年－一九九四年）
『隋書』（『隋書　六』中華書局、一九七三年）
『入唐求法巡礼行記』（『入唐求法巡礼行記　1』平凡社〈東洋文庫〉、一九七〇年）
『慊堂日暦』（『慊堂日暦　2』平凡社〈東洋文庫〉、一九七二年）
『外記補任』（井上幸治編『外記補任』続群書類従完成会、二〇〇四年）
『小野篁歌字尽』（杉村卓二『歌でおぼえる寺子屋くずし字入門「小野篁歌字尽」』創元社、二〇一六年）
『新撰姓氏録』（佐伯有清『新撰姓氏録の研究〈本文篇〉』吉川弘文館、一九六二年）

あとがき

いきなり厚《あつ》かましいことを言い出すようですが、本書が広く世に受《う》け容《い》れられることを、これが私の代表的な著作の一つと見做《みな》されるようになることを、今、心から願っています。

これまでの私は、大学の文学部を卒業するために平安時代中期の陰陽師《おんみょうじ》をテーマとして卒業論文を書いて以来、ほとんど一貫して、平安時代中期ばかりを研究対象としてきました。

平安時代中期というと、政治の面では摂関政治の最盛期であるとともに、文化の面では『古今和歌集《こきんわかしゅう》』が編纂《へんさん》されて『枕草子《まくらのそうし》』『源氏物語《げんじものがたり》』が書かれた時代でもあります。あるいは、人物で特徴付けるなら、それは、清少納言《せいしょうなごん》の仕《つか》えた中宮藤原定子《ちゅうぐうふじわらのさだこ》・紫式部《むらさきしきぶ》の仕えた上東門院《じょうとうもんいん》藤原彰子《あきこ》・この二人を妃《きさき》に迎えた一条《いちじょう》天皇は言うに及ばずとして、御堂関白《みどうかんぱく》藤原道長《みちなが》・宇治関白《うじかんぱく》藤原頼通《よりみち》・学問の神になった菅原道真《すがわらのみちざね》・書家《しょか》の藤原行成《ゆきなり》・傑出した文化人の藤原公任《きんとう》・悪徳受領《あくとくずりょう》の尾張守《おわりのかみ》藤原元命《もとなが》・坂東《ばんどう》で暴れ回った平将門《たいらのまさかど》・瀬戸内海《せとないかい》を荒らし回った藤原純友《すみとも》・酒呑童子《しゅてんどうじ》を退治《たいじ》した武士《つわもの》の源頼光《みなもとのよりみつ》・阿弥陀聖《あみだひじり》の空也《くうや》・『往生要集《おうじょうようしゅう》』で知られる恵心僧都源信《えしんそうずげんしん》、そして、陰陽師の安倍晴明《あべのはるあき(せいめい)》といった人々が生きた時代なのです。

私が平安時代中期の研究に専念してきたのは、実に単純明快ながら、この時代がおもしろいからに他なりません。例えば、右に列挙したところを見ただけでも、平安時代中期の人物というのは、なかなか粒《つぶ》ぞろいではありませんか。右の誰をとっても、そう簡単には興味が尽《つ》きないほどの、特別な存在なのです。私が平安時代中期に夢中だった理由もおわかりいただけるでしょう。

ですから、平安時代前期の人物である小野篁《おののたかむら》の伝記を書くというのは、正直に言って、かなりの冒険でした。

もちろん、これでも「研究者」を名告《なの》る身ですから、小野篁の人物についても、平安時代前期の世相についても、全くの門外漢だったわけではありません。とはいえ、私は、小野篁とも、平安時代前期とも、論文を書いたり本を書いたりするほどに深く掘り下げて付き合ったことはなかったのです。

しかも、参考にしようと、既に刊行されている小野篁の伝記を探してみたところ、そんなものは存在していませんでした。驚いたことに、一冊の本としての篁の伝記は、まだ誰も書いていなかったのです。したがって、私の書く小野篁の伝記は、何とも光栄なことに、小野篁の伝記として最初の一冊になるようでした。

私が感じていたプレッシャーのほど、おわかりいただけますでしょうか。

ただ、いざ書きはじめてみると、率直に言って、とんでもなく楽しい仕事でした。改めて向き合ってみると、小野篁という人物はもちろん、彼を産んだ小野氏という氏族も、彼の生きた平安時代前期も、どこまでも興味深いものだったのです。思わぬ収穫でした。

こうした次第ですから、本書の執筆者として私を選んでくださった教育評論社の久保木健治さん・市川舞さんには、たいへん感謝しています。特に、市川さんには、拙い原稿を整理してもらったり、各種の図版を世話してもらったりと、編集でお手を煩わせ続けましたので、本当に感謝が尽きません。この場で、改めてお礼を申し上げたいと思います。

二〇二〇年七月末日

繁田 信一［しげた しんいち］
1968年、東京都生まれ。東北大学大学院文学研究科博士課程後期単位取得退学。神奈川大学大学院歴史民俗資料学研究科博士後期課程修了。
現在、神奈川大学日本常民文化研究所特別研究員、東海大学文学部非常勤講師。
主な著書に、『陰陽師—安倍晴明と蘆屋道満』（中央公論社、2006年）、『呪いの都 平安京—呪詛・呪術・陰陽師』（吉川弘文館、2006年）、『下級貴族たちの王朝時代—『新猿楽記』に見るさまざまな生き方』（新典社、2018年）、『殴り合う貴族たち』（文藝春秋、2018年）など。

小野篁 その生涯と伝説

2020年9月26日　初版第1刷発行
2021年9月10日　初版第2刷発行

著　者　繁田信一
発行者　阿部黄瀬
発行所　株式会社 教育評論社
〒103-0001
東京都中央区日本橋小伝馬町1-5 PMO日本橋江戸通
TEL 03-3664-5851
FAX 03-3664-5816
http://www.kyohyo.co.jp
印刷製本　萩原印刷株式会社

ISBN 978-4-86624-030-5　C0021